大阪商業大学比較地域研究所研究叢書　第十五巻

都市の継承と土地利用の課題

・

西嶋　淳 著

御茶の水書房

はしがき

　人口減少や高齢化が進行するわが国では、都市とかかわりの深いものに限っても、コンパクトシティ、観光立国、地方創生などこれらの社会事象を強く意識する政策目標が目につくようになっている。一方、わが国の国土周辺は、その地殻構造や気候から巨大地震・津波、台風や豪雨などの自然現象に遭いやすいため、継続的に防災・減災対策に取り組む必要がある。

　これらの政策は、実施者である基礎自治体にとって重大かつ専門性の高い行政分野であり、段階を踏む必要もあることから、その成否は本来、短期間に現れるものではない。とはいえ、これらの政策が進められる際には、肝心な部分の担い手が流動的な社会環境に身を置く家計や企業であることは絶えず意識されるべきである。その理由は、現実の日常生活や生産・販売活動は、政策の背景となる社会事象や自然環境を与件として行われており、その過程で政策主体の意図するような行動が選択されていくことになるからである。

　このような家計の日常生活や企業の生産・販売活動において共通の基盤となっているのが土地であり、政策主体の意図するような行動は土地利用、つまり建物等への投資として具現化されるものも少なくない。そのため、都市政策の成否には、域内における土地利用を取り巻く環境や建物等の投資環境が少なからずかかわることになる。

　筆者の考えでは、目標達成過程における実質的な担い手が家計や企業である都市政策は経済政策でもあり、実施にあたっては都市全体の視点とともに、それぞれの立場の合理性にも十分留意されなければならない。また、建物等投資に不可逆性のある状況下では、その投資額が小さくないことから、家計や企業は受益と負担の関係により敏感にならざるを得ないことを認識しておく必要がある。特に、「長い目で見て」という考え方は、相対的に弱い立場の者に思いのほか大きな負担を強いることにもなりかねない。

　家計と企業の行動規範は同一ではないことを前提に、都市社会全体に統合

しつつ満足レベルを高めていくことを考えるアプローチは経済学が得意とするところである。筆者は2004年に前著（『都市再生における効率性と公平性』晃洋書房）を刊行して以来、このような認識のもとで、公共経済学的アプローチにより、まちづくり、防災など土地利用にかかわる都市政策の研究に取り組んできた。しかし、このようなアプローチの意義が社会的に認知されるに至るまでには、いくつかの条件が整う必要があったと考えている。

　第1には、政策の目標が高くなるにつれ、基礎自治体側で民間との連携を深める必要性も高まっていることが挙げられよう。国の政策については、対象範囲が広く他の政策との調整も必要になることから、多面的な検討を経て指針が示されることが多い。一方、国の政策の延長線上にある基礎自治体の政策の場合、期間や予算の制約から、指針策定の背景にまで遡って検討されることは多くなかったと思われる。しかし、目標達成のためには、域内の実状に即した効率的な連携のあり方を検討する必要性は高まっている。

　第2には、第1とも関連するが、限られた事業予算の中ででも実行可能な取り組みを模索する機運が高まっていることが挙げられよう。以前は、コンサルタント会社への依存度が高い事業も少なくなかったと思われる。しかし、基礎自治体の財政状況は総じて厳しく、行政職員自らが積極的に実行可能で実質的な効果が得られるような方策を探る動きが目立つようになっている。

　そして第3には、筆者を含め実務経験をもつ大学所属の研究者が増えていることが挙げられよう。土地利用及びこれにかかわる諸問題は、経済学に限っても従来から空間を扱う地域経済学・都市経済学などの分野における重要な研究対象である。国レベルでの政策では、この分野の研究は注目されているし、この分野の研究者の意見が指針に反映されることも少なくないと認識している。しかし、基礎自治体レベルの政策では、対象となる家計や企業の行動を具体的にイメージした対応手順を含む実践的な経済学の知見が求められている。つまり、個別の政策課題に即して理論と実務との関係を整理しつつ解決策を探る必要がある。このような役割は、本来、高度専門職業人にも担えるはずであるが、中立性重視等の観点から実務経験をもつ大学所属の

研究者による研究が相対的に注目されるようになっていると思われる。

　因みに、採用するアプローチの意義が実社会でも認知されるようになったと筆者が感じたのは、複数の市から都市計画行政、建築・住宅行政分野の取り組みに参画を求められるようになったからである。以上のような現状認識を背景に、大学での研究生活が5年目を迎えたことを契機として、これまでの研究を整理、総括する意味もあり本書の執筆に取り組んだ次第である。

　本書では、自然災害への備えという視点をも導入しつつ、都市づくりと産業振興にかかわる土地利用及び土地を客体とする租税にかかわる課題を取り上げている。本書を構成する各章の初出などは次のとおりである。

序　章　書き下ろし。
第1章　「自然災害リスクにかかわる情報提供のあり方の研究——土砂災害防止対策についての事例研究を通して——」『地域と社会』（大阪商業大学比較地域研究所）第15号、2012年、73-94ページを加除修正したもの。
第2章　「既存マンションの防災力向上に関する一考察——東大阪市域の事例研究を通して——」『地域と社会』（大阪商業大学比較地域研究所）第17号、2014年、95-128ページを加除修正したもの。
第3章　「既成市街地の防災性向上と地域金融機関への期待」『地域と社会』（大阪商業大学比較地域研究所）第16号、2013年、91-123ページを加除修正したもの。
第4章　書き下ろし。
第5章　「景観施策が固定資産税収に及ぼす影響と課題」『同志社政策科学研究』（同志社大学大学院総合政策科学会）第10巻第2号、2008年、41-56ページ及び、「市街地課税についての一考察——都市政策との関連を中心に——」『資産評価情報』（一般財団法人資産評価システム研究センター）通巻196号、2013年、2-9ページからそれぞれ

　　　　　　一部を抜粋し、全面的に書き改めたもの。
終　章　書き下ろし

　本書は、筆者にとって 2 作目の単著であると同時に「都市」をテーマに掲げた 2 作目の著書でもある。そのため、序章は、本書の位置づけを示すとともに前著での基本認識を再確認する役割を担っている。第 4 章としてまとめた研究は、平成 25・26 年度大阪商業大学研究奨励助成費を受けて行ったものである。近畿の中小製造業を取り上げ、土地利用に関する事業者の認識を探りつつ土地利用上の課題の明確化を試みた。終章では、平成 26・27 年度大阪商業大学比較地域研究所・研究プロジェクト（「関西における文化資源の活用――信頼と共有のネットワークを軸に――」）の活動の一環として収集した資料の一部を使用している。これをもとに、関西政財界の実力者や著名人とも縁の深い京都市左京区南禅寺地区周辺の別荘群を事例として取り上げ、都市の継承に向けて問題提起を行った。また、第 2 章及び第 3 章の調査等についても、平成 24 年度東大阪市地域研究助成金を受けて行ったものである。関係者の方々への感謝の意味も込めて、ここに改めて明記しておく。
　本書を刊行するまでには、実に多くの方々にお世話になった。特に、研究叢書の刊行という貴重な機会を与えていただいた、大阪商業大学学長の谷岡一郎先生、比較地域研究所所長の前田啓一先生をはじめ同研究所の関係者の方々には心より感謝申し上げたい。また、勤務校の大阪商業大学では筆者は執行部の立場にあり、研究・執筆活動を続けるに当たって格別のご配慮を賜った、副学長の片山隆男先生、同じく南方建明先生をはじめ関係者の方々にも感謝申し上げたい。そして、筆者の社会人大学院生時代の恩師であり大学での研究生活の端緒を開いていただいた伊多波良雄先生（同志社大学教授）にもこの場を借りてお礼を申し上げたい。また、本書への収録を快くお認めいただいた、同志社大学政策学会及び一般財団法人資産評価システム研究センターの関係者の方々にもお礼を申し上げたい。
　このほかにも、大阪商業大学の諸先生、日本不動産学会・土木学会（減災計画研究小委員会）・日本地方財政学会などの諸先生からは、様々なご示唆

はしがき

をいただいている。国及び近畿の地方公共団体・関係団体の職員の方々及び民間企業・団体の方々にも調査にあたってお世話になった。ひとりひとりお名前を記すことはできないが、この場を借りて改めてお礼を申し上げたい。

　最後になったが、本書の刊行に当たっては、時間的に余裕のない中で御茶の水書房編集部の小堺章夫氏に大変お世話になった。ここに記して感謝申しあげたい。

　2016年3月

西嶋　淳

都市の継承と土地利用の課題
　目　次

目 次

　　はしがき　iii

序章　土地利用と都市 …………………………………………………… 3

　1　人々と土地の関係　3
　2　都市の概念　4
　3　「都市の継承」と前提となる考え方　6
　　（1）「都市の継承」という視点の意義　6
　　（2）前提となる考え方　8
　4　本書の視角　11

第1章　自然災害リスクにかかわる情報提供のあり方
　　　　──土砂災害警戒区域の指定による情報提供を題材に──
　　　　………………………………………………………………………… 13

　1　はじめに　13
　2　自然災害リスクと情報提供　14
　　（1）自然災害リスクとリスク・コミュニケーション　14
　　（2）自然災害にかかわる情報提供についての基本的な考え方　17
　3　土砂災害防止対策によるリスク情報提供　19
　　（1）近年の土砂災害防止対策と土砂災害警戒区域等の指定　19
　　（2）土砂災害警戒区域の指定過程等とその特徴　22
　4　自然災害リスクにかかわる情報提供の課題　25
　　（1）土砂災害警戒区域等の指定における問題点　26
　　（2）自然災害リスクにかかわる情報提供面での課題　27
　5　自然災害リスクにかかわる情報提供のあり方　31
　　（1）基本的な考え方　31
　　（2）補完情報としての固定資産税評価情報等の活用　32

6 おわりに 36
 　補論　標準宅地の標準価格を用いたヘドニック分析例 36

第2章　既存マンションの防災力向上に関する一考察 41

 1 はじめに 41
 2 既存マンションにおける管理の実状と防災面での課題 42
 　(1) 既存マンションにおける管理の実状等 42
 　(2) 既存マンションの防災面での課題 44
 3 既存マンションにおける減災への取り組み状況 46
 　(1) アンケート調査の趣旨と概要 46
 　(2) アンケート調査の集計結果 47
 　(3) まとめ 56
 4 検証──中古マンションの耐震性・管理コストと需要選好── 57
 　(1) 本研究におけるアプローチについて 58
 　(2) 中古マンション価格のヘドニック分析 61
 　(3) 分析結果の補完 65
 　(4) まとめ 67
 5 既存マンションの防災力強化に向けての展望 68
 　(1) 防災力強化に向けての課題 68
 　(2) 今後の展望 71
 6 おわりに 73

第3章　既成市街地の防災性向上と地域金融機関への期待 79

 1 はじめに 79
 2 防災性向上に寄与する住宅関連の取り組みの概況 80
 　(1) 既存住宅の耐震化の推進 80
 　(2) 空き家対策 84
 　(3) 建物関連情報の整備と活用 86

3　地域金融機関の概況　87
　（1）近畿2府4県における地域金融機関の概況　88
　（2）地域金融機関の課題　92
4　既成市街地における防災性向上の課題　99
　（1）防災性向上の取り組みについての基本的な考え方　100
　（2）住宅の性質に即した防災性向上の取り組みのあり方　102
　（3）既成市街地における防災性向上の取り組みの課題　104
5　地域金融機関への期待　108
　（1）地域金融機関に期待される役割　108
　（2）より一層の防災性向上を目指して──地域金融機関への提案──　109
6　おわりに　112

第4章　中小製造業における認識と土地利用上の課題
──近畿ものづくり都市の事例──……………………………………119

1　はじめに　119
2　中小製造業の集積地や住工混在地域における問題点　120
　（1）中小製造業の特徴等　121
　（2）都市計画における住工混在地域の取り扱い　123
　（3）中小製造業の集積地や住工混在地域の問題に関する論点　125
　（4）まとめ──今日的な問題点と本研究での着眼点──　130
3　製造業の状況　135
　（1）近畿の製造業の位置づけとその特徴　135
　（2）3市におけるものづくりの環境と製造業の状況　139
4　土地利用上の課題等に関する中小製造業における認識
　　──アンケート調査結果の分析──　150
　（1）アンケート調査の趣旨と概要　150
　（2）回答者の属性について　152
　（3）土地利用上の課題等についての集計結果──都市等別──　161
　（4）土地利用上の課題等についての集計結果──従業者規模別──　173
　（5）まとめ　184

5　土地利用問題に関する支援機能の展望　186
　　（1）中小製造業側の認識の特徴について　186
　　（2）専門職業家や地域金融機関側の事情等について　190
　　（3）望まれる機能・仕組み　192
　6　おわりに　193

第5章　市街地課税についての一考察 …………………………… 199

　1　はじめに　199
　2　租税論と市街地課税に関する議論　200
　　（1）租税論について　201
　　（2）課税原則について　202
　　（3）市街地課税に関する議論について　204
　　（4）地方公共財理論と固定資産税に関する議論について　206
　　（5）まとめ　208
　3　固定資産税の課題――宅地を中心に――　209
　　（1）地域経済を取り巻く環境変化　210
　　（2）固定資産税評価及び固定資産税収の現状　215
　　（3）課税原則及び地方税原則との関係　218
　　（4）まとめ　223
　4　検証――景観施策が固定資産税収に及ぼす影響――　223
　　（1）景観施策がもたらしうる経済効果　224
　　（2）想定景観施策に基づく便益帰着構成表の作成　227
　　（3）まとめ　232
　5　固定資産税の展望　233
　　（1）固定資産税評価における鑑定評価手法の活用上の課題　233
　　（2）今後の固定資産税のあり方　238
　6　おわりに　242

終章　都市の継承の課題 …………………………………………… 247

　1　土地利用の課題の本質　247

2　今後に向けて──ある地区を参考に──　248
　（1）別荘群供給の経緯　249
　（2）所有の変遷とその特徴　252
　（3）広範な視野をもつ必要性　253
3　おわりにかえて　256

参考文献　263
索　引　271

都市の継承と土地利用の課題

序章　土地利用と都市

1　人々と土地の関係

　人々の身近にある幾多の資源の中でも、とりわけ土地は重要な存在である。なぜなら、土地は、古来より人々の日常生活においても人々がかかわる経済活動においても欠くことのできない基盤として利用され機能を発揮し続けているからである。そのため、現在の土地利用のあり様は、人々とのかかわり合いによる歴史的な産物であり、人々の今後を方向づける上での重要な因子としても位置づけられることになる[1]。土地が他の資源や資本財には見られない機能を発揮しうる理由は、少なくとも短期的には増えない（減らない）、動かないという自然に由来する特性をもっているためだけではない。同時に、人々の働きかけによって用途や利用単位を柔軟に変化させることが可能であることも大きい。このような多様で複雑な特性を併せもつことによって、個々の土地はその機能を発揮しうるものとなっている。

　ところで、多くの場合、個々の土地単独では十分な機能を発揮することは難しい。例えば、自然発生的な道でさえも土地利用の一形態であるが、複数の土地の機能を高めるために間をつなぐものとして用いられるようになったと考えられている。現代の道路は、まさに個々の土地の機能を高めるために整備され計画的に配置されている。また、ある場所に設置された公園は、決して隣接する土地の利用者のためだけではなく、周囲を含むより広範な潜在的利用者を想定して供給されている。しかし、人々がその場所で緑の多い空間を楽しむという直接的な利用以外にも、公園は周囲を中心に影響を及ぼしていることが多い。それは、公園を望める土地においてはその場所に行かな

くても広い緑の多い空間が楽しめたり、休日の昼間は窓を開けると少々騒がしかったりするようなことである。このような土地利用に伴う外部性は、公園のような社会資本として整備された土地だけに限定されるわけではない。ある土地の豊かな植栽は、公園ほどではないにせよ周囲の土地に緑のある空間を提供するであろう。平日の昼間、近くにある工場は、我慢できないほどではないにせよ多少騒がしい音を発生させるかもしれない。このように、土地利用は、好ましい面でも好ましくない面でも、意図的にあるいは意図せざるうちに相互に影響を及ぼし合っており、その中で個々の土地は機能を発揮しているのが通常である。そのため、ある土地利用は、他の土地利用に依存したり他の土地利用を補完したり協働したりするだけでなく、時には他の土地利用と競合し、場合によっては対立することも起こりうる。

そもそも、現実の土地利用は、自然状態の制約下にあって思いのままにできるわけではなく、できると錯覚していてもいつか痛い目にあうことになるように思う。また、社会状態や地域コミュニティの影響も無視し続けるわけにはいかないし、現実問題として経済事情も考慮しないわけにはいかない。しかし、それだけでは非効率な土地利用や、土地利用間の過度な競合や対立は避け難いと考えられるので、建築自由を原則としつつも、都市計画による誘導、制限や建築規制が行われているのが現状である。

2 都市の概念

このような土地について、自然状態あるいは歴史や文化などの社会的側面、利用による効用や利潤などの経済的側面、行政管轄や計画、規制のような形式面などの共通性により把握されるまとまりは通常、地域と呼ばれている。このような地域には様々なものが考えられるが、人々が生活、活動を継続させていく観点から一定の自己完結性を備えるものは都市と呼ばれることが多い。

例えば、古代ギリシア時代に生きたAristotleによれば、当時の都市概念であるポリス（都市国家）は、自足の要件を満たした「終局の共同体」と位置

づけられている。それは人々が生きるために生じたが、人々がよく生きるために存在するものでもあり、最大の努力をもって目指すべきものとされている。Aristotle がこのように位置づけた背景には、人間は互いに相手なくして生きることができないのであり、初期段階の共同が自然による限り、「終局の共同体」である都市国家を目指すにも自然の衝動があるとの認識がある[2]。

ただし、Aristotle の都市国家観においては、日常を超える最初の共同体である村と、複数の村から構成される自足の要件を満たした都市国家との時間軸における関係は必ずしも明確ではない。例えば、古代中国における城郭都市やわが国での豊崎宮以来の計画的造営による都市、防御的配慮の強いヨーロッパ中世都市などの例を見ると人工物としての都市は決して少なくない[3]。この点に関して、Mumford（1938）では、「発展と衰退の輪廻」と称される独自の都市観において、都市（メトロポリス）は前半3段階の発展過程の中で村落の発展形に位置づけられている[4]。他方、Jacobs（1969）では、都市の発展過程に関する動態分析に基づいて、都市経済は農村経済の発展に優先するという認識をもって独特の都市起源論が唱えられている[5]。このような議論から推察されることは、都市の形成過程は時代、国あるいは地域によって異なりうるということである。そのため、特にその形成過程や形態を要件とする都市の有力な定義は見当たらないのが現状である。

都市観察に基づく都市観を唱える論者が多い中で、より内面的で都市文明史的なアプローチを行ったのが近代都市計画の父のひとりに数えられ生物学者でもある Geddes である。Geddes（1968）では、本当の都市とは「市民のまちで自分たちの市役所で自治を行ない、しかも自分たちの生活を支配する精神的理想をも表現しているまちである」とされている。Geddes によると、築かれた都市自体はそこでの生活や制度のための外殻にすぎないと認識されている。Aristotle にも都市国家を生体に類推する視点が見られるが、Geddes ではより明確に都市が動的に捉えられている[6]。動的に都市を捉えるという点で、Jacobs（1984）では、古今東西の都市の事例が比較検討され、長年活力を維持している都市の経済循環が集約されて次のように描かれている[7]。

- 多種多量の輸入品を増大させる過程で多様な輸出品を生み出す時期
- 輸出品の産出が衰退するにつれて輸入代替が大きく爆発する時期
- 潜在力ある新しい輸出品が大幅に拡大し多様化した都市経済内部に生み出される時期
- 活発な輸出品を産出する時期（新しく多種多量の潜在的に代替可能な輸入品を獲得する時期）

このような都市経済観に関して注目すべきは、都市相互間で流動的交易を行う限り、前例のない輸出品を生み出す局面にある都市は輸入代替の局面にある顧客都市が必要であるため循環過程は一致しないという指摘である。都市が相互に創造的・共生的な連携をもつ場合に国家は発展することになる。その創造性を確保するための手段として提示されているのが improvisation[8] である。加えて、都市経済の停滞は適切な対処により自力修正が可能で、適切な修正は創造性を育むかどうかに依存すると指摘されている。また、適切な修正は予期せぬものであることが多く、そのため常に創造性を育む環境を維持することが重要だとされる。Jacobs の観察によって捉えられた都市での経済活動は、より複雑でダイナミックなものであった。そのような都市経済観をもとに、導き出されたのが創造性と improvisation であり、これらを育むためにはより多くの人々の交流の接点が必要であり、高密度であることと多様性の確保が強調されたのだと考えられる。

3　「都市の継承」と前提となる考え方

(1)「都市の継承」という視点の意義

前記で示したいくつかの都市観に共通する基本認識は、都市では多くの人々が生活の場を求めて集まり定住しているということと、常に変化の過程にあるということであろう。そのため、都市では多様な利害が存在し、時間の経過とともに複雑化する傾向があることは容易に想像されよう。この点に関して、Geddes（1968）では、都市の特性を「生きもの」に例えて深い考察

が行われているが、その結果、都市はその限界に対して経済的にも教育的にも思想と行為で超越しうるとの考えに至る。このような考えを背景に、技術的都市計画と都市における市民と行政の活動を総合的に捉える学問分野を意味する市政学（civics）との統合の必要性が提唱されている[9]。

例えば、都市論の視点では、Jacobs（1984）のように変化の過程にある都市の姿に焦点が当てられ、自力修正の力が弱まっている状況に対して処方箋を与えることが目指される[10]。そのため、このような視点では、都市自体を直接の対象とする再生、再構築あるいは創生といった用語が用いられることになる。しかし、都市で実際に生活し、活動し、結果的に都市を動かしているのはその都市にかかわるごく一般的な人々である。そのような人々にとって、都市の再生、都市の再構築あるいは都市創生といった用語は、自身の日常の感覚では思い浮かびにくいように思う。ただし、人々は自身の生活、活動の拠点としている都市に対して、それぞれ置かれている立場や時間感覚にあった思い入れや考えをもっているのが通常であり、決して意識が低いわけではない。人々の日常の感覚は、生活や活動の拠点（土地）を中心にして、受け継ぎ、所有・利用し、次に委ねていくという時間の流れの中で、それぞれの思いや考えをもとによくなる方向に努力を続けるというものではないだろうか。様々な都市への思いがあるにせよ、通常、1個人や1企業でできることは限られており、このような個人や企業の集合として現実の都市社会は成り立っている。よって、人々を都市の主人公に据える限り、都市問題についてはこのような実態を前提に考えざるを得ない。このような認識のもとに、本書では「都市の継承」という視点を採用し、人々にとって身近で重要な切り口として土地利用に着目している。

次では、このような認識のもとに、本書において土地利用にかかわる話題を通して都市の継承のあり方ついて検討を進めるに当たり、最低限明らかにしておくことが必要と考えられる社会経済観、平等観について述べる。

(2) 前提となる考え方

① 社会経済観について

Aristotle の認識において、最善の生活とは、個人にとっても公共の観点による都市国家にとっても、徳と思慮にしたがって実践することによって得られるものと位置づけられている[11]。Smith では、同感（sympathy）という道徳概念が土台に据えられ、この思慮が中立的な観察者（impartial spectator）の視点に置き換えられた上で経済秩序としての市場原理が示されている。以下では、『国富論』に先行して1759年に出版された『道徳感情論』で示された Smith の利己的な個人を社会へ統合する原理を概観し、本書の視点の前提となる社会経済観を整理する。

Smith による同感は、人間の本性に由来するが、想像力だけによるものである[12]。想像力が写しとるのは自分自身の諸感覚の印象だけであって、これをもとに自分自身を他人の境遇に置く。有徳的な人に限られておらず、利己的であろうと利他的であろうと作用する。それは、死者に対しても作用が可能であるから死への恐怖も生じうる。ゆえに、同感は、個人に対する苦悩にもなるが、人類の不正に対する大きな抑制にもなるので社会を防衛し保護することができるという。このような同感は、本来、中立的であり、冷静に考察される場合は基本的に同感を必要としないという。しかし、感情と意向の調和と対応を保持することが難しいような場合には、同感の基礎である想像上の境遇の交換を可能な限り完全なものとするように努力が必要となる。よって、Smith は見知らぬ人々の同感を重視する。当事者の事情をよく知ることではなく、世間一般について注意深く事情通であることが求められているのであり、中立的な観察者の視点はこれを包括するものと考えられる。

Smith によれば、本来、観察者を感嘆させる源泉は快楽や便宜を促進する独創や技巧といった適宜性であり、これらをほのめかす効用ではないという。しかし、通常、人々はこのような区別を考察することはなく自身の想像の中で混同する。富と地位は、人々に与える印象が強いという意味では利点があり、人々の勤労意欲をかきたて、土地を耕作させ、都市と公共社会を建設させ、科学と技術を改良させようとする。このような自然の欺瞞は、富と地位

を得た者がすべての収穫を自分だけで消費することは困難であり分配せざるを得ないために、結果としてより多くの市民が維持されるように導くことになる。この分配は人間愛や正義によって生じるのではない。人間は生まれつき利己的で貪欲であり、その唯一の目的が自身の空虚で尽きることのない諸欲求の充足であるとしても、知らないうちに社会の利益が推し進められ、種の増殖に対応する手段が提供される。これが、『道徳感情論』において、Smith によって「見えざる手（invisible hand）」と比喩された、利己的個人の経済社会への統合原理である[13]。

Smith によって示された、中立的な観察者の視点による相互的同感に基礎を置く利己的個人を前提とする社会経済秩序は、決して慈愛や正義を軽んじるものではない。むしろ、利己的個人による通常の努力には適直性は認められていないのであるが、それが欺瞞であったとしても人間本性に由来する非常に強い力であるがゆえに、ある意味で安定性が見いだされ信頼が置かれている。社会経済システムについては持続性が重要である点で、Smith によって示された社会経済観は、本書において検討を進めるに当たり前提とすべきものと考えている。

② 平等性について

Aristotle によると、最善の生（幸福）は人それぞれが自ら望み実践することによって得られるとされている[14]。自由は基本的に望ましいものであるが、他方で都市では多くの人々が生活し活動しているため、既に多様な利害が存在している。現実を考えると、自由な個人と共同社会の構成員としての立場をいかに調和させるかということが都市社会において重要な課題となる。この点に関して、Arrow（1963）では個人の条件に基づいて社会的決定をする上での考え方についての一般的アプローチが検討され、その延長線上において Sen（1970）では集合的選択ルールが検討された。その結果、Arrow においては、個人的嗜好から社会的選好に移行する方法で広範囲の個人的順序の組に対して定義されて満足できるものは賦課的であるか独裁的であるほかはないことが証明された[14]。また、Sen においても、通常、社会的選択の場

面で提案される単純な原理は十分な社会的決定関数ではない、つまり集合的選択の理想的な方法は存在しないという結果が導かれた[16]。ただし、Senにおいては、集合的選択の理想的な方法が存在しないのであれば、制度や思考の枠組みを考える上で不純な方法は重要であるとの認識が示されている。このような認識は、個人の自由のための最終的な保障はお互いのプライバシーと個人的な選択を尊重するという価値や選好を発達させる中で見つけることができるという彼の思想に基づいている[17]。そして、このような研究成果を背景として、平等と正義のための分析は自由のための手段に注目することでは不十分であるとの認識のもと、以下のような潜在能力アプローチが提唱されるに至っている。

Senにおいては、自由は、過程の側面（agency）と実際の機会の側面（well-being）に区分される。実際の機会の側面とは、生存するために予防可能な病気や飢えなどを回避するといった基本的な機会であり決定的に重要なものと位置づけられる。このような自由がSenによる潜在能力（capability）の概念である。それは、その人にとって達成可能な諸機能の代替的組み合わせであり、人が生きたいと考える理由のある生き方をし、自身がもっている真の選択・機会を向上させることのできる能力である[18]。そのため、社会状態の判断基準として、その社会の構成員が享受している個人レベルの自由が注目される。一方、潜在能力アプローチでは個人の責任も自己責任も非常に重視されている。それは、個人の責任に代わって社会の責任を認めると、動機づけ、個人の固有の立場が可能にする自己認識など多くの重要なものが失われる可能性があるからである。ただし、責任のある人生をおくる能力は、本質的な自由と潜在能力を保有することをも要求するとされる。人が自由と潜在能力を実際にもつことはその人に判断する義務をも課すので、個人の自由を拡大するために社会的支援を唱えることは個人の責任を擁護することに他ならないと述べられている[19]。Senによれば、従来の「機会均等」という概念は全般的な自由を表していないとされる。そのため、真の機会均等を捉える方法は潜在能力の平等でなければならないと主張されているのである[20]。

Sen自身により提示されている潜在能力アプローチの問題点としては、潜

在能力集合全体に関する情報を集めることと直接的な観察の困難性がある。しかし、自助努力や自己責任を念頭に置くこのような平等観は、本書において検討を進めるに当たっても前提とすることが望ましいものと考えている。

4　本書の視角

　本書では、人々を都市の主人公に据え、前記で示した社会経済観、平等観を前提に、人々にとって身近で重要な切り口として土地利用に着目し、これにかかわる諸課題についての検討を通して都市の継承のあり方を模索する。その狙いは、あたかも生きもののように常に変化の過程にある都市において、人々が永く幸福でいられるように、人々の自主的な努力が報われやすいように方向性を照らすことにある。基本的に注目するのは、わが国の歴史の中で時々の統治機構も重視せざるを得なかった都市づくりと産業振興にかかわる土地利用及び土地を客体とする租税にかかわる分野である。ただし、現実の土地利用は自然環境の制約下にあり、白河法皇の天下三不如意[21]の例えにもあるように、しばしば災害というかたちで人々の土地への働きかけを躊躇させることがある。そのため、必要に応じて自然災害への備えという視点も導入することにする。接近方法としては、公共経済学の視点から市場機構の活用を基本とし、外部性の存在や不完全情報により市場が十分に機能し難い場合には外部性の内部化や情報整備・流通を促す方法により具体的な対応策を検討する。さらに地方公共財の供給が関係する場合には、租税を含め適切な費用の回収方法についても検討する。

　なお、都市の概念については、既に主な論者によるものを紹介済みであるが、具体的な都市の定義については明確にしていなかった。この点に関しては西嶋（2004）を踏襲し、形態的には「市制を施行するDID人口5万人以上の区域」で、観念的には「自分たちの生活を支配する精神的理想をも表現しているもの」を都市と定義して取り扱うことにする[22]。

注

（1）　櫛田（1966）、30-31 ページ参照。
（2）　Aristotle（1957）（牛田訳〔2001〕、4-11 ページ）参照。
（3）　加藤（2000）、22-30 ページ参照。
（4）　Mumford（1938）（生田訳〔1974〕、290-299 ページ）参照。
（5）　Jacobs（1969）（中江・加賀谷訳〔1971〕、19-34 ページ）参照。
（6）　Geddes（1968）（西村他訳〔1982〕、230-237 ページ）参照。
（7）　Jacobs（1984）（中村・谷口訳〔1986〕、205-206 ページ）参照。
（8）　中村・谷口訳、前掲書、46 ページ・264 ページ参照。西嶋（2004）では improvisation を「臨機応変の改良」というよりはむしろ「〜改変」の意味で捉えている。
（9）　西村他訳、前掲書、234-238 ページ・263-264 ページ・267 ページ参照。
（10）　中村・谷口訳、前掲書、274-275 ページ参照。
（11）　牛田訳、前掲書、342-344 ページ参照。
（12）　Smith（1790）（水田訳〔1973〕、5 ページ）参照。
（13）　水田訳、前掲書、273-281 ページ参照。
（14）　牛田訳、前掲書、340-342 ページ参照。
（15）　Arrow（1963）（長名訳〔1977〕、95-96 ページ）参照。
（16）　Sen（1970）（志田監訳〔2000〕、236-238 ページ）参照。
（17）　志田監訳、前掲書、105 ページ参照。
（18）　Sen（1999）（石塚訳〔2000〕、83-85 ページ）及び Sen（1993），pp.33-35 参照。
（19）　石塚訳、前掲書、326-328 ページ参照。
（20）　Sen（1992）（池本・野上・佐藤訳〔1999〕、10 ページ）参照。
（21）　平安期の白河法皇が意のままにならないものとして加茂河の水、双六の賽、山法師をあげたとされる逸話。詳細は『平家物語』巻の一「願立」の項を参照されたい。
（22）　西嶋（2004）、8 ページ参照。

第1章　自然災害リスクにかかわる情報提供のあり方
　　　　――土砂災害警戒区域の指定による情報提供を題材に――

1　はじめに

　自然現象は制御することができない。そして、自然災害を完璧に予想することも現実には困難である。ただし、自然災害リスクにかかわる適切な情報があれば、経済主体は立地行動等を通して災害が起こりうる状態を事前に選択することが可能であり、部分的には防災投資や防災活動を通して災害による損失の大きさや損失が生じる確率を抑えることも可能である。そのため、自然災害リスクにかかわる情報の提供状況は、人々の生命をも含む様々な資源の配分に関して大きな影響を及ぼす。当然、自然災害リスクにかかわる情報は提供されることが望ましく、情報が不完全あるいは必要な情報が不足している場合には、公共部門が直接関与して整備を行い社会に向けて公表することが望まれる。しかし、現実社会において各経済主体は様々な利害を有しており、時には自然災害リスクにかかわる情報提供が自身を不利な状況に導くのではないかという疑念をもつこともありうる。公共部門が関与する場合、このような疑念は公共の利益を優先する観点から軽視されることも多いが、住民・地域コミュニティと地元行政間の信頼関係を深めることが望まれている地域防災において、すべてのケースでこのような対応をしてよいものだろうか。

　このような問題意識により、本研究では、自然災害リスクにかかわる情報提供のあり方について考察する。具体的には、自然災害リスクの認知及びリスク・コミュニケーションの特徴などの検討を踏まえて自然災害リスクにかかわる情報提供についての基本的な課題を確認する。その上で、自然災害が

起こる可能性のある空間の明確化・周知により地域の警戒避難体制整備を図る対策の典型例として土砂災害防止対策を題材に取り上げる。その過程を確認し、自然災害リスクにかかわる情報提供面での課題について検討する。その結果をもとに自然災害リスクにかかわる情報提供のあり方を整理するとともに、土砂災害警戒区域の指定等に伴う課題への具体的な対応策を提案する。

2　自然災害リスクと情報提供

　現実の経済社会においては、自然災害にとどまらず人々に損失をもたらす可能性のあるたくさんの事象が存在する。しかし、このような損失をもたらす可能性に対する人々の認識は必ずしも一様ではない。例えば、情報提供面で効率的とされている金融市場でさえも、これまで少なからず混乱か発生していることからも覗い知ることができよう。さらに、自然現象によってもたらされる自然災害に関しては、自然現象が起こるメカニズムそのものに解明されていない部分があり、正確な予知が難しいという問題が大きく影響を及ぼすことになる。ここでは、本研究で自然災害リスクにかかわる情報提供のあり方を検討するに当たり、その前提として、まず自然災害リスク及びそのリスク・コミュニケーションの特徴について整理する。その上で、自然災害リスクにかかわる情報提供について基本的な考え方を整理する。

(1) 自然災害リスクとリスク・コミュニケーション
①　リスクの概念について

　現実社会において、リスク（risk）という用語は多義的に用いられている。中でも、防災分野では、漠然とした危険性の意味で用いられて危険（hazard）と特に区別されない場合がある。一方、経済学分野では、リスクは利得・損失を生じる確率（probability）の意味で用いられることが多いが、これには先験的確率（数学的確率）や経験的確率（統計的確率）だけでなく主観的確率を含むと解釈される場合がある[1]。この場合のリスクと混同されやすい概念が広義の不確実性である。広義の不確実性は、Knight（1921）な

どの研究を援用すると、
- リスク　　起こりうる状態とその確率分布がわかっている。
- 不確実性　起こりうる状態はわかっているがその確率分布はわからない。
- 無知　　　何が起こるかどのような状態になるかわからない。

のように分類され得る。このように分類した場合、リスクは客観的確率（先験的確率及び経験的確率）がわかっている場合に限定されることになろう[2]。

しかしながら、自然災害を対象とする防災対策に関しては、客観的確率のみを念頭に取り組みを進めることは事実上困難である。また、本稿では、自然災害リスクの経済評価の研究のように、不確実性下の意思決定問題について厳密な議論は行わない。その場合、前記の確率は主観的確率を含むと解釈すると、藤見（2011）で指摘されているように、これと客観的確率とを特に区別しなければ不確実性が存在する場合にもリスク下と同様の議論が成り立つことになる[3]。よって、以下では、リスクについて、主観的確率を含む「利得・損失を生じる確率」と定義して用いることにする。

② 自然災害の特徴とリスク認知問題

自然災害については、客観的確率のみを対象に議論することが困難ということ以外にも、一般的な現象と異なるいくつかの特徴が認められる。例えば、横松（2011）では、自然災害リスクの経済評価手法に関する近年の研究動向を概観する中で次のような特徴が指摘されている[4]。

- 災害が起こる確率は極めて低く、過去の災害と類似の災害が起こった場合にも同様の被害が繰り返されるとは限らない。
- 災害が起こると多数の人の資産に同時に影響が及び巨大な損失を招く可能性がある。
- 人々の生命の損失など不可逆的な被害をもたらす可能性がある。
- 災害が起こる以前の生活環境への復帰が困難になるなど、人々に精神的被害をもたらす可能性がある。
- 家計や企業は防災への投資や取り組みを通して部分的に災害による損失の大きさや損失が生じる確率を抑えることが可能である。

- 局地的に起こる傾向があるため、家計や企業は立地行動を通して災害が起こりうる状態を事前に選択することが可能である。
- 生産の基礎的条件に影響を及ぼす可能性があり、結果的に生産構造を通して被害が空間的に広がる傾向がある。
- 自然災害は非日常的な現象であるため、人々の間で主観的確率や被害規模の想定が異なる可能性がある。

生産構造を通して被害が空間的に広がる傾向があることについては、東日本大震災だけでなく、2011年の10月から11月にかけて起こったタイの洪水においても不本意ながら再確認されることになった。複数の企業で当初の被害予想と現実が異なる結果となったのは、指摘されたとおり、主観的確率や被害規模の想定は同じではなかったからだと思われる。

ところで、そもそも人のリスクに対する態度は、決して単純ではないことが明らかになっている。例えば、Kahneman and Tversky によるプロスペクト理論（Prospect Theory）では、人々は損失を防ぐためにはかなりのリスクも辞さない。一方で、利益の可能性に対してはあまりリスクを冒したがらない特徴をもつことが明らかにされている[5]。意思決定者が期待効用理論の公理を侵犯すると、期待効用の最大化は起こらない。彼らの研究成果は、期待応用理論自体を否定するものではないが、人は時には経済学モデルが前提とする合理的期待の枠組みから外れてしまうことが起こり得ることが示唆されている。他にも、曖昧な要素が加わると選択結果が異なってしまうなど、これまでの行動心理学・行動経済学分野での研究により期待効用理論の公理の侵犯を起こしうるような、様々なリスクの認知の段階でのバイアスの存在が明らかにされている[6]。

では、自然災害リスクの認知についてはどうであろうか。自然災害リスクについては、その特徴の作用により、時にその認知はより不完全なものになってしまう可能性があると考えられる。東日本大震災前に地震保険加入者がなかなか増えなかったことなどは、自然災害リスクにかかわる認知問題の典型例であろう。

③ リスク・コミュニケーションと地域防災の取り組み

関与者集団間でのリスクに関する何らかの目的的な情報の交換は、通常、リスク・コミュニケーションと呼ばれている。前記に示したような認知にかかわる諸問題もあり、リスク・コミュニケーションについては、他の情報に関するコミュニケーションと違った特徴が指摘されている。例えば、送り手と受け手で伝達に際しての表現に関する選好が必ずしも一致しない、同じ数量でも「時間当たり」、「一定の人口当たり」など表現方法で効果に差が生じる、情報源の信憑性（送り手の信頼性、送り手の専門性）が効果に強く影響するなどである[7]。加えて、自然災害については、その特徴によりリスクの認知がより不完全なものとなってしまう可能性があるだけでなく、そもそも不確実性により災害関連情報も不完全なものとなる可能性がある。

それでも、自然災害を対象とする地域防災の取り組みにおいては、自然災害リスクにかかわるリスク・コミュニケーションは避けて通れない。そのため、地域防災の取り組みには、自然災害リスクの認知問題とともに自然災害に関する情報自体の問題も影響を及ぼすことになる。

(2) 自然災害にかかわる情報提供についての基本的な考え方
① 不完全情報及び情報不足と市場の失敗

自然災害に関する情報については、不確実性により情報が不完全なものとなったり、不十分なリスク・コミュニケーションにより提供される情報が不足したりする可能性がある。では、情報が不完全、あるいは必要な情報が不足する場合にどのような問題が生じるであろうか。厚生経済学の第1基本定理では、ある条件下においてのみ資源配分が効率的であることが示されており、条件が満たされない状況は通常、市場の失敗と呼ばれている。消費者への不完全情報の提供や市場だけでは必要な情報が不足するケースは情報の失敗と呼ばれ、市場の失敗を招く原因のひとつに挙げられている。情報の失敗が生じる背景としては、公共財的な性格が強く市場で供給されない場合、供給費用に見合う需要があるかどうかわからない状況で提供される情報が少ない場合。そして、売り手と買い手が異なった情報をもっているという、情報

の非対称性の問題がある場合などが指摘されている[8]。

　情報の失敗によって市場が十分に機能せず社会で非効率な資源配分が行われている、あるいは行われる可能性が高い場合には、適切な質・量の情報が供給されるように対策を講じることが望まれる。ただし、その対策は情報の性質によって異なるであろう。そもそも、情報が公共財的な性格をもつのであれば、公共部門が強制的に関与して整備・公表したり、規制により行為者や所有者に情報公開を義務づけたりすべきであろう。しかし、情報提供により受益を受ける層が限定されている場合には、中立的な情報バンクの整備や格付け機関の格付けなどにより情報提供が進むように市場インフラの整備を支援するなどの方法が望ましい。

　② 情報提供についての基本的な考え方

　自然災害を完璧に予想することは困難であり、インフラ整備などのハード対策のみによってすべての人々の生命・資産の安全を確保することも事実上困難である。しかし、自然災害リスクにかかわる適切な情報があれば、家計や企業は立地行動等を通して災害が起こりうる状態をある程度事前に選択することが可能であり、建物への投資を通して部分的に災害による損失の大きさや損失が生じる確率を抑えることも可能である。さらに、中川（2011）で指摘されているように、民間保険会社が地域や建物に見合うリスクを保険料に適切に反映する場合、家計や企業は保険商品の選択を通して自然災害による損失の補償を事後的に受けることが可能である[9]。

　自然災害リスクにかかわる情報の提供状況は、人々の生命をも含む様々な資源の配分問題に大きな影響を及ぼすことになる。しかし、自然災害リスクにかかわる情報は、土地などの不動産資産の価格低下につながる要素をもつものが少なくない。このような性格の情報は、伊藤（2006）で指摘されているように、土地の所有者・供給者側からの自発的な情報整備・開示は望みにくい[10]。そのため、情報が不完全、あるいは必要な情報が不足する場合、少なくとも基礎的な情報については、公共部門が直接関与して整備し公表・開示すべきである。実際、地震、洪水、土砂災害などについて地図情報を活

用してリスクにかかわる情報が行政機関により整備され公表されている。

3 土砂災害防止対策によるリスク情報提供

　自然災害リスクにかかわる情報は、社会的には必要度が増している一方で、利害関係者にとってはネガティブな面をもつ場合も少なくない。そのため、適切な情報提供がなされるためには、いくつかの課題に取り組む必要がある。本研究では、自然災害が起こる可能性のある空間の明確化・周知により地域の警戒避難体制整備を図る対策の典型例として土砂災害防止対策を研究対象に取り上げる。具体的には、2012年8月頃までの過程と問題点を整理しつつ、地域における自然災害リスクにかかわる情報提供の課題を検討する。

(1) 近年の土砂災害防止対策と土砂災害警戒区域等の指定
①　土砂災害防止法について

　近年の土砂災害防止対策の拠り所となる土砂災害警戒区域等における土砂災害防止対策の推進に関する法律（以下、「土砂災害防止法」という。）は2000年5月に制定され、2001年4月1日に施行された。この法律の目的は、土砂災害から国民の生命・身体を保護するため土砂災害が発生するおそれがある区域を明らかにし、当該区域における警戒避難体制の整備を図ることである。そのため、著しい土砂災害が発生するおそれがある区域においては一定の開発行為を制限し、建築物の構造の規制に関する所要の措置を定めている。

　土砂災害防止法は、1999年6月末の梅雨前線豪雨による広島県下で起こった土石流災害、がけ崩れの多発による著しい被害の発生を背景に、2000年2月の当時の河川審議会の答申[11]を受けて制定された経緯がある。この答申では、教訓として土石流・がけ崩れの発生のおそれのある危険箇所で普段から有効な情報提供や警戒避難措置に努める必要性や、安全性が確保されないまま住宅等が立地することのないようにすることが挙げられた。そして、危険箇所を土砂災害防止工事だけで安全にしていくには膨大な時間・費用を必

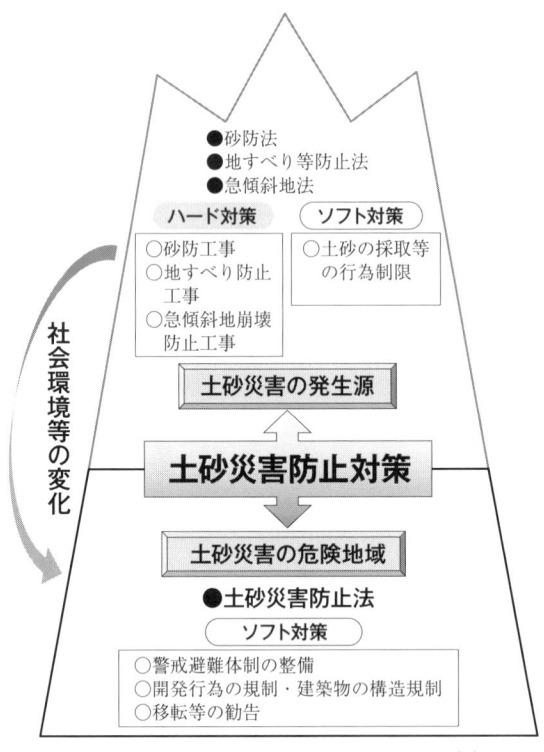

図 1-3-1　土砂災害関連法令の相互関係[12]

要とするとの認識のもと、ハード対策と併せて警戒避難措置、立地抑制策といったソフト対策を充実させていく必要性が指摘されていた（**図 1-3-1** 参照）。

② リスク情報提供としての土砂災害警戒区域等指定

土砂災害防止法における土砂災害の定義は、急傾斜地の崩壊、土石流、地滑り[13]を発生原因として国民の生命・身体に生ずる被害である。土砂災害を防止するために、警戒避難体制を特に整備すべき土地の区域として指定されるのが土砂災害警戒区域、加えて一定の開発行為の制限及び居室を有する建築物の構造をも規制すべき区域として指定されるのが土砂災害特別警戒区域である。土砂災害警戒区域及び土砂災害特別警戒区域（以下、「土砂災害

第1章　自然災害リスクにかかわる情報提供のあり方

```
┌─────────────────────────┐
│   土砂災害危険箇所の調査    │
│   （調査実施：1999～2003年）│
│   全国総数　525,307箇所    │
└─────────────────────────┘
              ↓
┌─────────────────────────┐
│        基礎調査          │
│  （2011年12月31日時点）   │
│   全国総数　304,321箇所   │
└─────────────────────────┘
  ┌──────┐                  ┌──────────┐
  │地元説明会│ ----→      ←── │市町村長の意見│
  │  意見  │                  └──────────┘
  └──────┘         ↓
┌─────────────────────────┐
│     土砂災害警戒区域      │
│  （2012年3月31日時点）    │
│   全国総数　258,504箇所   │
└─────────────────────────┘
```

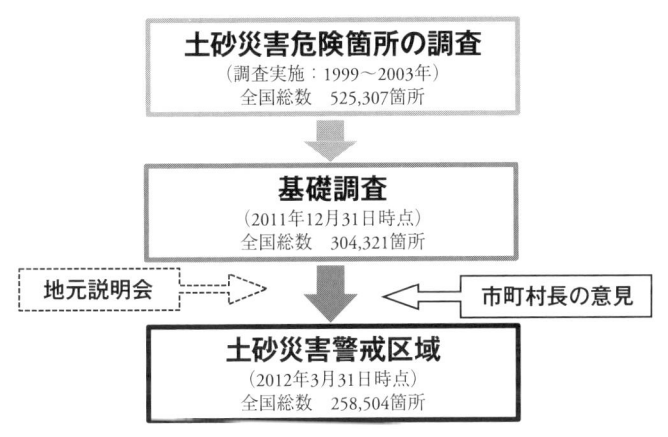

図 1-3-2　土砂災害警戒区域の指定等の手順

警戒区域等」という。）は都道府県知事によって指定されるが、前提として机上作業中心の基礎調査が行われる。その対象箇所の選定には、2012年8月当時では1999年から4年間にわたり実施された土砂災害危険箇所の調査結果が活用されていた。基礎調査では、状況確認等のために必要があれば現地の調査も行われる[14]。

基礎調査終了後、結果は地元市町村へ通知後、関係住民にも知らされ、市町村長の意見を聴いた上で土砂災害警戒区域等が指定される（**図 1-3-2** 参照）[15]。土砂災害警戒区域等が指定されると、各都道府県の担当事務所やインターネット等で指定箇所ごとに区域名、自然現象の種類、指定年月日、指定区域の種類及び図面[16]などが公開・開示されて確認できるようになっている。また、土砂災害警戒区域等の指定を受けると、地元市町村は地域防災計画において警戒避難体制に関する事項を定めることとなっている。市町村長は、警戒避難に必要な情報をハザードマップなどの印刷物として配布し、住民に周知しなければならない。さらに、宅地建物取引業者は売買の相手方等に対し重要事項として説明する義務が生じる[17]。このような方法により、都道府県が主体となって土砂災害警戒区域等の指定による、災害が起こるおそれのある空間についての情報整備及び提供が行われる。

表 1-3-1　当時の土砂災害警戒区域の指定状況等（全国）

	a 土砂災害危険箇所 1998・2002 年度公表	b 基礎調査実施箇所 2011 年 12 月 31 日時点	b/a	c 土砂災害警戒区域 2012 年 3 月 31 日時点	c/b
総　数	525,307	304,321	57.9%	258,504	84.9%
土石流	183,863	110,208	59.9%	93,828	85.1%
急傾斜地の崩壊	330,156	190,183	57.6%	161,689	85.0%
地滑り	11,288	3,930	34.8%	2,987	76.0%

(2) 土砂災害警戒区域の指定過程等とその特徴

① 2012 年 3 月末時点の概況

　土砂災害警戒区域等の指定に向けての基礎調査の実施及び土砂災害警戒区域等の指定は、各都道府県で継続的に進められている。その結果を全国で見ると、調査済みの土砂災害危険箇所数 525,307（1998 年度・2002 年度公表）[18]に対して、2011 年 12 月末時点での基礎調査実施箇所数は 304,321 であった[19]。そして、2012 年 3 月末時点での土砂災害警戒区域の指定箇所数は 258,504[20]でしかなかった。当時の状況では、基礎調査実施箇所数は土砂災害危険箇所数の 60％に満たないが、土砂災害危険箇所には砂防堰堤整備や対策工事が行われている箇所があることに留意する必要がある。当時の土砂災害警戒区域の指定箇所数は基礎調査実施箇所数の約 85％である。基礎調査実施後、指定までに要する事務手続等を考慮すると、国全体では比較的円滑に指定が進められていたと思われる。これらを自然現象の種類別に整理したものが**表 1-3-1** である。自然現象に地下水等の状況が関係する地滑りに関しては、基礎調査実施、土砂災害警戒区域の指定のいずれも遅れ気味であった。

② 首都圏・近畿圏での指定状況等（2012 年 3 月末時点）

　基礎調査実施箇所や土砂災害警戒区域の指定についての地域的な傾向を見るために、一例として関東 1 都 6 県及び近畿 2 府 4 県を抽出したものが**表 1-3-2** である。これによると、基礎調査実施箇所や土砂災害警戒区域の指定

第1章　自然災害リスクにかかわる情報提供のあり方

表 1-3-2　首都圏・近畿圏での指定状況等[21]

		a 土砂災害危険箇所 1998・2002年度公表	b 基礎調査実施箇所 2011年12月31日時点	b/a	c 土砂災害警戒区域 2012年3月31日時点	c/a	c/b
関東1都6県	茨城県	4,079	1,544	37.9%	1,811	44.4%	117.3%
	栃木県	6,924	5,176	74.8%	6,107	88.2%	118.0%
	群馬県	7,416	6,251	84.3%	4,689	63.2%	75.0%
	埼玉県	4,219	2,187	51.8%	1,985	47.0%	90.8%
	千葉県	9,764	1,761	18.0%	1,508	15.4%	85.6%
	東京都	3,786	4,514	119.2%	4,053	107.1%	89.8%
	神奈川県	8,160	3,928	48.1%	4,803	58.9%	122.3%
近畿2府4県	滋賀県	4,910	3,489	71.1%	3,355	68.3%	96.2%
	京都府	8,847	8,597	97.2%	6,355	71.8%	73.9%
	大阪府	4,361	2,758	63.2%	2,485	57.0%	90.1%
	兵庫県	20,748	18,534	89.3%	19,722	95.1%	106.4%
	奈良県	8,186	7,211	88.1%	4,451	54.4%	61.7%
	和歌山県	18,487	3,305	17.9%	2,709	14.7%	82.0%
計		109,887	69,255	63.0%	64,033	58.3%	92.5%

については都府県によって相当違いがあり、単純に地域的に傾向をつかむことが難しいことがわかる。ただし、大都市域を含む府県の中にも、一部、土砂災害危険箇所数に対する基礎調査実施箇所数の割合が低いところや、基礎調査実施箇所数に対する土砂災害警戒区域の指定箇所数の割合が低いところが見られる。各都府県によって地形や自然状態等は異なるため一概に言えないが、一般的に大都市域では土地利用に関する利害が複雑である場合が多いため、このような要素が影響を及ぼしている可能性は否定できないと思われる。

③　近畿4政令指定都市での指定状況（**2012年3月末時点**）

自然災害リスクにかかわる情報は、土地等の資産の価格低下につながる要素をもつものが少なくない。仮に、土砂災害警戒区域等の指定が土地等の価格低下につながり、かつ、当該指定が硬直的でないとしよう。その場合には、

表1-3-3　近畿政令指定都市での土砂災害警戒区域の指定箇所

	京都市	大阪市	堺市	神戸市
総　数	88	0	72	1,842
土石流	39	0	0	361
急傾斜地の崩壊	49	0	72	1,481
地滑り	0	0	0	0

表1-3-4　土砂災害警戒区域の指定状況の分類（急傾斜地の崩壊）

区　分	細区分	典型的な指定箇所の状況	備　考（都市計画等）
Ⅰ山間部		自然地形の中で散在・点在する部分的に整地された宅地及びその周辺	都市計画区域外市街化調整区域
Ⅱ山麓部	a 市街地近郊	自然地形の中で点在する部分的に整地された宅地及びその周辺	市街化調整区域
Ⅱ山麓部	b 市街地の外縁部	自然地形に隣接して連たん・散在する整地・造成された宅地及びその周辺	山林等：市街化調整区域宅地：市街化区域
Ⅱ山麓部	c 周辺部の市街地	既成の市街地に介在する小河川沿い等の急傾斜地及びこれに隣接する宅地	市街化区域
Ⅲ丘陵地	a 集落周辺部・近郊	自然地形の中で点在等する部分的に整地された宅地及びその周辺、自然地形に隣接する整地された宅地及びその周辺	市街化調整区域
Ⅲ丘陵地	b 開発団地外縁部等	宅地開発時に残された自然地形である急傾斜地及びこれに隣接する宅地	市街化区域

　土地利用に関する利害が複雑で負担感が大きければ、所有者は土砂災害警戒区域等の指定を先延ばしにするための活動を始めるかもしれない。このような仮定の妥当性を探るため、近畿の4政令指定都市について、2012年3月末時点での土砂災害警戒区域の指定状況に関する特徴の整理を試みた。

　各府県の公表値によると、土砂災害警戒区域等の指定箇所は**表1-3-3**のとおりであり、大阪市は大半が平坦地であり指定はない。他の3市の中では、

県全体で指定が進み六甲山麓から海岸にかけて帯状に市街地が広がっている神戸市の指定箇所が突出して多く、京都市・堺市では100箇所未満であった。京都市も三方が山地に囲まれ、堺市も南東部は丘陵地が多い。**表1-3-4**は対象となる自然現象を急傾斜地の崩壊に限定して土砂災害警戒区域の指定状況を分類したものである。これによると、京都市はほぼ半数がⅠの区分に該当し、堺市はⅢaの区分に該当する箇所が比較的多い。通常、土地利用に関して生じる利害が複雑になりやすいのは、利用価値、そして地価水準の比較的高い市街地やその近郊である。京都市・神戸市それぞれの市街地の地形や自然状態等の違いを考慮しても、人口規模が比較的類似する両市の間で指定箇所数に大きな違いが生じている背景には、土地利用に関する利害の複雑さや負担感の程度等が関係しているのではないかと思われる。

4 自然災害リスクにかかわる情報提供の課題

土砂災害警戒区域等の指定が行われるためには、相当の費用と時間を要する調査及び手続きが必要である。2014年8月豪雨による広島市での土砂災害等を背景として、基礎調査の結果の公表と速やかな土砂災害警戒区域等の指定が基本方針として明記された（国土交通省告示第35号・2015年1月）。早期に土砂災害の危険性を公表し、区域指定によりその位置づけの明確化を図るという考え方のもとでは、危険性の公表、位置づけの明確化が行われるタイミングは重要である。また、公共部門による用地買収を伴わずに危険度が高いという情報提供のみが行われるという点では、指定対象となる土地の関係者側から見るとネガティブな面が強く印象づけられることになるかもしれない。このような土砂災害警戒区域等の指定にかかわる特徴は、自然災害リスクの情報提供手段として見た場合にいくつかの課題の存在を暗示する。そのため、ここでは土砂災害警戒区域等の指定における問題点を確認した上で、自然災害リスクにかかわる情報提供面での課題について整理する。

(1) 土砂災害警戒区域等の指定における問題点
① 地方公共団体における認識

　国土交通省においては、土砂災害防止法の施行後10年経過したことを機に2011年度、「土砂災害防止法に関する政策レビュー委員会」が設置された。この委員会では、土砂災害防止を図る施策の実施にかかる課題やその対応策について検討が行われている。この委員会での配布資料の中で特に興味深いのが、47都道府県を対象に実施された土砂災害防止法に基づく施策の主な取り組み状況に関するアンケートの結果である[22]。このアンケート結果は、土砂災害警戒区域等の指定に関する都道府県及び関係市町村の実情を覗い知る上で有用であるとともに、災害が起こるおそれのある空間についての情報提供を進める上で配慮すべきいくつかのポイントを示唆しているように思える。よって、以下に主な項目の結果の概要を示す。

- 基礎調査の優先順位の考え方で重視している項目[23]

　　最も多い項目は「災害時要援護者関連施設が立地する箇所」（約24％）、2番目に多い項目は「過去に土砂災害が発生した箇所」（約18％）、3番目に多い項目は「保全人家が多い箇所」（約13％）。

- 基礎調査が進まない理由[24]

　　最も点数の高い理由は「予算の確保が困難」（約26％）、2番目に高い理由は「住民への説明に時間を要する」（約24％）、3番目に高い理由は「コンサルタント業務による区域設定の確認に時間を要する」（約18％）。

- 基礎調査が完了して3年以上経過しても指定されない理由（土砂災害警戒区域）[25]

　　最も箇所数の多い理由は「一定の地区単位（市町村、自治会等）で指定を行うよう市町村から要望されている」（約45％）、2番目に多い理由は「住民への説明会等に時間を要する」（約24％）。そして、3番目に多い理由は「住民の反対への対応に時間を要する」（約18％）。

- 住民が土砂災害警戒区域等の指定に反対する理由[26]

　　最も点数の高い理由は「土地の価格の低下を懸念」（約41％）、2番目に高い理由は「建築物への構造規制に不満」（約25％）、3番目に高い理

由は「指定されてもハード対策を実施しないことに不満」（約17％）。
- 土砂災害警戒区域等の指定時に市町村から反対があった場合の対応[27]

　土砂災害警戒区域等の指定時に市町村から反対されたことがある20都道府県について、最も多い回答は「市町村への意見照会の回答による反対があっても理解が得られるまで粘り強く説明等を続ける」（約34％）、2番目に多い回答は「市町村への意見照会の回答による反対があれば区域指定は行わない」（約9％）。

② 区域指定における問題点

　土砂災害警戒区域の指定状況等及び前記で紹介したアンケートの結果から、次の3点が土砂災害警戒区域等の指定により災害危険地域に関する情報提供を進めていく上での課題として浮かび上がる。1点目は、土砂災害警戒区域等の指定の前提となる基礎調査実施のための予算の確保についてである。ただし、予算の確保は根本的で重要な課題ではあるが、現在の国・地方公共団体の財政状況を思い浮かべるとすべての公共事業に共通する課題でもある。土砂災害防止対策がソフト対策重視に移行した背景などを考えると、他の課題への対応によって生じ得る問題の緩和を図ることが現実的と思われる。2点目は、基礎調査の過程を含む土砂災害警戒区域等の指定の優先順位及び指定単位についてである。実際には予算問題と密接に関連していると思われるが、自然災害リスクにかかわる情報提供という側面でも検討の余地があろう。3点目は、基礎調査の結果の公表及び土砂災害警戒区域等の指定による土地価格の低下を懸念する住民が少なからず存在するという事実である。

(2) 自然災害リスクにかかわる情報提供面での課題
① 指定の優先順位及び指定単位について

　土砂災害警戒区域を例にとると、これは土砂災害が発生した場合に被害を受ける恐れのある土地の範囲を示している。換言すると、災害が発生した際に住民の生命・身体を守ることを主眼として、警戒避難を行う際に避難すべき範囲の目安を示しているのである。一種の災害危険度情報ではあるが、災

害の発生危険度が厳密に評価されてその結果に基づいて指定されるわけではない。そのため、基礎調査の優先順位を考えるに当たっては、当然、過去に土砂災害が発生した箇所が重視されるにしても、災害時要援護者関連施設が立地する箇所や保全人家が多い箇所も重視されることになる。

　しかし、自然災害が起こった場合に損失が生じる可能性のある者の立場では、他に土砂災害リスクにかかわる公的な情報がない現状から、基礎調査の公表時期や土砂災害警戒区域の指定の事実とその時期は重要な意味をもつ。つまり、結果の公表や区域の指定をする側が意図していないメッセージを与える可能性がある。一方、基礎調査実施への反対や土砂災害警戒区域指定への反対によって指定の時期を遅らせることが可能な実態は、ある者にとって有利な方向へ情報操作することを許容しているようなものである。この場合、なぜ、公共部門が情報を整備し提供することが必要なのかという理由を考えるべきである。少なくとも土砂災害警戒区域に関しては、基礎調査の実施や区域指定の優先順位に関するルールを明確化して周知を図った上で、地域コミュニティを重視した単位で厳格に指定を進めるべきであろう。ただし、その際、土地価格への影響懸念を和らげる取り組みを併用することが望まれる。

② 土地価格への影響懸念について

　土砂災害警戒区域の指定に際して土地価格への影響懸念が生じ得る背景・理由については、既に西嶋（2011）において整理済みである[28]。基礎調査の結果が速やかに公表されるように制度変更されているが、本質に違いはないため、以下では区域指定に着目して要点のみを再掲し検討を加える。

　土砂災害警戒区域の指定、つまり土砂災害リスクにかかわる情報提供によって土地価格が低下するか否かは、結論から言うと指定される土地が扱われる取引市場の特性次第である。ただし、土砂災害警戒区域の指定は、災害発生時に「被害を受ける恐れ」の周知である。そのため、土地価格への影響の可能性という点では、その程度はともかく、土砂災害の発生確率に基づくものと自然災害特有の不確実性に基づくものが考えられる[29]。その際に留意すべきことは、土地価格に影響するのは、理論上、土砂災害警戒区域の指

定前と比べて変化した部分のみだということである。

　土地所有者が土砂災害警戒区域の指定でさえも土地価格への悪影響を懸念する背景には、対象となる土地の利用価値は必ずしも低くないという認識があるからであろう。例えば、山麓部や高台の住宅地は、眺望や自然景観の良さと土砂災害の危険性が表裏一体の関係にあるケースも多いと思われる。また、観光地・景勝地では、起伏に富んだ自然の地形がセールスポイントになりうるが、見方を変えれば土砂災害の危険性を示唆しているようにも思われる。そして、土地所有者がこの表裏一体の関係に無知であることは決して多くないであろう。その場合、土地所有者の視点では、土砂災害警戒区域の指定の有無によって土地の土砂災害リスクに変化は生じない。地下水等が関係する地すべりはともかく、土地の背後の急傾斜面や山腹、周囲の渓流の存在は、一般の人々でも比較的容易に知ることが可能である。加えて、土砂災害警戒区域の指定による災害危険度情報は、災害の発生危険度が厳密に評価されたものではない。このような状況のもと、次に示す問題の存在により、土地価格への影響の有無やその程度に関する情報が適切に伝達される確信が得られないため、土砂災害警戒区域の指定による土地価格への影響懸念が生じると考えられる。

- リスクの認知にかかわる問題

　　提供された客観的なリスク水準に対し情報の受け手側のリスク水準にギャップが生じる認知バイアス[30]。自分の判断に自信をもてない場合に、より情報を得ていると考える集団の反応に同調傾向を示す情報的影響（informational influence）[31]。これらが存在する場合には、土砂災害警戒区域が指定されたことによる土地価格への影響は、取引市場で適切に評価されない可能性が高いと考えられる。

- 便益の地価への帰着等に関する問題

　　資本化仮説（capitalization hypothesis）は、住民の地域間移動に基づくある要因変化による便益の土地価格への帰着過程を理論的に説明している。この仮説が成立するためには、同質性、小地域、開放地域、自由参入、歪みのない価格体系の5条件が満たされる必要がある[32]。しかし、

土砂災害警戒区域の指定の対象となる土地は個別性の強いものが多く、集落地域に存するなどその取引市場が未成熟なケースも多いため、条件成立には疑問をもたざるを得ない。よって、土砂災害警戒区域の指定による影響が適切に土地価格に反映される保証も得難いことになる。
・効用の定義域の明瞭性等の問題
　　土砂災害警戒区域の指定対象となるような土地の背後の急傾斜面や山腹、周囲の渓流の存在は、一般の人々でも比較的容易に知ることが可能である。また、過去に起こった土砂災害を記録した情報も社会からまったく無くなっているわけではない[33]。そのような状況下で、さらに土砂災害警戒区域の指定により災害危険度情報が追加された場合、土砂災害警戒区域の指定による影響を明確に定義することは難しいであろう。仮に、効用に与える影響が明瞭に定義できないのであれば、その資産価格への影響を適切に評価することは難しいと考えられる[34]。

　土砂災害警戒区域の指定に伴う土地価格への影響懸念は、通常、土地利用に関する利害関係が複雑になればなるほど、負担感が大きくなればなるほど強くなると考えられる。この場合の負担感は、土地価格への影響の有無やその程度に関する情報が土地取引における需要者側に適切に伝達されるかどうかも密接に関連する。例えば、土砂災害警戒区域の指定状況を含め類似の条件の住宅地が多数まとまっているような状況では、その取引市場は機能すると考えられる。そのような場合には、指定による土地価格の影響は過大に評価されることが少ないという観点で負担感は小さいと思われる。また、そのような立地条件では、相当数の土地が同時に土砂災害警戒区域に指定されるとすると、ある範囲内では一斉に情報提供が行われることになるので土地所有者の負担感は相対的に弱まると考えられる。京都市と神戸市の土砂災害警戒区域の指定箇所数の大きな違いは、このような負担感の違いが影響しているように思われる。土地利用に関する利害関係は、多くの場合、所有者側の私的な事情による。そのため、土地価格への影響懸念については、その影響の有無やその程度に関する情報が不足しているのであればこれを補完することにより、土地所有者の負担感を軽減しながら和らげていくことが必要であ

ろう。

5　自然災害リスクにかかわる情報提供のあり方

これまで、基礎調査の過程を含む土砂災害警戒区域の指定を題材に、自然災害リスクにかかわる情報提供面での課題を検討してきた。その結果、予算面の課題を除いても、指定の優先順位及び指定単位に関する課題と指定による土地価格の影響懸念に関する課題の2つが浮き彫りになった。これらの課題は、軽視すると公平性と経済効率性を損ないかねない。住民・地域コミュニティと地元行政との信頼関係が重要な要素となる地域防災において、このような事態は避けなければならないことは明らかである。そのため、ここでは基本的な考え方を整理の上、現在の制度を前提に、現実的な次善の策として固定資産税評価情報等の活用の意義を明らかにするとともに具体的な活用方法について検討する。

(1) 基本的な考え方

まず、基礎調査実施のための予算の確保という自然災害リスクにかかわる情報提供の基盤に直結する課題についてである。原則としては、公共部門が情報を整備し提供することが必要であり一斉提供が望ましい。しかし、現在の財政状況下では、基礎調査の実施及び土砂災害警戒区域の指定の優先順位や指定単位を工夫しつつ土地価格への影響懸念を和らげる取り組みを併用することが現実的である。次に、基礎調査の実施及び土砂災害警戒区域の指定の優先順位や指定単位をどのようにすればよいかである。災害発生時に住民の生命・身体を守ることが最優先である限り、仮に災害の発生危険度が厳密に評価されたとしても、危険度の高い箇所から調査を実施し区域を指定することにはならないかもしれない。そのため、調査や区域の指定の優先順位に関するルールを明確化し、地域住民や土地所有者だけでなく一般にも周知を図ることが重要であろう。一方で、地域コミュニティを重視した単位で一斉に調査や指定を行うことが経済主体に対する立地行動の指標の提供という観

点で次善策になると考えられる。

問題は、基礎調査の過程を含む土砂災害警戒区域の指定に伴い土地価格への影響懸念が生じ得る場合に、これを和らげるために、その影響の有無やその程度に関する情報をどのように補完するかである。土地所有者の負担感を軽減しリスク・コミュニケーションを図るという観点では、認知問題が生じにくいように情報源の信頼性が高く安心感が得られる必要がある。しかも、情報提供基盤の予算でさえ厳しい状況にあり、新たな仕組みを検討することは難しいと認識している。そのため、その時々で利用可能な既存の情報や機能を臨機応変に活用する方向で検討することがより現実的であろう。このような考え方は、一斉提供されないものの、土地の範囲を特定して行われる自然災害リスクにかかわる情報提供について概ね共通するものであろう。

(2) 補完情報としての固定資産税評価情報等の活用
① 土地価格への影響と固定資産税評価

土地価格への影響懸念を和らげるための補完情報となり得て前記で示した要件を満たす可能性のあるものは、現行の土砂災害防止対策制度の枠組みの外ではあるが土地所有者にとっては意外に身近にある。それは、土砂災害警戒区域の指定対象となる土地を管轄する市町村が有している、現在の土地の評価方法による固定資産税の評価情報とその納税者向けの制度である。その理由は、土地が所在する市町村によって課される固定資産税は、第1に、賦課課税であることから全課税土地について市町村による適正な時価の評価が義務づけられている。第2に、納税義務者である土地所有者の求めに対しては、評価に対する説明を含め相談に応じる義務があるからである。

前記で、資本化仮説の成立条件について疑問を投げかけ、指定による影響が適切に土地価格に反映される保証がないという問題を取り上げた。しかし、これは実際の取引市場における取引価格に関する問題である。現在の固定資産税の土地評価のように、不動産の鑑定評価による「正常価格」を活用して「適正な時価」が評価される場合には当てはまらないと考えられる。その理由については次のとおりである。

第 1 章　自然災害リスクにかかわる情報提供のあり方

- 不動産の鑑定評価による「正常価格」の位置づけ

　不動産の現実の取引価格は個別的な事情の影響を受けるものである。不動産の鑑定評価の基本認識は、取引価格から適正な価格を見出すことは一般の人には困難であるから、不動産の適正な価格については不動産鑑定士の鑑定評価活動が必要になるというものである。そのため、不動産の鑑定評価は、現実の社会経済情勢のもとで合理的と考えられる市場で形成されるであろう市場価値を表示する適正な価格（正常価格）を不動産鑑定士が的確に把握する作業と位置づけられる。

- 固定資産税における「適正な時価」の位置づけ

　地方税法第341条第5項の規定により、固定資産税の価格は「適正な時価」によることとされている。「適正な時価」の概念は、正常な条件のもとにおける取引価格（正常売買価格）であり、現実の取引価格のうち不正常要素を除去して得られる価格と位置づけられている。

　例えば、市街地から離れた集落で相当の期間、周囲で土地取引が行われていない土地であったとしても、課税土地である限り適正な時価で評価されるのである。そのため、土砂災害だけでなく他の自然災害リスクに関しても、その影響の有無やその程度に関する情報を補完する場合に活用が可能である。

② 固定資産税評価情報等の活用方法について

　現在の固定資産税の土地評価は、その目的により同時に大量の土地を評価しなければならないため、いわゆるピラミッド構造の評価手順が用いられている。固定資産税のための土地評価において不動産の鑑定評価が活用され方は、市街地とそれ以外で多少の違いはある。しかし、基本的には類似の価格構造を有する土地の範囲において価格指標として設定される標準宅地についての価格決定においてである（**図 1-5-1 参照**）[35]。

　では、この標準宅地についての価格をどのように活用すれば土地価格への影響懸念を和らげる上で効果的であろうか。結論から言うと、現在の固定資産税の評価方法が続く限りは、任意で行われている住民向けの説明会と固定資産税の納税義務者（土地所有者）に対する相談業務を連動させることであ

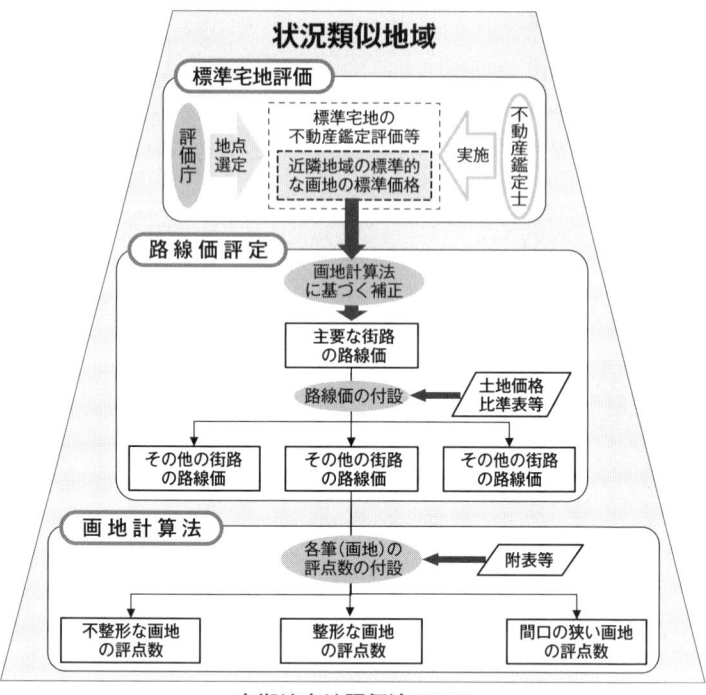

市街地宅地評価法のフロー

状況類似地域

標準宅地評価
- 評価庁（地点選定）
- 標準宅地の不動産鑑定評価等
- 近隣地域の標準的な画地の標準価格
- 不動産鑑定士（実施）

路線価評定
- 画地計算法に基づく補正
- 主要な街路の路線価
- 路線価の付設 ← 土地価格比準表等
  - その他の街路の路線価
  - その他の街路の路線価
  - その他の街路の路線価

画地計算法
- 各筆（画地）の評点数の付設 ← 附表等
  - 不整形な画地の評点数
  - 整形な画地の評点数
  - 間口の狭い画地の評点数

市街地宅地評価法のフロー

その他の宅地の評価法のフロー

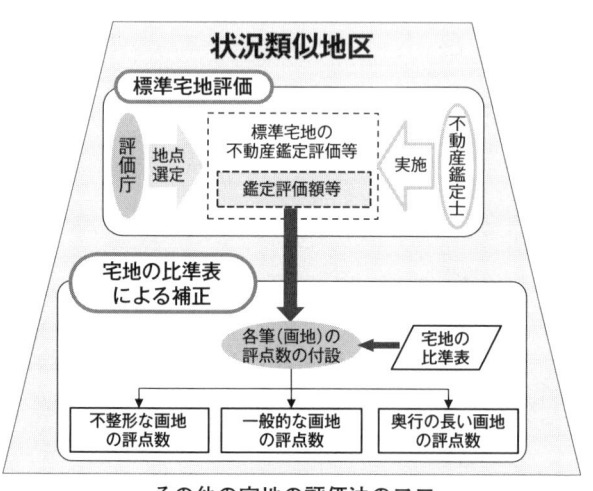

状況類似地区

標準宅地評価
- 評価庁（地点選定）
- 標準宅地の不動産鑑定評価等
- 鑑定評価額等
- 不動産鑑定士（実施）

宅地の比準表による補正
- 各筆（画地）の評点数の付設 ← 宅地の比準表
  - 不整形な画地の評点数
  - 一般的な画地の評点数
  - 奥行の長い画地の評点数

その他の宅地の評価法のフロー

図 1-5-1　固定資産税評価における宅地評価の手順

ろう。相談業務の一環として標準宅地の価格決定にかかわる情報を用いた評価説明を行うことにより情報を補完することが望ましいと考えている。具体的には、既に土砂災害警戒区域の指定を受けた範囲に設定された標準宅地についての価格形成要因とその価格影響力を参照した事前説明である。

　ところで、現在の制度のもとでは固定資産税のための標準宅地についての価格情報は一般に広く公開されている。標準宅地の価格形成要因を記した標準宅地調書についても情報公開請求制度を用いれば閲覧や写しの交付を受けることが可能である。よって、これらの情報を用いてヘドニック分析を行えば、土砂災害警戒区域の指定による土地価格への影響を測定できるかもしれない。しかし、個別性の強い土地が対象の場合、その価格への影響の測定は、標準宅地サンプル数や統計分析技術上の制約、土砂災害警戒区域の指定のみによる影響の抽出の困難性などから容易ではないと考えられる[36]。また、このようなヘドニック分析の適用上の問題解決を図るために、きめ細やかな説明変数設定を進めていくことも考えられる。しかし、このような方法を採用すると恣意性介在の可能性が高まるとともに、不動産の鑑定評価と非常によく似た分析を行うことにもなる。そのような状況になるのであれば、標準宅地の鑑定評価の依頼者であり、担当した不動産鑑定士から詳細な説明を受けているであろう者に説明を求めることが素直であるし、誤解を招く可能性も低いと思われる。加えて、現在の土砂災害防止対策の主眼は、住民の生命・身体を保護するために土砂災害が発生するおそれがある区域を明らかにして警戒避難体制の整備を図ることである。形式的にも実質的にも警戒避難体制を構築していくのは地元市町村の役割である。地域防災の実効性を高めるために住民・地域コミュニティとの連携を深めていくことが望ましい。その取り組みの中で避けて通れないリスク・コミュニケーションに関しても、地元市町村は内部連携を強めて積極的に対応すべきではないだろうか。

　現在も基礎調査は進行中で、土砂災害警戒区域の総区域数の推計値を見ると当面は続けられるように推察される。このような状況を鑑みると、当該市町村の行政サービスの需要者たる納税者に対する丁寧な説明は、いまだ重要な意味をもっていると考えている。

6　おわりに

　本研究では、地域防災においては、住民・地域コミュニティと地元行政間の信頼関係を深めることが望まれていることを念頭に、自然災害リスクにかかわる情報提供のあり方について考察した。自然災害リスクにかかわる情報提供についての基本的な課題を確認し、土砂災害警戒区域の指定等の経過を題材として、自然災害リスクにかかわる情報提供面での課題について検討した。その結果をもとに、指定の優先順位及び指定単位に関する課題と指定による土地価格の影響懸念に関する課題の面から情報提供のあり方を整理し、土砂災害警戒区域の指定等に伴う課題への具体的な対応策を提案した。

　自然災害リスクにかかわる情報の提供状況は、人々の生命をも含む様々な資源の配分に関して大きな影響を及ぼす。適切な情報の提供は、長期的にはすべての人々に便益をもたらすが、短期的に捉えると市場の不完全な部分が悪影響を及ぼし各経済主体の受益と負担の関係はバランスがとれていないかもしれない。本研究の特徴は、効率的な土地資源の配分問題にとどまらない、人々による土地利用上の典型的な問題として自然災害リスクにかかわる情報提供問題を取り扱っていることである。そのため、関係者間の信頼関係を深めることを第1の目標に置いた。さらに、少なくとも現行制度のもとでは、大きなコストをかけて固定資産税のための土地の評価情報が整備されている。その有効活用のあり方も考え合わせて、市町村による補完情報の提供という間接的な方法を模索していることを付け加えておきたい。

補論　標準宅地の標準価格を用いたヘドニック分析例

　土砂災害警戒区域等の指定による土地価格への影響を測定の可能性を検証するため、京都市が設定する標準宅地を用いて実際にヘドニック分析を行った。サンプルは、2012基準年度の固定資産（土地）評価替えの対象となった、

第1章　自然災害リスクにかかわる情報提供のあり方

表1-補-1　要約統計量

属性等	平均値	最小値	最大値	標準偏差
固定資産税路線価（円/㎡）	19,162	2,800	47,400	10,179.7
道路幅員（m）	4.5	1.0	10.0	1.9
市中心までの距離（m）	16,704	4,400	47,200	8,505.7
最寄駅1km圏ダミー	0	0	1	0.4
町内人口（人）	424	0	5,055	1,123.7
一般住宅地ダミー	0	0	1	0.4
観光地ダミー	0	0	1	0.3
下水道ダミー	0	0	1	0.3
都市計画区域外ダミー	0	0	1	0.3
土砂災害警戒区域ダミー	0	0	1	0.2
土砂災害特別警戒区域ダミー	0	0	1	0.2

次の条件のいずれかに該当する計87地点である。

- 標準宅地が存する状況類似地区が散在地区に指定されているもののうち、山麓部・山間部に設定されている地点で、市街化調整区域及び都市計画区域外に位置するもの。
- 標準宅地が存する状況類似地区が集団地区に指定されているもののうち山間部の集落内に設定されている地点で、市街化調整区域及び都市計画区域外に位置するもの。

被説明変数には、標準宅地の路線価等（自然対数）を採用した。説明変数には、道路幅員・市中心地までの距離（自然対数）に土砂災害警戒区域・土砂災害特別警戒区域などに係るダミー変数を加えた（表1-補-1参照）。

このような回帰式を採用して地価関数を推定した結果、土砂災害警戒区域ダミー、土砂災害特別警戒区域ダミーのいずれも統計上有意とはならなかった（表1-補-2参照）。その主な理由としては、そもそも平坦部と山麓部・山間部では自然的な状態が異なり、これを与件として異なる土地利用が行われ、土地利用規制も行われている、つまり複数の要因が関連性をもって重層していることが考えられる。土砂災害警戒区域等の指定も、これらの要因と無関係ではない。その点で、市中心地までの距離は、これらの代理指標になっている可能性も否定できない。

表1-補-2　推定した地価関数

被説明変数：標準宅地の路線価等（ln）

説明変数（X_i）	偏回帰係数（α, β_i） A 土砂災害警戒区域等除外	B 土砂災害警戒区域等含む
1 道路幅員（ln）	0.225 ** (0.064)	0.221 ** (0.064)
2 市中心までの距離（ln）	−0.375 ** (0.081)	−0.379 ** (0.080)
3 最寄駅1km圏ダミー	0.146 (0.085)	0.143 (0.085)
4 一般住宅地ダミー	0.337 ** (0.084)	0.344 ** (0.081)
5 観光地ダミー	0.786 ** (0.101)	0.789 ** (0.101)
6 下水道ダミー	0.226 * (0.107)	0.220 * (0.106)
7 都市計画区域外ダミー	−0.826 ** (0.111)	−0.823 ** (0.111)
8 土砂災害警戒区域ダミー		0.094 (0.136)
9 土砂災害特別警戒区域ダミー		−0.097 (0.206)
定数項	12.866 ** (0.789)	12.905 ** (0.788)
サンプル数	81	87
自由度修正済み決定係数（$adjR^2$）	0.830	0.842

注1）　下段（ ）内の数値は標準誤差。
注2）　*印はp値<0.05、**印はp値<0.01を表す。

注

（1）　広田（2002a）、16-18ページ参照。
（2）　Knight（1921）（奥隅訳〔1959〕、66-68ページ・287-303ページ）参照。
（3）　藤見（2011）、205ページ参照。
（4）　横松（2011）、204ページ参照。
（5）　Kahneman and Tversky（2000）参照。
（6）　広田・坂上（2002）、38-41ページ参照。

第 1 章　自然災害リスクにかかわる情報提供のあり方

（ 7 ）　広田（2002b）、224-229 ページ参照。
（ 8 ）　Stiglitz（1988）（藪下訳〔1996〕、48-49 ページ）参照。
（ 9 ）　中川（2011）、145 ページ参照。
（10）　伊藤（2006）、44 ページ参照。
（11）　河川審議会「総合的な土砂災害対策のための法制度の在り方について」答申（2000 年 2 月）。
（12）　国土交通省砂防部資料を参考に作成。
（13）　急傾斜地の崩壊は、傾斜度 30 度以上の土地が崩壊する自然現象。土石流は、山腹が崩壊して生じた土石等または渓流の土石等が水と一体となって流下する自然現象。地滑りは、土地の一部が地下水等に起因して滑る自然現象またはこれに伴って移動する自然現象を指している。
（14）　私有地への立ち入りは、調査内容に対する土地所有者等の理解を得ることが前提となる。
（15）　義務ではないが、地元市町村との協力による関係住民向け地元説明会開催を手順に組み込む団体もある。例えば、京都府ウェブページ「土砂災害防止法よくある質問」参照。
（16）　大阪府では、通常、区域指定箇所概略位置図（1/25，000）・区域指定箇所位置図（1/10，000）・土砂災害警戒区域等区域図（1/2，500）がセットで公表されている。
（17）　土砂災害警戒区域は宅地建物取引業法施行規則第 16 条の 4 の 3、土砂災害特別警戒区域内の行為制限は同法施行令第 3 条による。
（18）　国土交通省ウェブページ「都道府県別土砂災害危険箇所」（2010 年 7 月末時点）参照。
（19）　国土交通省「土砂災害防止法に基づく施策の主な取り組み状況」（土砂災害防止法に関する政策レビュー委員会第 3 回資料 1）（2012 年 1 月）、6 ページ参照。
（20）　国土交通省「全国における土砂災害警戒区域等の指定状況（2012 年 3 月 31 日現在）」参照。
（21）　土砂災害危険箇所数、基礎調査実施箇所数、土砂災害警戒区域の指定箇所数はそれぞれ調査時点が異なる。そのため、基礎調査実施箇所数が土砂災害危険箇所数を上回ることや土砂災害警戒区域の指定箇所数が基礎調査実施箇所数を上回ることが起こりうる。
（22）　国土交通省「土砂災害防止法に基づく施策の取り組み状況」（土砂災害

防止法に関する政策レビュー委員会第 2 回資料 1)（2011 年 10 月）、7-9 ページ・18-20 ページ。さらに、前掲の国土交通省「土砂災害防止法に基づく施策の主な取り組み状況」（土砂災害防止法に関する政策レビュー委員会第 3 回資料 1)、13-14 ページ参照。

(23) 複数回答可として集計。国土交通省、前掲の第 2 回資料 1、7 ページ参照。

(24) 3 項目まで回答可として点数化し集計。国土交通省、前掲資料、9 ページ参照。

(25) 箇所数（概数）の回答を集計。国土交通省、前掲資料、18 ページ参照。

(26) 3 項目まで回答可として点数化し集計。国土交通省、前掲資料、20 ページ参照。

(27) 国土交通省、前掲の第 3 回資料 1、13 ページ参照。

(28) 詳細は、西嶋（2011）参照。

(29) 土砂災害特別警戒区域の指定に伴う建築行為の制限に関してはここでの検討対象には加えない。

(30) 多々納（2005）、152 ページ参照。

(31) 広田（2002b）、198 ページ参照。

(32) 詳細は、金本（1997）、242-245 ページ参照。

(33) 崩壊地名なども過去の災害の記録である。詳細は、小川（1995）参照。

(34) 西嶋（2008）、32-34 ページ参照。

(35) 固定資産税課税のための土地評価額等の特徴については、西嶋（2009）、172-173 ページ参照。

(36) 例えば、山鹿・中川・齊籐（2002）や顧・中川・齊籐・山鹿（2012）が扱う活断層リスクや地震危険度は面的に把握されるものである。土砂災害警戒区域等の指定にかかる影響の分析の試みについては本章の補論を参照されたい。

第 2 章　既存マンションの防災力向上に関する一考察

1　はじめに

　通常、マンションとは、複数の区分所有者のいる居住用の専有部分を有する建物及びその敷地や附属施設から構成される複合不動産全体を指す。これまでマンションは、大都市圏を中心とした空間需要の増大や地価上昇などを背景に、居住空間の質向上に関する社会的要請に応える形で進化を遂げてきた。近年、快適な居住空間づくり、耐震、省エネルギー、機能などの面での進化は目を見張るものがある。しかしながら、管理面に目を向けると、必ずしもそうとは言えない実態がある。

　マンションは、一棟の建物の躯体やエントランス、廊下、階段室、各種設備などを複数の区分所有者で共用することにより土地の高度利用を図っている。そのため、区分所有者による共用部分の管理はマンション居住の根幹をなすものである。将来、相当の確率で大地震の発生が予想されている今日、特に建築後、相当期間が経過した新耐震基準を満たさない既存マンションにおいては、建物の耐震改修にとどまらず、建て替えをも視野に入れた防災・減災を強く意識した適切な管理を行うことが望まれている。耐震性不足の既存マンションに関しては建て替えの円滑化に向けて法整備も進められているが、耐震改修にせよ、建て替えにせよ、大規模な投資の可否には立地地域の経済事情が大きく影響する。最近のマンション建て替えに関する議論は、被災地を対象としたものを除くと、首都圏都市部を念頭に行われているものが比較的多く、地方都市の経済事情を前提とした議論の活性化も必要と感じられる。

本研究では、既存マンションの防災力向上の観点から管理面に注目し、具体的な地方都市として東大阪市を取り上げて、アンケート結果に基づき既存マンションにおける減災への取り組み状況について傾向を探る。次に、中古マンション価格のヘドニック分析の活用により耐震性・管理コストに対する需要者の選好を検証し、地方都市における既存マンションの防災力強化に向けての課題を整理した上で今後の展望について筆者なりの見解を示す。

2　既存マンションにおける管理の実状と防災面での課題

　区分所有者による共用部分の管理がマンション居住の根幹をなす以上、本来、管理に関して区分所有者に求められる有形、無形の負担は小さくはない。しかし、現実は、分譲時あるいは購入時に示される管理費、修繕積立金の額以上の金銭負担や管理組合運営への協力といった金銭以外の負担に対して意識の低い区分所有者も少なくない。中には、最低限の管理事務に支障が生じているケースも見受けられる。そのような認識のもと、学術分野においても、マンション管理の質向上を意図して個人レベルの研究だけでなく組織的な取り組みも行われている[1]。本研究では、これらの先行研究等を踏まえて、まず、既存マンションにおける管理の実状と防災面での課題について整理する。

(1) 既存マンションにおける管理の実状等
① マンションの管理について

　区分所有建物であるマンションの管理についての法的基盤は、建物の区分所有に関する法律に求められる。同法第3条及び第65条には建物及びその敷地や附属施設の管理を行うための区分所有者による団体についての規定があり、通常、これらの団体が法人格をもつものをも含めて管理組合と呼ばれている[2]・[3]。マンションの管理の範囲に関しては、マンションの管理の適正化の推進に関する法律第2条第1項第6号に管理事務についての定義が示されている。これによると、管理事務とは、マンションの管理に関する、管理組合の会計の収入・支出の調定・出納及び専有部分を除くマンションの維

持・修繕に関する企画・実施の調整[4]を含むものとされている。このようなマンションの管理については、建物を適正にメンテナンスする維持管理、ルールを作り守るように促す生活管理。そして、これら両面が円滑に行えるように必要な費用を集め区分所有者で話し合いを行う統括的な管理運営の3つの側面が指摘されている[5]。

② 既存マンションの管理問題について

マンションの管理の適正化の推進に関する法律は、マンション管理士の資格制度やマンション管理業者の登録制度などを定めてマンション管理の適正化を推進するために2000年12月に制定されている。このような法制度が生まれた背景には、既存マンションの管理状況が必ずしも適正とは言えない状況があったことは想像に難くない。そして、現在に至っても、マンション管理にかかわる問題は解消されているとは言い難い状況にある。その理由として、例えば、齊藤（2009）では、各マンションにあった適正な管理システムが設定されていないことが挙げられている。この場合の管理システムは、運営主体・組織、管理行為の執行体制、ルールや計画、費用負担の仕組みで構成されるものである[6]。そして、適正な管理システムが確立されにくい背景として、わが国のマンションが多様化・個別化・複雑化してきていることが指摘されている[7]。

③ 既存マンションおける管理の実状

既存マンションにおける管理の実態の本質を垣間見る事例として、ある最高裁判例が挙げられよう[8]。この判例は、マンション管理組合（団地管理組合）の総会決議により行われた非居住の組合員に対する住民活動協力金の負担に関する規約変更についてである。この判例によると、ある事情のもとでの住民活動協力金の負担に関する規約変更は、「一部の団地建物所有者の権利に特別の影響を及ぼすべきとき」に当たらないとされた。ちなみに、判示された事情とは次の4点であった。

- マンションの規模が大きく[9]その保守管理や良好な住環境の維持には管

理組合等の活動やそれに対する組合員の協力が必要不可欠である。
- 非居住の組合員の所有する専有部分が約170戸〜180戸となり、それらの者は管理組合の役員になる義務を免れるなど管理組合活動につき貢献をしない一方で、他の組合員の貢献によって維持される良好な住環境等の利益を享受している。
- 規約変更は前記の不公平を是正しようとしたものであり、非居住の組合員が負担する住民活動協力金は他の組合員の組合費の約15％にすぎない。
- 住民活動協力金の支払を拒んでいる非居住の組合員はごく一部の者にすぎない。

前記の齊藤（2009）では、円滑に管理が行われないマンションの特徴として、人材・費用面で規模の効果が働きにくい小規模マンション、賃貸化が進んでいるマンション、空き家が増加しているマンションが挙げられている。いずれも、管理組合の役員の担い手不足により組合運営の継続性・専門性の維持が困難となり、修繕費用不足から適正な維持管理が困難となりやすいことが指摘されている[10]。賃貸化による非居住の組合員（区分所有者）の増加や慢性的な管理組合の役員担い手不足を背景とする管理にかかわる問題は、今後、人口・世帯数減少や高齢化の進行により増加することが懸念される。しかし、より根本的な要因は、そもそも管理に関して無関心な区分所有者が少なからず存在するということであろう。

加えて、建築後、相当の期間が経過しているマンションについては、建築後の法令改正や都市計画の変更により、いわゆる既存不適格建物となっている可能性がある。このようなマンションについては、建築行為に抵触しうる改修や設備増設等に関してより専門性が求められるケースも多いことから、適正な管理の実現に向けての条件はさらに厳しいものとなろう。

(2) 既存マンションの防災面での課題
① 国や地方公共団体の施策について

建築基準法に基づく現行の耐震基準は1981年6月に導入されているが、

阪神・淡路大震災の際には、現行耐震基準によらない建物の被害が多かったという事実がある。これらを踏まえて、2006年1月、建築物の耐震診断及び耐震改修の促進を図るための基本的な方針が策定された（国土交通省告示第184号）。また、2011年3月に閣議決定された、住生活基本計画（全国計画）では、安全性の指標として、現行耐震基準が求める耐震性を有する住宅ストックの比率を2008年度の約79％から2020年度に95％とすることが掲げられた。さらに、2013年11月には建築物の耐震改修の促進に関する法律が改正され、耐震改修の必要性の認定を受けた区分所有建物については、大規模な耐震改修を行おうとする場合の決議要件が2分の1に緩和されている。

耐震診断や耐震改修等の実施には相当の費用が必要となる。そのため、住宅の耐震化を進める上で所有者の負担軽減を図ることが課題となっており、各市町村では住宅所有者に対する耐震診断や耐震改修等の補助制度や耐震改修促進税制の整備が進められている。全国市町村における2013年4月1日現在の共同住宅に関する補助制度の整備状況は、耐震診断が約34％、耐震改修が約29％となっている[11]。

② 防災面での課題

耐震改修等の補助制度や耐震改修促進税制の整備が進められているとしても、既存マンションにおける管理の実状を思い浮かべると、適切な防災対応や耐震改修の実施は容易ではないことが推察されよう。東京都が2013年に公表した調査結果によると、日常管理の問題についての回答の中でも「防災マニュアルが未整備など防災面に不安」（29.3％）、「修繕積立金が少なく将来に不安」（14.0％）などが挙げられている[12]。また、地震保険への加入については「未加入」との回答が66.2％を占めている[13]。現行耐震基準によらないマンションを対象とした質問では、耐震診断の実施状況については「未実施」との回答が82.9％を占めている。そして、未実施のマンションにおける耐震診断の検討状況については「検討していない」との回答が58.9％を占めている。検討していないマンションにおける実施しない理由の第1位は「改修工事の費用がないため」（50.1％）であり、耐震診断に反対してい

る者の意見としては「資産価値の低下があるため」（69.5％）などが挙げられている[14]。現行耐震基準によらないマンションについては、財務面で厳しい状況にあるものが少なくないことが推察され、耐震改修を促していく上で資金調達が大きな課題と考えられる。しかし、建物の耐震性にかかわらず、日常の管理において防災面の不安が指摘されるマンションが少なくないことは、ある意味でより深刻な問題を抱えているように思われてならない。

3　既存マンションにおける減災への取り組み状況

　減災まちづくりの実効性と持続可能性の向上を図ることを念頭に、その前提として東大阪市域における既存マンションでの減災への取り組み状況を把握・検討するため、マンション管理組合を対象にアンケート調査を実施した[15]。ここでは、各質問の回答についてマンション属性（建築年・総戸数）に着目して集計した結果の検討等によりその傾向の把握を試みる。

(1) アンケート調査の趣旨と概要
①　調査の趣旨等

　マンションにかかわる共助の視点による減災の取り組み状況を把握する上では、マンション側とマンションが立地する地域側の両面でアプローチが可能である。マンション側と地域側の連携が図られていることが望ましいことは言うまでもないが、現実は必ずしもそのような状況にあるとは限らない。そのため、マンションにおける減災の取り組みの実態把握を優先させる観点から、マンション側からのアプローチを採用した。

　なお、マンションにおける減災の取り組みについては様々なものが考えられる。そのような中で、マンション管理組合は、基本的にマンション建物及びその敷地や附属施設の管理を行うことを目的に組織される団体であり、減災の取り組みのすべてを担うことは前提となっていない。他方、建物の区分所有等に関する法律等の規定を根拠として、ほとんどのマンションにおいて管理組合が組織されている。そのため、便宜上、マンション管理組合に当該

マンションにおける減災の取り組み状況を質問することにしている。

② 調査の概要

既存マンションの管理状況に関する情報は容易には把握できない実態がある。そのため、本調査は無記名の選択式アンケート形式とし、回答者が特定できないようにマンション属性（建築年・総戸数）にかかる質問について尋ね方を工夫した。質問内容については、将来、相当の確率で発生することが予想されている大地震を念頭に置き、次の事項に限定した[16]。

- マンション被害をできるだけ減らすことを意図して実施される避難訓練に関する質問
- 災害時の応急対応を想定した必要品の備蓄に関する質問
- 災害時の対応能力を高めるための計画の策定状況に関する質問

既存マンションやマンション管理組合に関しては、公的なリストは必ずしも整備されているわけではない。そのため、筆者が作成した東大阪市内のマンション・データ[17]に基づき264件を抽出し[18]、各マンションの管理組合宛にアンケート調査票等を郵送し、最終的に89件を回収した（回収率約33.7％）。

(2) アンケート調査の集計結果

① マンション属性（建築年・総戸数）について

本アンケート調査に当たって把握できた東大阪市内の既存マンション[19]及びアンケート調査票を回収したマンション[20]にかかる建築年別及び総住戸数の集計結果は図2-3-1のとおりである。アンケート票が回収できた既存マンションは、1984年以前建築及び100～199戸の割合がやや多く、1985～1994年建築及び49戸以下の割合がやや少ないほかは東大阪市全体の分布と比較的類似している。

② 大地震などの自然災害を想定した避難訓練等について

マンションにかかわる避難訓練や防災訓練（以下、「避難訓練等」という。）

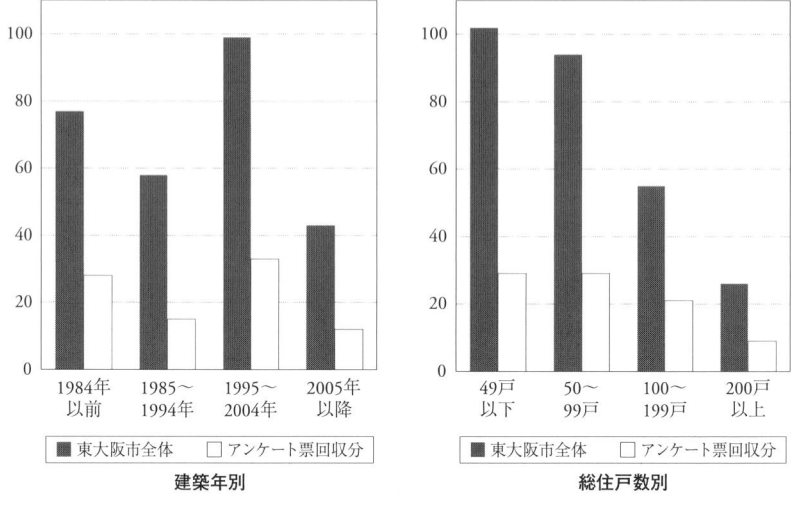

図 2-3-1　建築年と総住戸数

については、マンション側だけでなく地域側でも実施されることがある。また、各マンションにおいても、避難訓練等の主催者はマンション管理組合であるとは限らない。本調査では、管理組合が主催する避難訓練等の実施状況と管理組合主催以外の避難訓練等の状況について質問した。

・**管理組合主催の避難訓練等の実施状況**

　有効回答について、建築年及び総住戸数別に集計した結果は**図 2-3-2**のとおりである[21]・[22]。

　建築年別では、2005年以降の区分については、避難訓練等を行っているとの回答が多く過半を占めている。1985〜1994年及び1995〜2004年の区分についても、避難訓練等を行っているとの回答は45％強である。1984年以前の区分については、避難訓練等を行っているとの回答は30％に満たず、当面は予定もないとの回答が相対的に多い。一方、総住戸数別では、100〜199戸及び200戸以上の区分については、避難訓練等を行っているとの回答が多く60％以上を占める。49戸以下の区分については、避難訓練等を行っているとの回答は20％程度にとどまり、50〜99戸の区

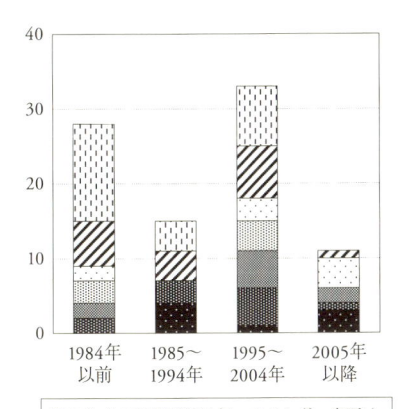

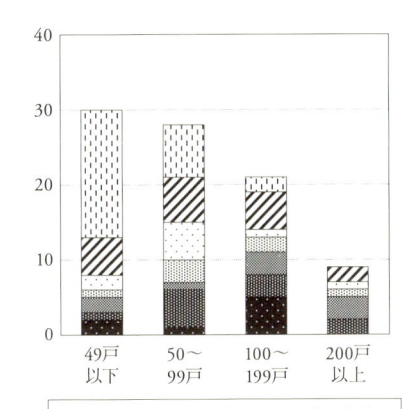

第 2 章 既存マンションの防災力向上に関する一考察

建築年別　　　　　　　　　　　　　総住戸数別

図 2-3-2　管理組合主催の避難訓練等の実施状況

分についても、避難訓練等を行っているとの回答は 35％程度である。49戸以下の区分については、当面は予定もないとの回答が過半を占める。

以上から、建築年に着目すると、1985 年以降に建築されたマンションについては、避難訓練等が既に行われているか避難訓練等を計画中・検討予定であるものが相対的に多いことが覗える。1984 年以前に建築されたマンションについては、避難訓練等が行われているものが相対的に少なく、当面予定されていないものが相対的に多いことが覗える。総住戸数に着目すると、100 戸以上のマンションについては、避難訓練等が既に行われているか避難訓練等を計画中・検討予定であるものが相対的に多いことが覗える。99 戸以下のマンションについては、避難訓練等が行われているものが相対的に少なく、特に 49 戸以下では当面予定されていないものが多

49

いことが覗える。

・管理組合主催以外の避難訓練等の状況

有効回答について、建築年及び総住戸数別に集計した結果は図2-3-3のとおりである[23]・[24]。

建築年別では、2005年以降の区分については、地縁団体主催の避難訓練等にマンションの区分所有者・居住者（以下、「区分所有者等」という。）

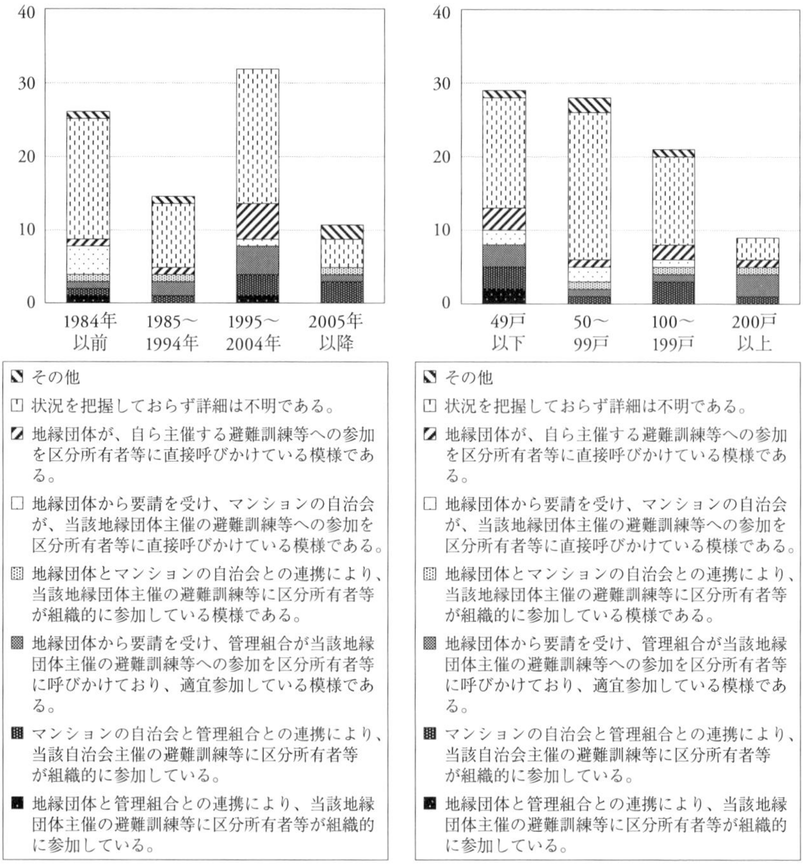

建築年別　　　　　　　　　　　　　　総住戸数別

図2-3-3　管理組合主催以外の避難訓練等の状況

が参加している・参加している模様との回答が45％程度である。1985～1994年及び1995～2004年の区分については、参加している・参加している模様との回答は25％前後である。1984年以前の区分については、参加している・参加している模様との回答は15％弱に過ぎない。総住戸数別では、200戸以上の区分については、参加している・参加している模様との回答が過半を占める。49戸以下及び100～199戸の区分については、参加している・参加している模様との回答は25％前後である。50～99戸の区分については、参加している・参加している模様との回答は10％程度に過ぎない。

　本問に関しては、基本的にマンション立地する地縁団体の取り組み状況に大きく依存している。しかし、建築年に着目すると2005年以降、総住戸数に着目すると200戸以上のマンションについては、地縁団体主催の避難訓練等にマンションの区分所有者等も参加している様子が覗える。

③　災害時の応急対応を想定した必要品の備蓄等について

　大地震発生の際にはマンション建物及びその敷地や附属施設に被害が及ぶ可能性があり、マンション管理組合においても管理の一環として応急対応を想定した必要品が備蓄・保管されることがある。本調査では、管理組合による必要品の備蓄・保管状況について質問した。なお、この場合の必要品については、応急対応を前提とする限り、必ずしも共同の利益のための物品には限定されない可能性がある。そのため、備蓄・保管されている、あるいは備蓄・保管しようと考えている物品等についても質問した。

・管理組合による必要品の備蓄・保管状況

　有効回答について、建築年及び総住戸数別に集計した結果は**図2-3-4**のとおりである[25]・[26]。

　応急対応のための必要品を備蓄・保管しているとの回答が絶対的に少ない中で、建築年別では、1985～1994年及び2005年以降の区分については、必要品を備蓄・保管しているとの回答が20％弱である。しかし、1985～

51

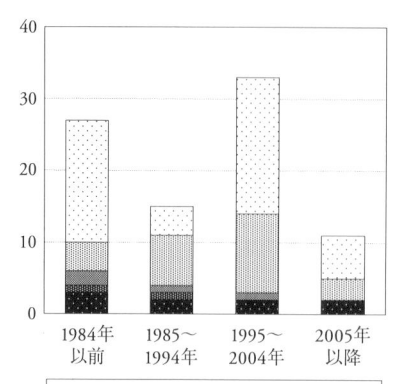

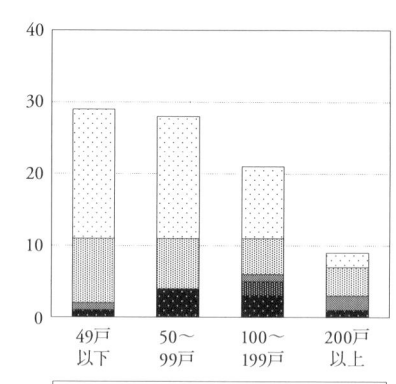

図2-3-4　管理組合による必要品の備蓄・保管状況

1994年の区分を除き、他は当面予定もないとの回答が過半を占める。総住戸数別では、100〜199戸の区分については、必要品を備蓄・保管しているとの回答が25％弱である。49戸以下及び50〜99戸の区分については、当面予定もないとの回答が60％以上を占めている。

以上から、本問に関しては、応急対応のための必要品を備蓄・保管しているとの回答が絶対的に少なく、建築年及び総住戸数のいずれに着目した場合にも顕著な傾向は把握できなかった。

・備蓄・保管されている（備蓄・保管しようと考えている）物品等

応急対応のための必要品を既に備蓄・保管している、あるいは備蓄・保管しようと考えていると回答した回答者に対し、20の物品[27]を例示した上で複数回答可との条件で該当する物品について質問した。その結果を集計して降順に並べ替えた結果は図2-3-5のとおりである[28]。

第 2 章　既存マンションの防災力向上に関する一考察

品目	数
飲料水	24
食料(菓子等含む)	18
救急用品・常備薬	18
懐中電灯・LEDライト	18
ラジオ	13
軍手	12
トイレットペーパー等	9
簡易・携帯トイレ	9
ヘルメット・防災ずきん	8
電池・充電器	8
毛布・タオル	7
マスク	7
カセットコンロ・携帯コンロ	6
ポリタンク	6
子供用おむつ・生理用品	6
使い捨てカイロ	5
マッチ・ライター	4
防災・災害用テント	3
小型発電機	2
その他	2

※複数回答可

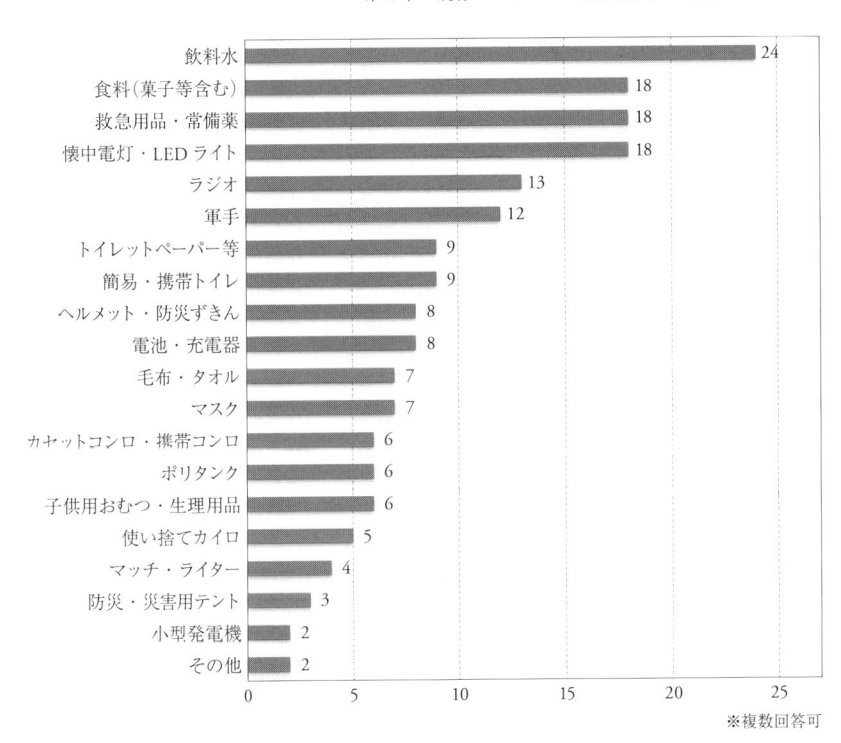

図 2-3-5　備蓄・保管されている（備蓄・保管しようと考えている）物品等

　応急対応という前提のためか、飲料水、食品、救急用品・常備薬など各区分所有者等でも備蓄・保管が望ましい物品が上位を占めた。反面、防災・災害用テント、小型発電機など災害時に必要な管理行為を行うために複数の区分所有者等で利用する可能性があり、区分所有者等の立場では購入及び備蓄等が容易ではない物品を挙げた回答者は少数であった。ただし、応急対応のために必要となる物品等は、災害時にどのような組織的対応を考えているのかに依存することは言うまでもない。

④　災害時の対応能力を高めるための計画の策定状況等について
　大地震発生の際には、マンション建物及びその敷地や附属施設に被害が及ぶ可能性がある。そのため、マンション管理組合における管理の一環として災害時の対応能力を高めるための計画（以下、「減災計画」という。）が策定

されることがある。また、災害時の対応については、地方公共団体、企業、教育機関などでも検討されるため、居住生活面を基盤とするマンション側及び立地地域側の減災計画では、これらとの連携を図ることも必要と考えられる。本調査では、管理組合による減災計画の策定状況だけでなく、減災計画における帰宅困難者対策(29)の動向の反映状況についても質問した。

- **管理組合による減災計画の策定状況**

有効回答について、建築年及び総住戸数別に集計した結果は**図 2-3-6**のとおりである(30)・(31)。

減災計画を策定している、策定中あるいは検討予定との回答が絶対的に少ない中で、建築年別では、1985〜1994年及び1995〜2004年の区分につ

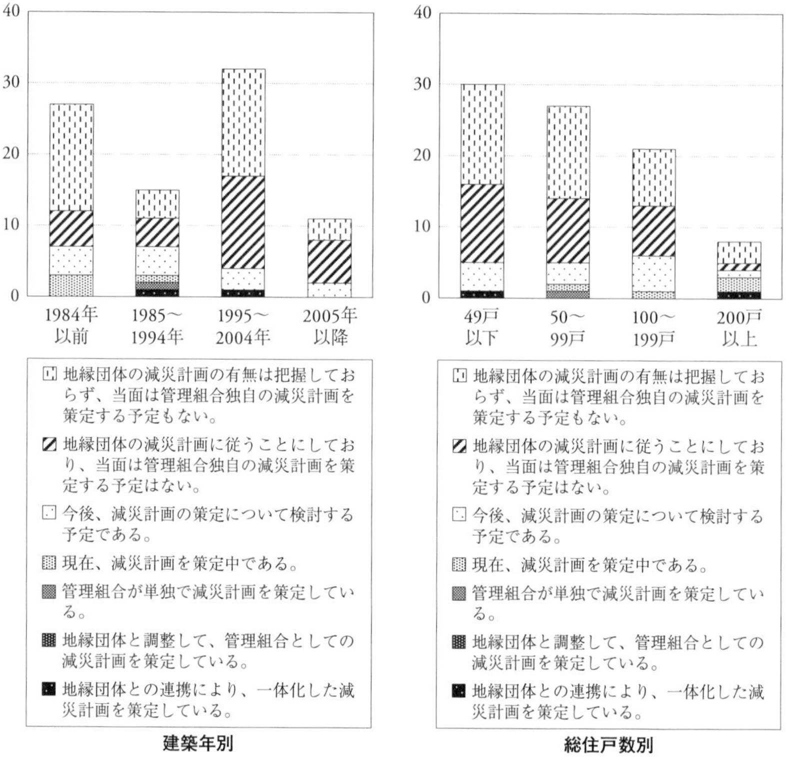

図 2-3-6 管理組合による減災計画の策定状況

いては、減災計画を既に策定しているとの回答がある。1984年以前及び2005年以降の区分については、減災計画を既に策定しているとの回答がなく、70％以上が当面予定もないとの回答である。総住戸数別では、100〜199戸の区分を除いて、減災計画を既に策定しているとの回答がある。しかし、200戸以上の区分を除いて、70％以上が当面予定もないとの回答である。

以上から、本問に関しては、減災計画を策定している、策定中あるいは検討予定との回答が絶対的に少なく、建築年、総住戸数のいずれに着目した場合にも顕著な傾向は把握できなかった。

・減災計画における帰宅困難者対策の反映

有効回答について、建築年及び総住戸数別に集計した結果は**図2-3-7**のとおりである[32]・[33]。

有効回答数が絶対的に少ない中で、建築年別では、1985〜1994年の区

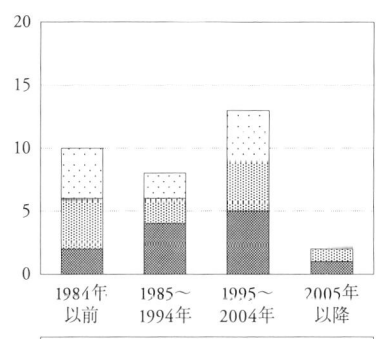

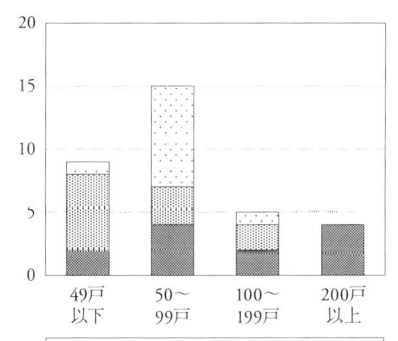

図2-3-7　減災計画における帰宅困難者対策の動向の反映について

分については、帰宅困難者対策の動向を今後考慮していきたいとの回答が相対的に多い。逆に1984年以前の区分については、意識していないし当面予定もないとの回答が相対的に多い。総住戸数別では、200戸以上の区分については、すべてが帰宅困難者対策の動向を今後考慮していきたいとの回答である。一方、50～99戸の区分については、今後考慮していきたいとの回答が相対的に少なく、意識していないし当面予定もないとの回答が過半を占めている。

以上から、本問に関しては、有効回答数が絶対的に少なく、建築年、総住戸数のいずれに着目した場合にも顕著な傾向は把握できなかった。

(3) まとめ

本調査の結果による限り、定期・不定期を問わず管理組合主催の避難訓練等を行っているマンションは約40%、計画中・検討予定のマンションは約30%把握された。これらの内訳を見ると、ほぼ新耐震基準に基づいていると推察される1985年以降建築のマンションが相対的に多く、新耐震基準を満たさないマンションが多いと推察される1984年以前建築のマンションが相対的に少ないことが把握された。また、総住戸数に着目すると、100戸以上のマンションが相対的に多く、49戸以下の比較的小規模のマンションが相対的に少ないことも把握された。99戸以下の中小規模マンションについては、災害時の応急対応を想定した場合の必要品の備蓄等が全般的に進んでいない中で、当面予定されていないものが多いことも把握された。

減災への取り組みに限定しても、既存マンション側と当該マンションが立地する地域側との連携は必ずしも進んでいないことが把握された。その理由を探るための材料は極めて限られている。しかし、減災計画に対するマンション管理組合の関心が全般的に低いことを考えると、多くの既存マンションでは社会的に注目されている大地震対策と言えども未だ組織的・計画的な対応を進めにくい環境にあることが覗える。

4 検証——中古マンションの耐震性・管理コストと需要選好——

これまでの整理・検討により、防災・減災対策を含め、管理そのものに関心の低い既存マンションの区分所有者が少なくないことが概ね明らかになった。また、前記のアンケート調査の結果からは、建築後30年以上経過したマンションや比較的小規模なマンションには、減災の取り組みに対して関心の低い管理組合が少なくないことが覗えた。比較的規模の小さなマンションについては、構造的な問題も指摘されており、結果として減災の取り組みが進みにくいという構図も浮かび上がる。しかし、建築後30年以上経過したマンションについては、第三者取引や相続などを通して区分所有者の多様性が増すとしても、必ずしも減災の取り組みへの関心が低下する方向に進むとは限らないと思われる。多様化は集合的な意思決定を難しくする反面、世代交代によって減災に対する意識の高い層の増加も期待できるからである。第三者取引による既存マンションの区分所有者の世代交代によってどのような方向に進みうるかは、中古マンションの需要者層が建物の耐震性や管理に関してどのような選好をもっているかに大きく依存するであろう。

これまで、マンション需要者層の選好に関しては多くの調査・研究が行われている。マンション管理に関しては、例えば、高村（2012）では、中古マンション購入者と新築マンション購入者の購入時における管理会社のサービス内容の重視度が比較検討されている。この分析によると、中古購入者の方が新築購入者よりも管理会社のサービス内容を重視していないという結果が導かれている[34]。また、耐震性に関しては、例えば長野・頼・渡瀬・宇杉（2006）では、コンジョイント分析によりマンション購入者及び購入意向者のマンション購入時に重視する性能等が比較検討されている。この分析によると、耐震性は要素として重視度は高いが判断基準（レベル）として重視度は高くないという結果が導かれている[35]。長野・頼・渡瀬・宇杉では、兵庫県西宮市域を対象として中古マンション価格のヘドニック分析も実施されているが、サンプル数が限られていることもあり、管理に関する需要者の選

好は抽出されていない(36)。ここでは、前記のアンケート調査の検討結果と対比させる意図もあり、東大阪市域の既存マンションを対象に中古マンション価格のヘドニック分析を行う。その結果を活用して耐震性・管理コストに関する需要者の選好の実態把握を試みる。

(1) 本研究におけるアプローチについて
① 基本的な考え方
　ヘドニック分析は、複数の属性の束である財自体は市場で取り扱われているが属性自体は市場で取り扱われない場合に当該属性の価値を把握するために用いられる分析手法を指す。通常、性能や品質などの属性の代理指標を説明変数に採用して財自体の価格を回帰させることによりヘドニック価格関数を推計し、これにより属性の価値を求める。地方都市でも大都市圏の場合、中古マンション（専有部分。以下、同じ）の需要は比較的多く取引量も比較的安定している。そのため、多数の中古マンションの取引価格サンプルが収集できて、耐震性や管理状況を直接的に現す指標も把握できて、統計分析上の問題も生じなければ、耐震性や管理に関する需要者の選好の検証方法としてヘドニック分析は望ましいということになる。

　しかしながら、現実は、仮に中古マンション取引が多かったとしても、個人情報やプライバシーの保護、取引仲介者に課せられる守秘義務などによる制約によって、第三者が取引価格（成約価格）そのものや詳細なマンション属性を知ることは困難である。また、マンションの管理状況をあらわす客観的・絶対的な指標も見当たらない。さらに、建物の耐震性は、通常、建築時期を手がかりに検討されることが多いが、取引が一時期大量に行われることは前提となりにくい以上、一定の期間を設けて価格サンプルを収集せざるを得ない。その場合、同一マンションの価格サンプルであっても、価格の基準日が異なると築年数が異なる可能性があるため、建築時期と築年数という相互に関連する指標を同時に考慮する必要が生じてしまう。このような説明変数の扱い方をすると、他にも多数の説明変数を用いる場合、統計分析上の問題を生じさせてしまう可能性が高まってしまう。

以上の理由により、中古マンション価格のヘドニック分析を用いて、中古マンションの耐震性や管理に関する需要者の選好を適切に検証するためには、何らかの工夫が必要であることがわかる。

② 分析方法等について

本分析においては、情報収集上の制約を踏まえて、下記の方法により、前記で掲げた問題に対処することにした。

・中古マンション価格について

　需要者・供給者双方が合意した取引価格を把握することが困難であるため、比較的収集が容易な専有面積1㎡当たりの売り希望価格を採用することにした[37]。しかし、売り希望価格は、基本的に供給者の意思を反映するものであり、これに関する情報だけでは取引の成否は不明であるし、仮に取引が成立していたとしても当該価格で需要者と合意に達したかどうかはわからない。そのため、別途、売り希望価格に対する成約価格の比率などの情報[38]を収集し、これらと対比することにより、売り希望価格によるヘドニック分析の結果が需要者の選好を反映しうるものであるかを検討することにした。

・耐震性や管理に関する指標について

　建築基準法に基づく現行の耐震基準の導入時期は1981年6月1日である。同日以降に建築確認申請が行われて建築されたマンションについては、現行耐震基準に基づいていると判断することができよう。しかし、建築確認申請が受理された期日は容易に知ることができないため、通常、比較的容易に把握することができる建築時期を手がかりに検討されることになる。ところが、木造等の戸建住宅であればともかく、鉄筋コンクリート系の構造の建物が中心であるマンションについては、基礎構造や規模によって建築工事期間が異なることが通常である。そのため、建築時期を基準として一律にマンション建物の耐震性を判定して指標化することには問題がある

と考える。よって、指標としては築年数を採用し、代替手段として、建築時期により分割したサンプルを用いた分析結果の比較や築年数以外の属性について品質調整を行って得た売り希望価格と建築時期との関係を見る。これらにより、総合的に耐震性に関する需要者の選好を検討することにし

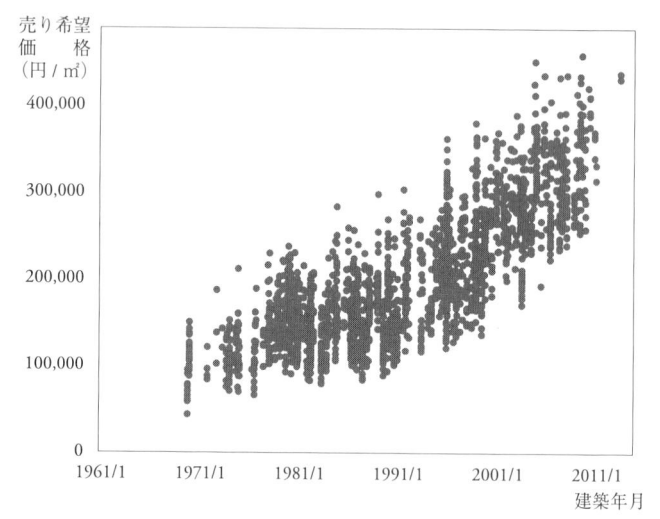

図2-4-1　売り希望価格と建築時期

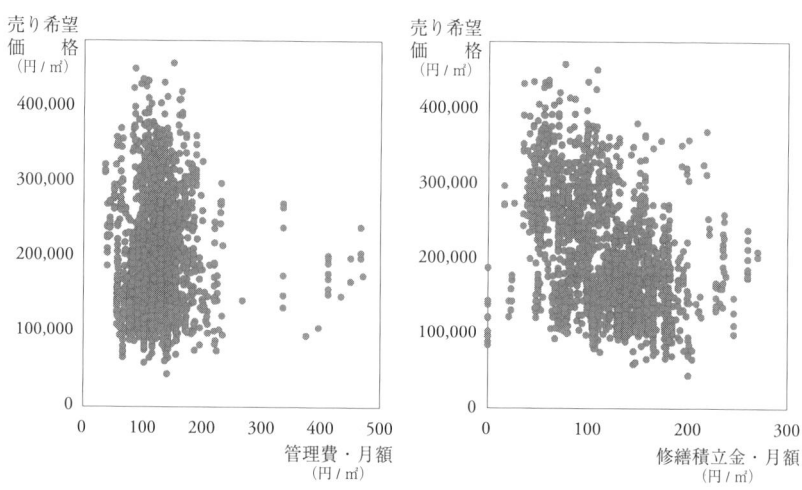

図2-4-2　売り希望価格と管理費

図2-4-3　売り希望価格と修繕積立金

た（品質調整前の売り希望価格と建築時期との関係については**図 2-4-1**参照）。

　また、既存マンションの管理状況をあらわす客観的・絶対的な指標も現状では存在しない。そのため、管理に関する基幹事務と関連が強い専有面積1㎡当たりの管理費（月額）及び修繕積立金（月額）を管理に関する代理指標として採用することにした（売り希望価格と管理費・月額との関係は**図 2-4-2**、売り希望価格と修繕積立金・月額との関係は**図 2-4-3**参照）。

(2) 中古マンション価格のヘドニック分析
① 採用データ等について

　マンションは、一棟の建物及びその敷地や附属施設から構成される複合不動産である。通常、形式的に取引の対象となるのは、全体の一部分である専有部分にかかる建物の区分所有権と敷地利用権（持ち分割合）であるが、実質的には共用部分にも及ぶ。そのため、ヘドニック分析に当たっては、基本的には、マンションの立地条件に関する属性（外部要因）、マンション全体の状況に関する属性（内部要因）、対象区分所有建物に関する属性（個別要因）を考慮する必要がある[39]。また、一定期間の時系列データを採用する場合には、価格の基準となる時点（売り希望価格の登録時期）の違いも考慮しなければならない場合がある。

　本分析では、**表 2-4-1**に掲げた量的指標[40]に加え、外部要因として鉄道沿線や都市計画用途地域、個別要因として主要開口方位や角・端住戸か否かなどの質的指標にも注目し、それぞれダミー変数を追加している。また、サンプルの収集期間が5年2ヶ月に及ぶため、築年数の変化や中古マンション取引市況の変化に対応する趣旨で、売り希望価格の登録時期を半年ごとに区分してダミー変数を追加している。

② マンション価格関数の推定

　関数型はきめ細やかな指標を説明変数として採用する可能性を考慮して、一般的な線形回帰式（直線式）

表 2-4-1　要約統計量

属性等		平均値	中央値	最小値	最大値	標準偏差
売り希望価格 (円/㎡)	全体	197,280	178,334	43,922	459,448	75,364.596
	1982年5月以前建築	139,612	138,585	43,922	237,969	35,011.729
	1982年6月以降建築	216,669	203,694	79,545	459,448	75,391.996
大阪・梅田所要時間 (分)	全体	36	36	25	48	5.010
	1982年5月以前建築	36	36	28	48	4.279
	1982年6月以降建築	37	36	25	48	5.214
大阪難波・なんば 所要時間 (分)	全体	28	28	15	41	7.175
	1982年5月以前建築	24	21	15	38	5.767
	1982年6月以降建築	29	29	16	41	7.201
最寄駅徒歩距離 (分)	全体	9	8	1	29	5.065
	1982年5月以前建築	9	9	2	20	3.227
	1982年6月以降建築	9	8	1	29	5.549
総住戸数 (戸)	全体	147	118	9	529	113.540
	1982年5月以前建築	186	163	16	512	125.091
	1982年6月以降建築	134	100	9	529	106.339
階数 (階)	全体	11	11	3	29	3.504
	1982年5月以前建築	10	10	3	14	2.949
	1982年6月以降建築	11	11	4	29	3.549
築年数 (年)	全体	20	21	0	43	10.310
	1982年5月以前建築	33	32	27	43	3.692
	1982年6月以降建築	16	16	0	32	8.076
所在階 (階)	全体	6	6	1	25	3.582
	1982年5月以前建築	5	5	1	14	3.126
	1982年6月以降建築	6	6	1	25	3.703
専有部分面積 (㎡)	全体	67.29	66.00	14.57	151.91	11.801
	1982年5月以前建築	64.57	64.00	26.68	115.89	10.969
	1982年6月以降建築	68.20	66.70	14.57	151.91	11.933
バルコニー面積 (㎡)	全体	12.15	10.04	0.00	67.60	6.972
	1982年5月以前建築	8.95	7.70	0.00	42.00	5.344
	1982年6月以降建築	13.23	11.09	1.53	67.60	7.123
ポーチ等面積 (㎡)	全体	0.62	0.00	0.00	60.72	4.023
	1982年5月以前建築	0.19	0.00	0.00	57.81	2.966
	1982年6月以降建築	0.76	0.00	0.00	60.72	4.312
管理費・月額 (円/㎡)	全体	123	120	36	471	44.960
	1982年5月以前建築	107	99	56	375	37.644
	1982年6月以降建築	129	126	36	471	45.867
修繕積立金・月額 (円/㎡)	全体	119	126	0	270	43.372
	1982年5月以前建築	138	140	0	260	42.698
	1982年6月以降建築	112	118	16	270	41.533

第 2 章　既存マンションの防災力向上に関する一考察

$$Y = \alpha + \beta_1 X_1 + \beta_2 X_2 + \cdots + \beta_n X_n + \varepsilon$$

　　　　Y：被説明変数　　　X：説明変数
　　　　α：定数項　　　　β：偏回帰係数　　　ε：誤差項

を採用することとした。

　まず、2,464 のサンプル全体を対象に、変数選択を行って基本となるマンション価格関数を推定した（**表 2-4-2** の左列参照）[41]。自由度修正済み決定係数は 0.818 であり、関数式の適合性は概ね妥当な水準にあると言える。説明変数の有意性に関しては、外部要因として、大阪・梅田所要時間（分）、大阪難波・なんば所要時間（分）、JR 片町線ダミー、最寄駅徒歩距離（分）、商業地域ダミーはいずれも有意となった。内部要因として、総住戸数（戸）、築年数（年）のいずれも有意となった。個別要因として、所在階（階）、バルコニー面積（㎡）、南向き開口ダミー、管理費・月額（円/㎡）、修繕積立金・月額（円/㎡）のいずれも有意となった。さらに、2012 年後半以降の期間にかかる各ダミーも有意となっている。管理費・月額（円/㎡）と修繕積立金・月額（円/㎡）を除く属性については、偏回帰係数の符号を含め、理論的にも研究先例との比較においても経済事情の変化とも整合する結果を示していると考えられる。本分析において注目すべきは、管理に関する代理指標として採用した管理費・月額（円/㎡）と修繕積立金・月額（円/㎡）であるが、偏回帰係数の符号はいずれもマイナスとなった。ただし、偏回帰係数の値は、管理費や修繕積立金のすべてが中古マンション購入額から単純に減額すべき要素と見なされていることを示してはいないと推察される[42]。

　次に、前記の回帰式を用いて、1982 年 5 月以前建築のマンションにかかる 620 のサンプルを対象にマンション価格関数を推定した（**表 2-4-2** の中列参照）[43]。自由度修正済み決定係数は 0.402 であり、関数式の適合性については妥当な水準にあるとは言えない。説明変数の有意性に関しては、外部要因として、大阪難波・なんば所要時間（分）、JR 片町線ダミー、最寄駅徒歩距離（分）、商業地域ダミーはいずれも有意となり、内部要因として、築年数（年）も有意となった。個別要因として、所在階（階）、バルコニー面

表 2-4-2 マンション価格（売り希望価格）関数

説明変数（X_i）	偏回帰係数（α, β_i） 全体	1982 年 5 月以前建築	1982 年 6 月以降建築
1 大阪・梅田所要時間（分）	-2,739.010 ** -0.182 (155.486)	-793.595 * -0.097 (350.355)	-3,151.343 ** -0.218 (177.883)
2 大阪難波・なんば所要時間（分）	-2,591.798 ** -0.247 (117.255)	-1,670.118 ** -0.275 (376.862)	-2,533.832 ** -0.242 (130.584)
3 JR 片町線ダミー	25,245.999 ** 0.108 (2734.207)	28,069.656 ** 0.252 (7778.473)	18,279.742 ** 0.079 (3171.712)
4 最寄駅徒歩距離（分）	-2,813.328 ** -0.189 (148.392)	-1,799.728 ** -0.166 (414.762)	-2,735.802 ** -0.201 (168.987)
5 商業地域ダミー	-12,583.474 ** -0.067 (1800.136)	-12,693.769 ** -0.163 (2894.081)	-15,668.286 ** -0.079 (2275.316)
6 総住戸数（戸）	23.845 ** 0.036 (6.874)	16.764 0.060 (12.407)	47.738 ** 0.067 (8.540)
7 築年数（年）	-5,436.764 ** -0.744 (86.366)	-4,863.058 ** -0.513 (423.930)	-6,110.859 ** -0.655 (137.775)
8 所在階（階）	1,454.847 ** 0.069 (196.981)	1,550.599 ** 0.138 (380.343)	1,396.428 ** 0.069 (225.060)
9 バルコニー面積（㎡）	577.522 ** 0.053 (102.369)	664.920 ** 0.101 (226.211)	568.684 ** 0.054 (113.695)
10 南向き開口ダミー	4,906.401 ** 0.032 (1369.256)	1,216.126 0.017 (2336.362)	6,450.405 ** 0.042 (1631.095)
11 管理費・月額（円/㎡）	-98.946 ** -0.059 (15.389)	0.123 0.000 (43.411)	-75.230 ** -0.046 (17.916)
12 修繕積立金・月額（円/㎡）	-112.110 ** -0.065 (17.970)	-66.906 * -0.082 (30.842)	-68.193 ** -0.038 (22.935)
13 2009 年後半ダミー	72.218 0.003 (2779.317)	1,877.658 0.018 (4535.906)	-768.506 -0.003 (3309.141)
14 2010 年前半ダミー	667.319 0.003 (2745.338)	2,936.715 0.025 (4813.622)	-979.228 -0.004 (3191.383)
15 2010 年後半ダミー	-176.873 -0.001 (2849.830)	7,058.373 0.062 (4761.761)	-3,602.585 -0.014 (3371.713)
16 2011 年前半ダミー	1,868.138 0.008 (2758.044)	5,608.358 0.050 (4725.645)	1,205.856 0.005 (3236.654)
17 2011 年後半ダミー	6,100.966 * 0.023 (2909.214)	7,586.774 0.060 (5096.162)	5,092.019 0.019 (3395.879)
18 2012 年前半ダミー	1,862.764 0.007 (2797.171)	8,223.494 0.075 (4789.016)	-861.376 -0.003 (3310.345)
19 2012 年後半ダミー	9,310.322 ** 0.036 (2878.869)	13,572.162 ** 0.111 (5141.379)	7,491.706 * 0.029 (3374.837)
20 2013 年前半ダミー	15,336.030 ** 0.058 (2885.405)	16,452.390 ** 0.118 (5591.587)	15,571.200 ** 0.061 (3315.887)
21 2013 年後半ダミー	18,752.337 ** 0.063 (3131.417)	18,938.748 ** 0.135 (5665.548)	19,955.604 ** 0.068 (3669.153)
22 2014 年前半ダミー	20,953.808 ** 0.047 (4242.318)	8,578.979 0.040 (7649.180)	26,129.428 ** 0.059 (4932.699)
定数項	501,706.755 ** (7366.752)	368,697.590 ** (20067.650)	514,432.245 ** (8667.975)
サンプル	2,464	620	1,844
自由度修正済み決定係数（$adjR^2$）	0.818	0.402	0.813

注 1） 上段の数値は偏回帰係数、中段の数値は標準偏回帰係数、下段（ ）内の数値は標準誤差。
注 2） * 印は p 値＜0.05、** 印は p 値＜0.01 を表す。

積（㎡）も有意となった。さらに、2012年後半～2013年後半の期間にかかる各ダミーも有意となっている。有意となった属性の偏回帰係数の符号は、サンプル全体を対象とした結果と同じである。

同様に、1982年6月以降建築のマンションにかかる1,844のサンプルを対象にマンション価格関数を推定した（**表2-4-2**の右列参照）。自由度修正済み決定係数は0.813であり、関数式の適合性は概ね妥当な水準にあると言える。説明変数の有意性に関しては、2012年後半にかかるダミーを除いてサンプル全体の結果と同様で、偏回帰係数の符号を含め、理論的にも研究先例との比較においても経済事情の変化とも整合する結果を示していると考えられる。管理費・月額（円/㎡）と修繕積立金・月額（円/㎡）の偏回帰係数の値は、いずれもサンプル全体の結果より絶対値で小さくなっている。

(3) 分析結果の補完
① 売り希望価格によるヘドニック分析結果の妥当性の検討

検討対象は、取引が成立した中古マンションのうち市場滞留期間が180日以内のものである。これを、サンプル全体及び建築時期により1982年5月以前と1982年6月以降に分割して、売り希望価格の登録時期（半年）区分ごとに売り希望価格に対する成約価格の比率の平均値を求めた。また、同様にして、売り希望価格の平均値も求めた。これらの値をグラフ化したものが**図2-4-4**である。サンプル全体及び1982年6月以降建築のものについては、2ヶ月のみが対象である2014年前半を除くと、売り希望価格に対する成約価格の比率の平均値は94～97％の範囲で概ね安定している。1982年5月以前建築のサンプルについても93～98％の範囲には収まっており、相対的にサンプル数が少ないことを考え合わせると比較的安定していると考えてよいと思われる。また、売り希望価格の平均値についても、2014年前半を除くと特に大きな変化は見られない。

以上により、売り希望価格によるヘドニック分析の結果については、偏回帰係数の絶対値については過大評価されているものの、その傾向についてはサンプルの収集期間中において大きな変化が見られないことから、需要者の

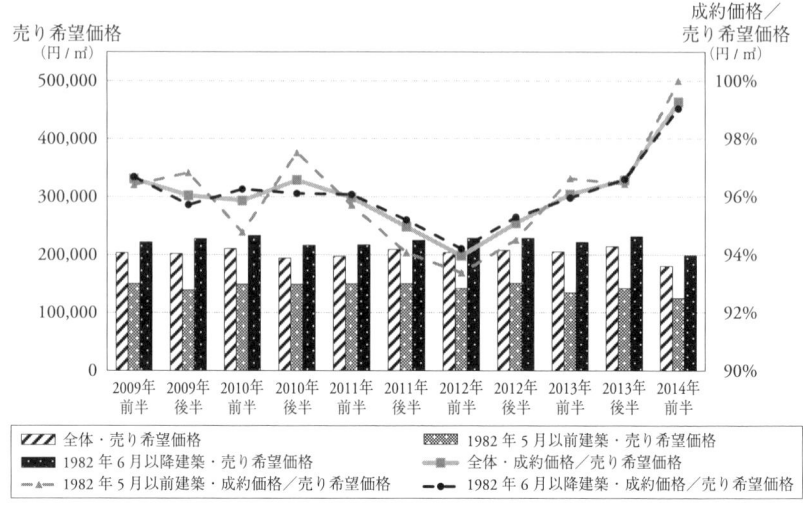

図 2-4-4　売り希望価格に対する成約価格の比率の変化等

選好を反映しうるものと考えられる。

② 品質調整済み売り希望価格と建築時期との関係

　2,464のサンプル全体を対象に推定したマンション価格関数を用いて、売り希望価格について、外部要因、築年数を除く内部要因、個別要因についてサンプルの平均値に品質調整を行った。その結果を縦軸に、横軸に建築時期をとり散布図に描いたものが**図 2-4-5**である。これを、品質調整前の売り希望価格を用いて同様に散布図を描いた**図 2-4-1**と比較すると、品質調整後は価格の分散幅が収斂・一定化しているだけでなく、より直線的になっているように見える。少なくとも、1981年6月以降の数年間の部分に価格水準の断絶や傾きの変化は見られない。

　このような結果は、マンション価格関数の推計結果からも予想できたことである[44]。とは言え、散布図での確認により、建築後相当の期間経過した中古マンションに関しては、現行の耐震基準に基づいて建築されているか否かは価格にあまり影響しないことがより明瞭になった。

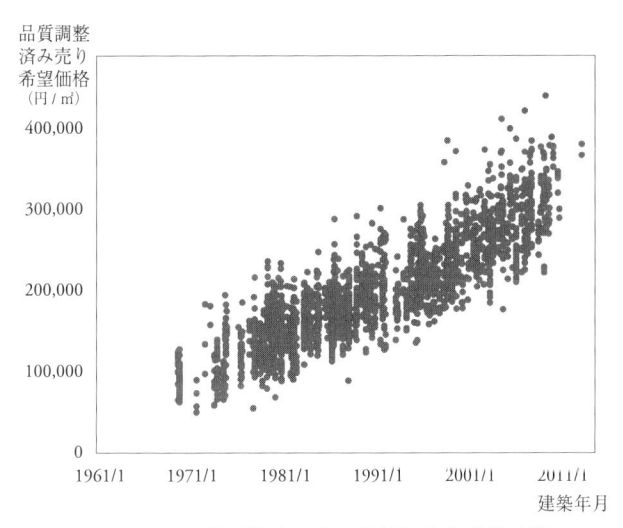

図 2-4-5　品質調整済み売り希望価格と建築時期

(4) まとめ

本分析による限り、東大阪市域の中古マンションについての需要者は、中古マンションを購入する場合、耐震性及び管理コストに関しては次のように判断する可能性が高いと推察される。まず、建築後 30 年前後経過した中古マンションを購入する場合、築年数の違いに注目し、現行の耐震基準に基づいて建築されているか否かについてはあまり注目しない。また、管理費については、負担の必要性を否定はしないものの、購入に当たっては、その額が高ければ高いほど購入額を抑えるべきだと考える。ただし、建築後 30 年前後経過した中古マンションを購入する場合、そのような考えは明瞭ではない。そして、修繕積立金についても、負担の必要性を否定はしないものの、購入に当たっては、その額が高ければ高いほど購入額を抑えるべきだと考える。ただし、建築後 30 年前後経過した中古マンションを購入する場合、そのような考えは希薄になる。

このような検討結果は、これまでの議論や先行研究の結果と概ね整合しており、これらを補強するものと考えられる。

5　既存マンションの防災力強化に向けての展望

　私有財産である住宅は、土地については公共の福祉が優先されるとしても、所有者は原則、これを自由に使用・収益・処分することができる。そのため、住宅は家計にとって重要な財産として位置づけられるが、その形態や利用目的の違いにより位置づけも異なることになる。既存マンションの専有部分も基本的に同様であるが、戸建住宅に比べて多様化が進んでおり、区分所有者を取り巻く環境は複雑化しているように思われる。しかしながら、住宅の本質や所有者の行動原理は短期間で大きく変化するわけではない。多様化や複雑化が進んでいる時にこそ、物事の本質を見極める必要があろう。本研究では、経済学的な思考を活用して既存マンションの防災力強化に向けての課題を整理し、その結果を踏まえて筆者なりに今後の展望を示す。

(1) 防災力強化に向けての課題
①　住宅所有者の行動原理についての再整理

　そもそも、住宅に対する人々の認識には多様性がある。極論をすると、「住むための家」のようにモノとしての側面をより強調するものと、「住みつくこと」のように居住生活面をより強調するものに大別される。ただし、家計が実際に購入できるのは、いずれの場合も形式的なモノとしての住宅の所有権である。家計による住宅所有権の購入は、それぞれの予算や諸条件を考慮しつつ将来に向けてより満足が得られうるものが選択されることになるが、住宅に対する認識に多様性がある以上、満足の判断基準は一様である保証はない。これは、住宅所有権購入後の、当該住宅にかかわる管理を含むサービスの購入に関しても同様である。

　戸建住宅の場合、その維持・管理に関する選択の多くは自己完結的であるため、住宅にかかわる満足の判断基準の多様性は問題にはなりにくい[45]。しかし、マンションの場合、専有部分を除くと、その維持・管理に関する選択は区分所有者単独ではできないため、住宅にかかわる満足の判断基準の多

様性が問題になりやすい。マンションの維持・管理に関する区分所有者の満足の判断基準の違いが表面化する場合、現実には様々な方法で合意形成が図られるであろう。しかし、満足の判断基準が一致しない以上、何らかの駆け引きの介在により、結果として得られる区分所有者全体の満足レベルは非協力ゲーム的なものとなる可能性が高い。

② 住宅に対する認識と価値についての再整理

既存マンションについて、防災面での課題を検討するに当たっては、少なくとも次の2点について整理しておく必要があると考える。ひとつは、前記の住宅に対する認識に関するものである。結論から言うと、大地震などによる自然災害の影響はモノとしての側面にも居住生活面にも影響を及ぼしうるが、その内容は同じとは限らない。モノとしての既存マンションは生活の基盤でもあるため当該部分は共通であるが、どのような生活をおくるかは人それぞれであるため影響は多様であろう。そのため、予想されるモノの側面への影響に関しては財産管理として対応することになり、予想される生活面への影響に関しては各人及び共通する認識をもつ人々の取り組みで対応することになる。マンション管理の基本は共用部分の財産管理であり、事実上、予想される自然災害の、モノとしての既存マンションへの影響の大半は管理の枠組みにおいて対応することになろう。他方、予想される生活面への影響に関しては、基本的に当該マンションあるいは立地地域の自治会等において共助を考えるべきということになる。

もうひとつは、住宅に対する認識にも関連するが、住宅の価値に関するものである。価値の概念にも多様性があるが、仮に市場価値と使用価値の2つの概念で住宅の価値を整理すると、モノとしての側面を強調すると市場価値概念を中心に評価されることになろう。また、居住生活面を強調すると使用価値概念を中心に評価されることになろう。ただし、市場価値に関しても、モノとしての住宅は居住生活の基盤でもあるため、居住生活面を重視する需要者は安心・安全で快適な居住空間が確保されることに注目する傾向がある。他方、モノとしての側面を重視する需要者は、方法そのものにはあまり拘ら

69

| 将来にわたる居住期間中の満足の現在価値の総和 | ＋ | 居住期間終了時点における売却可能額の現在価値 | ＝ | 既存マンションの区分所有権の価値 |

図 2-5-1　既存マンションの区分所有権の市場価値の概念例

ず価値自体が維持されることに注目する傾向がある。このような市場価値は、既存マンションの区分所有権で例示すると**図 2-5-1**のような概念であらわすことが可能であり、予想される自然災害の影響がどの部分にどのように影響するかが防災面での課題を検討する上での着眼点となろう。

③　既存マンションにおける防災面での課題の本質

前記の2点を踏まえると、既存マンションにおける防災面での課題の本質は次のように整理することができよう。第1は、予想される大地震などによる自然災害の影響への対応について、既存マンション側で影響の内容に見合った役割分担ができているかということである。前記のアンケート調査結果では、管理組合主催の避難訓練等に関しては約40％が実施し、計画中・検討予定も約3％であったが、その参加状況は不明である。一方、災害時の対応能力を高めるための計画（減災計画）については、策定済みが約3％、計画中が約5％と極めて少なかった。モノの側面への影響に関しては、減災計画策定も重要性が高く、性質上、自治会等の取り組みでは十分な対応は難しいと考えられる。第2は、区分所有者も管理組合も予算制約がある中で、それぞれのマンションの状況に照らして取り組むべきことの優先順位が整理できているかということである。Kahneman and Tversky（2000）などの研究により、人々は損失の領域（負の選択）ではリスクも辞さない一方で利得の領域ではリスクを冒したがらない特徴をもつことが明らかにされている[46]。区分所有者の日常生活面にかかわる満足については多様性がある一方で身近であることから興味を引きやすい。しかし、将来の大地震などによる自然災害がもたらしうる財産面での損失は区分所有者に共通のものである一方でその対応（備え）については負担のみが先行することになる。既存マンションの管理の現場において、仮に何の前触れもなく両者の要素をもつ選択問題が提示されるとどのような結果が導かれるかは想像に難くない。そして、第3

には、全体として高額の費用が必要となる耐震改修を行ったとしても、それに見合うように既存マンションの区分所有権の価値の変化が期待できるかということである。この点は、既存マンションの区分所有者及び管理組合と直接関係があるわけではない。しかし、その結果は、区分所有者の集合的な意思決定や管理組合の運営に大きな影響を及ぼすことになろう。

(2) 今後の展望

前記で整理した課題のうち、第1と第2については、究極は、それぞれのマンションにおいて区分所有者全員の努力により地道に解決していくしかないと思われる。しかし、第3の課題については、社会経済システムに起因する部分も指摘されており、政策的な観点から改善の余地があると考える。具体的には、現在の中古マンション流通市場の問題点[47]に対して、市場関係者の状況を踏まえて現実的な手順を考えて解消を図っていくということである。

この場合に、参考になるのは前記**図2-4-5**と**図2-5-1**であろう。まず、**図2-4-5**の要点は、中古マンションの需要にほぼ裏づけられている品質調整後の売り希望価格は現行耐震基準の導入時期である1981年6月前後に建築されたものを見比べても直線的な変化しか見られないことである。これについては、現行耐震基準を満たさない中古マンションの過大評価と解釈することは可能であるが、現行耐震基準を満たすものの古型化が進んでいる中古マンションの過小評価と解釈することも可能である。次に、**図2-5-1**の要点は、既存マンションの区分所有権の市場価値の構成要素は2つに大別されるが、それぞれ需要者の重視する観点は異なるとともに、その動機づけについても異なることである。これが示唆するところは、より多くの需要者が重視し、より強い動機となる要素に着目した方が効果的ということになる。居住期間中の満足を引き上げて価値を高めることは重要なことであるが、満足の判断基準には多様性があるためその実行は容易ではないと考えられる。よって、前向きではないとの指摘を受けるかもしれないが、例えば、不完全な情報により過大に考慮されていたリスクを取り去り本来の価値を回復させ

る方が効果的のように思える。つまり、現行耐震基準を満たすものの古型化が進み、情報不足などにより過小評価されている中古マンションについては、需要者層が過小評価しないで済むように適切な情報提供など市場環境を整えることを考える[48]・[49]。耐震性が市場価値に適切に反映されるようになれば、耐震改修の促進に少なからず貢献できる可能性がある。これは、経済学における不完備市場がもたらす問題の典型例であり、時間の概念を捨象する理論の世界においては、需要者と供給者の間の情報の非対称性を解消させてやればよいことになる。しかし、現実の問題は単純でなく、現在の重要な論点は誰がどのようにして情報を整備し提供していくかということである。具体的には、現状の仕組みだけでは区分所有者側の負担感が大きい住宅履歴情報の整備やインスペクションなどをどのように普及させていくのか。第三者による格付けなども同様である。経済学の知見によれば、新規の情報サービス提供のために必要となるコストに見合うだけの需要があるか不明確な場合、そのような情報は結局、市場では十分に供給されないことになる[50]。

　ところで、関連情報サービス提供を含む中古マンション取引に伴う取引コストの最終的な負担に関しては、中古マンションについての需要の価格弾力性と供給の価格弾力性の関係に依存する。しかし、現実の社会を考えると、通常、需要者側はこのような最終的なコスト負担がどのようになるかまで緻密に考えることは少ないと思われる。実際に選択した後に経験できるのは自分の選んだ結果だけである[51]。仮に、事後的に第三者的な視点でされた評価をあまり重視する必要がないのであれば、需要者が自分の選択に対する満足できるように仕組みを考えることが次善の策と言える。そのような観点では、現在、宅地建物取引業者の団体等によって検討されている、不動産流通事業者が積極的にリスクをとる買い取り・再販の仕組みは興味深い。また、特定の既存マンションに特化することで専門性・付加価値の高いサービスを提供しようとする仲介モデルについては、特化すること自体が一種のシグナルを発信していると解釈できる。そのような観点で、新規の情報サービス提供を進めていく過渡期においては有効な手段と考えられる。

6 おわりに

　本研究では、地方都市における既存マンションの防災力向上の観点からその管理面に注目した。まず、既存マンションにおける管理の実状と防災面での課題を整理した上で、具体的な地方都市として東大阪市を取り上げてアンケート結果に基づき既存マンションにおける減災への取り組み状況について検討した。次に、東大阪市域における中古マンション価格のヘドニック分析の活用により耐震性・管理コストに対する需要者の選好を検証し、これらを踏まえて既存マンションの防災力強化に向けて筆者なりに見解を示した。耐震改修の促進には、改修の対象となるものも含めて建築後、相当の期間が経過した中古マンションの適切な市場価値形成が重要な要素となるとの認識のもと、このような研究に取り組んだ次第である。

　経済学分野において Akerlof（1984）[52] が品質の不確実性と市場機能の検討の際に例示に用いたのは自動車市場であった。現在、わが国の中古自動車市場では、情報整備が相当進んでいる。また、類似条件の中古自動車でも、リスク水準との組み合わせにより複数の価格設定が行われており、需要者は自分の置かれている状況に応じて選択することが可能となっている。決してマニア向けではない古い車も、価格設定に見合った水準の整備や保証を前提に市場に供給されている。既存住宅ストックの有効利用という観点からも、既存マンション・中古マンション流通の活性化が望ましいと考えている。

注

（1）　地方都市を対象とした取り組みとして、2011年度の日本不動産学会秋季全国大会ではシンポジウム「マンションの管理の質と資産向上を目指して――東日本大震災の影響を踏まえ、地方都市の現状と課題を探る――」が実施されている。詳細は、谷口・髙田・齊藤・西嶋・西村・髙村（2012）参照。
（2）　マンションの管理の適正化の推進に関する法律第2条第1項第3号参照。

（3） その性格は、基本的には区分所有者によって構成される財産管理団体である。福井（2012）、61 ページ参照。
（4） これらは、マンションの管理に関する基幹事務と位置づけられている。
（5） 齊藤（2009）、33-34 ページ参照。
（6） 齊藤、前掲書、27-28 ページ参照。
（7） 齊藤、前掲書、30 ページ参照。
（8） 最高裁判所 2010 年 1 月 26 日第三小法廷判決（平成 20 年（受）第 666 号協力金請求事件）（集民第 233 号 9 ページ）。
（9） 4 棟・総戸数 868 戸。
（10） 齊藤、前掲書、35 ページ参照。
（11） 国土交通省住宅局建築指導課（2013）「地方公共団体における耐震改修促進計画の策定予定及び耐震改修等に対する補助制度の整備状況について」による。
（12） 東京都都市整備局（2013）「マンション実態調査結果【概要版】」、7 ページ参照。
（13） 前掲資料、10 ページ参照。
（14） 前掲資料、14-16 ページ参照。
（15） 平成 24 年度東大阪市地域研究助成金の助成を受けて、2013 年 2 月〜3 月にかけて実施した（研究名「減災まちづくりにおける経済学的思考の活用に関する研究」）。
（16） 耐震工事の要否は、管理組合及びその構成員（区分所有者）にとっても極めて重要な意味をもつ。このような情報を同時に尋ねると、アンケート調査の趣旨が適切に伝わらない可能性があるため質問事項としなかった。
（17） クローバーライフ株式会社及び有限会社エム・アール・シーの協力を得て、筆者の責任で編集・作成した 2012 年 12 月末時点のデータである。
（18） 把握できた 281 棟のうち、所在地・建築時期などの情報により同一の管理組合で管理されていると推察されるものを整理して 264 件を抽出した。
（19） 281 棟の中には団地タイプが複数含まれており、総住戸数が把握できる既存マンション数は 277 である。
（20） アンケート票を回収した 89 件のうち、建築年に関して回答のあったマンションは 88 件である。
（21） 本問と建築年の両方に回答したものは 87、本問と総住戸数の両方に回答したものは 88 である。

第 2 章　既存マンションの防災力向上に関する一考察

(22)　有効回答中、定期・不定期を問わず避難訓練等を行っていると回答した割合は約 40％、計画中・検討予定と回答した割合は約 30％、予定もないと回答した割合は約 30％。

(23)　本問と建築年の両方に回答したものは 86、本問と総住戸数の両方に回答したものは 87 である。

(24)　地縁団体主催の避難訓練等にマンションの区分所有者・居住者が参加している・参加している模様と回答した割合は約 23％、地縁団体から区分所有者・居住者に参加の呼びかけがある模様と回答した割合は約 14％、状況を把握しておらず詳細不明と回答した割合は約 58％、その他と回答した割合は約 5％。

(25)　本問と建築年の両方に回答したものは 86、本問と総住戸数の両方に回答したものは 87 である。

(26)　応急対応のための必要品を備蓄・保管していると回答した割合は約 12％、計画中・検討予定と回答した割合は約 34％、予定もないと回答した割合は約 54％。

(27)　地方公共団体が作成した大地震対策関連のパンフレット等を参考に抽出した。

(28)　応急対応のための必要品を備蓄・保管している、あるいは備蓄・保管しようと考えていると回答した回答者計 40 に対し、本問の有効回答数は 30。

(29)　一例として、東京都における帰宅困難者対策の基本的な考え方（抜粋）をアンケート調査票に掲示した。

(30)　本問と建築年の両方に回答したものは 85、本問と総住戸数の両方に回答したものは 86 である。

(31)　有効回答中、減災計画を策定していると回答した割合は約 3％、計画中と回答した割合は約 5％、検討予定と回答した割合は約 15％、当面は予定もないと回答した割合は約 77％。なお、アンケート調査票には「地縁団体と調整して、管理組合としての減災計画を策定している」との選択肢を設けたが、これを選択した回答者はなかった。

(32)　本問と建築年の両方に回答したもの、本問と総住戸数の両方に回答したものは共に 33 である。

(33)　本問については、アンケート調査票において、減災計画を策定している、策定中と回答した場合のみに回答を求める旨、明示していた。しかし、

それ以外の回答者についても回答されたものが多かったことから、集計に当たってはこれらを含めて有効回答として扱った。その結果、減災計画において企業等の帰宅困難者対策を考慮しているとの回答はなく、今後考慮していきたいと回答した割合は約37％、考慮できないと回答した割合は約33％、意識していないし当面予定もないと回答した割合は約30％となった。本問の回答結果に関しては、減災計画の策定状況を考えると、帰宅困難者対策の基本的な考え方の例示がバイアスを生じさせた可能性は否定できない。

(34) 滋賀県草津市におけるアンケート調査による。詳細は、高村（2012）、193-195 ページ参照。

(35) 東京都・神奈川県のマンション購入者と東京都・神奈川県を希望する購入意向者を対象としたアンケート調査（Web 調査）による。詳細は、長野・頼・渡瀬・宇杉（2006）、51-77 ページ参照。

(36) 長野・頼・渡瀬・宇杉、前掲書、48-49 ページ参照。

(37) 売り希望価格については、購入希望者層に提供する目的で多数の情報が複数の事業者により web 上で公開されている。本分析では、多数のサンプルをうるために過去に遡る必要があり、同時により詳細な属性情報を把握する必要があったため、クローバーライフ株式会社の村長洋明氏より同社保管の 2009 年 1 月～ 2014 年 2 月に至る期間の時系列データの提供を受けた。

(38) 前掲の村長洋明氏より、市場滞留期間が 180 日以内のものについて、売り希望価格の登録時期（半年）区分ごとに建築時期、売り希望価格、売り希望価格に対する成約価格の比率を 1 セットとしたデータの提供を受けた。

(39) 本分析では、比較的大量のデータを取り扱うため、簡便法として形式的な指標を採用している。しかし、本来、個別要因としては、主要開口方位や所在階などの形式的な属性ではなく、日照・採光・通風等の量・質や周囲の状況を考慮した眺望の良否などを指標化すべきである。例えば、西嶋（2004）、153-155 ページや長野・頼・渡瀬・宇杉、前掲書、35-42 ページなどを参照されたい。

(40) 大阪・梅田所要時間（分）、大阪難波・なんば所要時間（分）については、筆者が独自に市販ソフト「駅すぱあと」（株式会社ヴァル研究所）の平均経路の探索機能を用いて計測している。

(41) 大阪難波・なんば所要時間（分）と JR 片町線ダミーの相関係数は約 0.51、築年数（年）と修繕積立金（円 /㎡）の相関係数は約 0.50 とやや高い。前者は乗り継ぎ経路が、後者は新築当初の修繕積立金の設定水準が全般に低いことが影響している可能性がある。説明変数の独立性についての懸念は残るが、本分析ではその目的を優先して、あえてこれらの説明変数のすべてを採用することにした。

(42) この場合の偏回帰係数はストック額を意味している。他方、管理費や修繕積立金はフローである。本分析では、専有面積 1㎡当たりの管理費及び修繕積立金を説明変数に採用している。よって、例えば管理費及び修繕積立金の平均値を用いて、偏回帰係数に乗じた値（額）と管理費・年額及び修繕積立金・年額に乗じた上で適切な割引率で資本還元した額を比較すると両者の大小関係が把握できる。

(43) 平均的な階数などを考慮の上、1981 年 6 月 1 日から 1 年以内に竣工したマンションは建築現行の耐震基準を満たしていない可能性が高いと仮定してサンプルを分割した。

(44) 線形回帰式を採用していること、築年数（年）にかかる標準偏回帰係数の値が突出して大きいことから合理的に予想することができる。

(45) 土地利用の多くは何らかの外部性があり、周囲の住宅や立地地域に影響を及ぼさないわけではない。

(46) Kahneman and Tversky（2000）及び Kahneman（2002）（友野監訳・山内訳〔2011〕、39-40 ページ）参照。

(47) 不動産流通市場の活性化を具体的に検討する場として、2011 年～2012 年にかけて国土交通省により「不動産流通市場活性化フォーラム」が設置されている。不動産流通事業関係者だけでなく、多様な分野の有識者を交えて不動産流通市場の将来像が話し合われている。フォーラムで提言の中には、建物の維持・管理状況を含む物件情報の充実や情報提供のためのシステム整備、住宅瑕疵担保責任保険の活用、中古住宅購入費とリフォーム費用を一体化したローン商品の開発など不動産流通市場活性化に向けた金融支援なども含まれている。不動産流通市場活性化フォーラム（2012）「不動産流通市場活性化フォーラム」（提言）参照。

(48) 中古住宅流通の促進のためには、質の良い十分な情報のやりとりが行われる環境が必要という考えがある。詳細は、中川（2012）、36 ページ参照。

(49) 不動産業の視点からも、中古不動産流通の促進を支援する仕組みとし

ての課題が検討されている。そのうち、情報の段階の課題としては、情報の市場化、情報の専門性が挙げられている。詳細は、中城（2012）、63-65ページ参照。

(50) Stiglitz（2000）（藪下訳〔2003〕、100-105 ページ）参照。
(51) Kahneman and Thaler（2006）（友野監訳・山内訳〔2011〕、158 ページ）参照。
(52) Akerlof（1984）（幸村・井上訳〔1995〕）参照。

第3章　既成市街地の防災性向上と地域金融機関への期待

1　はじめに

　わが国の都市の既成市街地には人口の大半が集中しており、官民が連携して防災投資や防災活動を推進し、防災性向上を図ることが求められている。しかし、少子・高齢化の進行は、住宅需要だけでなく住宅に対する追加投資の判断などにも影響を及ぼしており、土地利用に関する利害関係を複雑化させるケースも見られるようになっている。そのため、特に所有者層の高齢化が進む既存木造住宅の耐震化のテンポは遅く、空き家も増加傾向にあり、将来、相当の確率で発生することが予想されている巨大地震への備えに懸念が生じている。

　私有財産である住宅の耐震化や空き家の利活用を進めるに当たっては、過去の経験から、そのための資金を所有者が利用しやすい方法で調達できるようにすることが重要なポイントと認識されている。住宅の建て替えや改修等の資金の主要な提供者は言うまでもなく金融機関であり、多くの家計にとって身近な提供者は地方銀行・信用金庫等の中小・地域金融機関である。これらの中小・地域金融機関は、地域の利用者の利便性向上など地域密着型金融の機能強化が求められている一方で、厳しさを増す競争環境の中、リスク管理態勢の高度化など経営力の強化に取り組むことも求められている。住宅所有者への円滑な資金提供と経営の安定化は、必ずしも相反する課題ではないが、実際に両立させることは決して容易ではない。そのため、既成市街地の特性や中小・地域金融機関の諸課題を踏まえつつ、自助の視点を中心に既存住宅の耐震化や空き家の利活用を図るための具体策を検討することで、地域

社会の発展に貢献できる可能性がある。

　本研究では、既成市街地の防災性向上に寄与する住宅関連の取り組みの現状と中小・地域金融機関の現状を概観し、防災性向上の課題を検討して、中小・地域金融機関に期待される役割について提言する。このようなアプローチで研究を進める上では、地域的な特性を反映させるという観点で、具体的な検討は地域を限定して行うことが望まれる。本研究では、中小・地域金融機関の営業範囲やデータの制約を考慮して近畿2府4県を中心に検討する。

2　防災性向上に寄与する住宅関連の取り組みの概況

　巨大地震の発生を念頭に既成市街地の防災性向上について考える場合、地道な取り組みが求められるのは、私有財産であり対象数も多い住宅に関連するものであろう。中でも、典型的な取り組みは既存住宅の耐震化である。また、現状では居住・利用されていないとしても他の住宅との位置関係やこれらに及ぼしうる影響を考えると空き家対策も重要である。さらに、居住が開始された住宅について、将来にわたり安心・安全を確保していくための適切な維持管理や改修等の実施、住宅ストックの円滑な承継などを考えると、建物関連情報の整備・活用も重要である。以上の理由により、ここでは、自助の視点による防災性向上を念頭に、既存住宅の耐震化、空き家対策、建物関連情報の整備・活用の3つの取り組みの経緯と現状を概観する。

(1) 既存住宅の耐震化の推進
① 耐震化の必要性
　建築基準法に基づく現行の耐震基準は、1981年6月1日に導入されている。阪神・淡路大震災の際には、住宅・建築物の倒壊による大きな被害が発生したが、中でも現行耐震基準によらない1981年以前に建築されたものの被害が多かった。わが国では、その後、何度も大規模地震が発生しているが、今後も巨大地震を含む大規模地震の発生が予想されている。大規模地震発生により想定される被害が甚大・深刻であり、事前対策を中心として大規模地震

対策を一層加速させる必要があるとの認識から、中央防災会議は2005年3月に東南海・南海地震対策に関する地震防災戦略を策定した。被害想定においては、人的・経済被害の多くが揺れや津波に起因するものであったことから、緊急に実施すべき事項として、公共建築物や住宅等の建築物の耐震化が挙げられた。

② 国の方針・計画

地震防災戦略を踏まえ、国土交通省は2006年1月、建築物の耐震改修の促進に関する法律（以下、「耐震改修促進法」という。）の規定に基づき、建築物の耐震診断及び耐震改修の促進を図るための基本的な方針を策定した[1]。この中では、住宅・建築物の耐震化促進のためには、「まず、住宅・建築物の所有者等が、地域防災対策を自らの問題、地域の問題として意識して取り組むことが不可欠」との認識が示されている。その上で、国と地方公共団体は、所有者等の取り組みをできる限り支援するという観点から耐震改修の実施の阻害要因となっている課題を解決していくべきと役割分担が明確にされている。住宅及び多数の者が利用する建築物の耐震化率については、当時の約75%から2015年までに少なくとも9割にすることが目標に掲げられた。

また、2011年3月に閣議決定された、2011年度からの10年間を計画期間とする新たな住生活基本計画（全国計画）では、住生活の安全を確保する住宅及び居住環境の整備が目標として挙げられた。その中では、基礎的な安全性の指標として、「新耐震基準（昭和56年基準）が求める耐震性を有する住宅ストックの比率」を2008年度の約79%から2020年度に95%とすることが掲げられている。

さらに、2013年11月の耐震改修促進法改正では、住宅や小規模建築物を含む既存耐震不適格建築物の所有者にも耐震診断及び耐震改修の努力義務が課せられ、所管官庁による指導及び助言の対象とされるに至っている。

③ 地方公共団体の支援制度の状況

耐震化促進のためには、住宅所有者等が地域防災対策を自らの問題、地域

の問題として意識して取り組むことが不可欠であることから、耐震改修の必要性についての啓発活動が実施されている。しかし、耐震診断や耐震改修等の実施には相当の費用が必要となることから、住宅の耐震化を進める上で所有者の負担軽減を図ることが課題となっている。そのため、各市町村は、住宅所有者に対する耐震診断や耐震改修等の補助制度や耐震改修促進税制の整備を進めている[2]・[3]。全国市町村における 2014 年 4 月 1 日現在の住宅に関する補助制度の整備状況は、耐震診断が約 82.5％、耐震改修が約 77.0％となっている[4]。また、同時点の近畿 2 府 4 県における戸建住宅に限定した補助制度の整備状況は、奈良県を除き管内全市町村で耐震診断及び耐震改修の補助制度が設けられている。奈良県については、耐震診断は 38 市町村で、耐震改修は 31 市町村で補助制度が設けられている。

④ 耐震診断・耐震改修等の補助の仕組み

補助対象となる住宅は、市町村によって異なるが、多くの市町村では 1981 年以前に建築された建物が対象とされている。耐震診断と呼ばれているものには、木造住宅の場合、所有者による自己診断[5]、工務店や建築関係技術者レベルの一般診断法によるもの、建築士レベルの精密診断法によるものがある。このうち、補助対象となる診断法は、基本的には耐震改修促進法に基づく告示の指針と同等に位置づけされた 2012 年改訂版木造住宅の耐震診断と補強方法による一般診断法と精密診断法である。より普及している一般診断法は、上部構造については上部構造評点を求め[6]、地盤・基礎については立地条件診断に基づく注意事項を示し総合評価を行うものである。

耐震診断の結果、耐震改修が必要と判断される場合には、その前提として改修設計等が必要になるが、その費用に関しても補助対象としている市町村がある（**図 3-2-1** 参照）。補助対象となる耐震改修工事の内容についても、市町村によって異なる。木造住宅の場合は、一般診断法を行った結果、「一応倒壊しない」とされる上部構造評点 1.0 を下回るものを評点 1.0 以上に高める改修工事を基本としている市町村が多い。しかし、現実問題として、1981 年以前に建築された木造住宅の上部構造評点を 1.0 以上とする場合、費

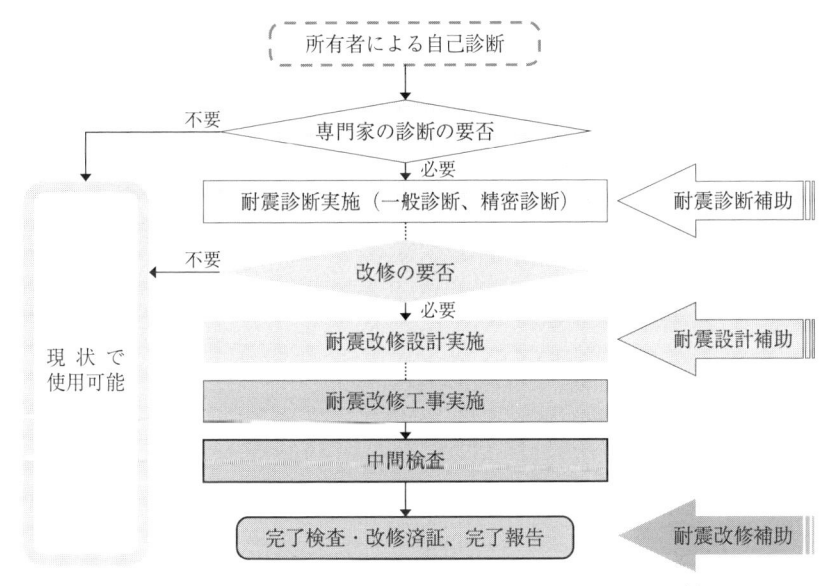

第3章　既成市街地の防災性向上と地域金融機関への期待

図 3-2-1　公的支援による耐震診断・改修の流れの一例[7]

用面だけでなく利用面でも所有者に大きな負担を求めることになりがちである。そのため、各階の上部構造評点を 0.7 以上とする改修工事や寝室など一部屋だけを補強する耐震改修工事（補強型耐震シェルター）についても補助対象にしている団体がある。さらに、2015 年度以降は、耐震ベッド等の設置に関しても補助対象に加えている団体も見られるようになっている。

⑤　既存住宅の耐震化の現状

そもそも、住宅数は近畿各府県で相当違いがあり、その耐震化率についても様々な要因の影響により違いが生じている。耐震診断や耐震改修の補助制度についても、各市町村で違いがあることから一概には言えない。しかし、公表されたデータを見る限り、耐震改修補助を受けた住宅は、耐震性が不足する住宅のうちの少数にとどまっている（**表 3-2-1 参照**）。毎年、自主的な更新（建て替え）が行われることを考慮しても、このままのペースでは国の掲げる目標達成は容易ではないと思える。

表 3-2-1　耐震性不足住宅と耐震化支援事業の概況[8]

単位：戸

	① 住宅総数居 住世帯あり （2008年10月）	② 耐震化率 （2008年他）	③ 耐震性 不足住宅 〔①×(1－②)〕	【参考】木造住宅耐震化支援実績					
				耐震診断			耐震改修		
				2009年度	2010年度	2011年度	2009年度	2010年度	2011年度
滋賀県	491,300	78% ※1	108,086						
京都府	1,086,800	78%	239,096	542	487	785	57	175	150
大阪府	3,685,100	78% ※2	810,722	1,461			303		
兵庫県	2,169,400	82%	390,492	4,628			469		
奈良県	502,500	76% ※1	120,600	317	208		28	39	
和歌山県	382,100	70% ※1	114,630						
近畿圏合計	8,317,200	79%	1,783,626						

※1　国土交通省による推計値。
※2　「大阪府住宅・建築物耐震10カ年戦略プラン 中間検証報告書」に掲載された2010年度の数値。

（2）空き家対策

①　空き家対策の必要性

　高齢化の進行や人口減少などにより、既成市街地でも空き家が増加しつつある（**表 3-2-2** 参照）。空き家の中には適正な管理が行われていないものも多く、近隣に外部不経済をもたらす土地利用が増加しているとの指摘がある。

　国土交通省により2008年度に実施された全国の市区町村を対象とするアンケート調査[9]によると、全国の約72％（877）の団体で外部不経済をもたらす土地利用が発生しているとの回答があった。管理水準の低下した空き家や空き店舗については、473団体で「発生している」、198団体では「特に問題が大きいと認識」との回答があった。廃屋・廃墟等についても、444団体で「発生している」、200団体では「特に問題が大きいと認識」との回答があった。周辺への影響としては、管理水準の低下した空き家や空き店舗、廃屋・廃墟等ともに、「風景・景観の悪化」、「防災や防犯機能の低下」、「ゴミなどの不法投棄等を誘発」、「火災の発生を誘発」などが挙げられている。空き家となった住宅については耐震化推進の対象外となっており、防災性向上の観点からも利活用や除却など所有者等の行動を促すための対策の早期検討が地域社会から求められるようになっている。

表 3-2-2 空き家（長期不在住宅等）の概況[10]

単位：戸

	2008年10月1日					2013年10月1日				
	住宅総数	空き家				住宅総数	空き家			
		総数		その他の住宅			総数		その他の住宅	
			住宅総数に占める割合		住宅総数に占める割合			住宅総数に占める割合		住宅総数に占める割合
滋賀県	567,600	73,300	12.9%	35,300	6.2%	602,500	77,800	12.9%	35,700	5.9%
京都府	1,270,200	167,000	13.1%	66,300	5.2%	1,320,900	175,500	13.3%	77,500	5.9%
大阪府	4,346,000	625,100	14.4%	176,700	4.1%	4,585,100	678,800	14.8%	214,400	4.7%
兵庫県	2,520,700	336,200	13.3%	123,900	4.9%	2,733,500	356,500	13.0%	147,700	5.4%
奈良県	592,600	86,400	14.6%	36,700	6.2%	615,000	84,600	13.8%	42,800	7.0%
和歌山県	467,900	83,700	17.9%	42,500	9.1%	476,000	86,000	18.1%	48,200	10.1%
近畿圏合計	9,765,000	1,371,700	14.0%	481,400	4.9%	10,333,100	1,459,200	14.1%	566,300	5.5%

② 国の対応等

 適切な管理が行われていない空き家等が、防災、衛生、景観などの地域住民の生活環境に深刻な影響を及ぼしているとの認識のもと、国は2014年11月に空家等対策の推進に関する特別措置法を公布した。この法律による施策については、国が策定する基本方針に即して市町村が具体的な計画を策定して行うことになっている。市町村による主な施策としては、空き家等についての情報収集、空き家等及びその跡地の活用、特定空家等[11]に対する措置が挙げられる。また、この法律により、市町村が固定資産税の課税のために保有している空き家等の所有者に関する情報を、合法的に市町村内部で利用できるようになっている

③ 地方公共団体の動き

 前記の市町村アンケートの結果等によると、管理水準の低下した空き家、廃屋・廃墟等の主な発生要因として、過疎化、高齢化等により利用者がいなくなった後もそのまま放置されていることなどが指摘されている。市町村側が対応に苦慮している点としては、所有者と利用者とのマッチング問題、新規の住宅開発の影響により空き家の利用者がいない、相続による権利関係の複雑化等により所有者の特定が困難などが指摘されている。このような状況

を背景に、建築主事を置き建築基準法上の行政代執行が可能な政令指定都市においても、空き家の適正管理、活用促進等を目的とする、いわゆる空き家条例を制定する動きが見られるようになっている[12]。このうち、空き家の適正管理に関する諸問題については、空家等対策の推進に関する特別措置法の施行により後押しされるようになっている。しかし、空き家の活用促進に関しては、現実の住宅等需要の動向を踏まえると、市町村による机上の計画策定だけで進むとは考えにくい。空き家の活用促進については、都道府県及び市町村の住宅政策の中で体系的に取り組んでいく必要があると考える[13]・[14]。

(3) 建物関連情報の整備と活用
① 住宅履歴情報の整備のねらいと有用性

わが国の既存木造住宅については、一部を除き、所有者の手元に建物・設備に関する書類や図面等が保管されている例は決して多くない。建物図面が保管されている場合でも、竣工時・完成時の状況を反映する図面が保管されている例は意外に少ないと思われる。これまで、既存住宅の取引に際して買主側に提供される建物に関する情報が不動産登記情報などに限られるケースも決して少なくなかった。しかし、高齢化の進行や人口減少、今後の世帯数の減少などを考えると、これまで比較的順調であった新築住宅需要も早晩、大きな節目を迎えざるを得ない状況にある。良質な既存住宅の長寿化や有効活用が望まれている中、住宅の性能等に関する情報が不足している状況下では取引を通じた第三者への円滑な承継が難しい。住生活基本計画（全国計画）では、既存住宅が円滑に活用される市場の整備を念頭に、基本的な施策のひとつとして住宅履歴情報の蓄積促進が掲げられた。

住宅履歴情報に必要な情報項目や共通ルールのあり方、普及方策については、2007～2009年度にかけて住宅履歴情報整備検討委員会で検討が行われた[15]。ここで検討された住宅履歴情報の蓄積・活用の主体は住宅所有者自身である。建築・リフォーム事業者は情報を生成する役割を担い、住宅所有者の依頼・費用負担に基づき住宅履歴情報サービス機関が住宅履歴情報を適

切に蓄積・活用できる仕組みを整備・提供する。このような住宅履歴情報の有用性としては、計画的な維持管理や合理的なリフォームが実現可能となること、当事者が納得できる取引が実現可能となること、災害時に迅速な復旧や補修が可能となることが挙げられている[16]。

② 維持管理段階で蓄積すべき情報と現状

建物・設備に関する書類や図面等が保管されている場合、維持管理段階で蓄積すべき情報は、その後の計画的維持管理に役立つ書類・図面、点検・調査・診断や修繕工事等時に作成等される書類・図面・写真等である[17]。しかし、既存住宅については、情報の保存が前提となる長期優良住宅や大手ハウスメーカー等の供給したものを除くと、新築時に作成された書類や図面等が所有者に引き継がれていないケースも多い。その場合、技術力と信用を兼ね備えたリフォーム業者などに依頼して新たに図面等を作成する必要がある。しかし、リフォーム工事等を伴わずに建物全体にわたる詳細な図面だけを作成すると費用・時間の両面で所有者の負担感は大きくならざるを得ない。建築時期の古い既存木造住宅については、情報作成の動機や機会も限られていることから、現状では住宅履歴情報の蓄積が進んでいないと推察する。

3 地域金融機関の概況

1970年代後半以降、金融自由化により競争が激しさを増す中で、活動範囲が限られ経営基盤も相対的に弱い中小・地域金融機関はその役割を再検討せざるを得ない状況にあった。いわゆる平成バブル崩壊による不良債権問題の顕在化は、再び金融行政の関与を強めることとなったが、そこで導入されたのがリレーションシップバンキングの概念である[18]。基本的には、中小・地域金融機関は、地域密着型の特性を武器に中小企業金融再生の担い手となりつつ健全性確保・収益性向上に取り組むという考え方である。その後、2005年3月、金融審議会のワーキンググループでの議論等を踏まえ、金融庁により「地域密着型金融の機能強化の推進に関するアクションプログラム

(2005～2006年度)」が策定された。これが、通常、新アクションプログラムと呼ばれているものである。その考え方は、地域密着型金融の継続的な推進、地域密着型金融の本質[19]を踏まえた推進、地域の特性・利用者のニーズ等を踏まえた選択と集中による推進、情報開示等の推進とこれによる規律づけが基本である。地域密着型金融の取り組み状況については、新アクションプログラムの期間終了後も金融庁によって毎年度公表されている。その対象は、地方銀行・第二地方銀行・信用金庫・信用組合であり、これまでの歴史・経緯により現在でも営業活動の基盤となる地域との密接な関係は認められる。よって、本研究においてもこれらを地域金融機関と位置づけ、以下では近畿2府4県における概況を踏まえて個人向け融資と地域密着型金融を中心にその課題を整理する。

(1) 近畿2府4県における地域金融機関の概況

① 地域金融機関の活動状況等

近畿2府4県では、地方銀行7行、第二地方銀行3行、信用金庫29金庫、信用組合21組合の地域金融機関が活動している（2015年9月末時点)[20]。各地域金融機関の活動地域は、金融自由化の進展により必ずしも本店を置く府県の範囲にとどまってはいないが、一部の事業所を除き概ね近畿2府4県の範囲に収まっている。総じて地方銀行の規模が大きく、預金量で見ると1行を除き3兆円を超えている。合併が進められたことにより第二地銀2行も預金量2兆円を超えている。また、歴史的経緯等により京都府・兵庫県には従来から比較的規模の大きな信用金庫があったが、合併の影響もあり4金庫が預金量2兆円を超え、4金庫が1兆円を超えている。他方、組合員の相互扶助を目的とし、預金も原則として組合員が対象となる信用組合は、一部を除いて総じて規模は小さい。

以下では、地域への影響力という観点で、主に地方銀行、第二地方銀行に2007年3月末時点で預金量が1兆円を超えている信用金庫5金庫を加えた15の地域金融機関を取り上げ、具体的なデータで経営環境等を概観する。

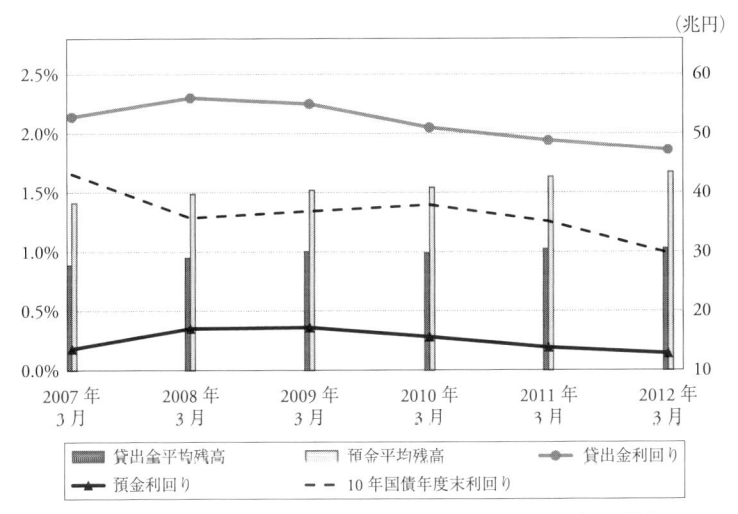

第 3 章　既成市街地の防災性向上と地域金融機関への期待

図 3-3-1　15 地域金融機関の預金・貸出金利回り等の推移

② 預金・貸出金等[21]

2006～2011 年度の推移を見ると、大半の地域金融機関は預金の平均残高を伸ばしており、合計額も 2006 年度の約 38 兆 2 千億円から 2011 年度の 43 兆 4 千億円と年々増加している。これは、各年度の期末残高で捉えても同様の傾向を示している。一方、貸出金の平均残高については、2009 年度以降やや伸び悩む傾向にあり、合計額は 2006 年度の約 27 兆 7 千億円が 2008 年度は約 30 兆円に、2011 年度では約 30 兆 5 千億円となっている。これは、各年度の期末残高で捉えても概ね同様の傾向を示している。預金が増加する中での預貸率の低下に加え、利回り指標となる長期国債利回りが低下傾向にある中で貸出金利回りと預金利回りの間のスプレッドは縮小傾向にある（**図 3-3-1 参照**）。2006 年度のスプレッドは約 1.96％であったが、2011 年度では約 1.72％に低下しており、預貸金利鞘の縮小が見られる。

③ 住宅ローン等残高[22]

2006～2011 年度の推移を見ると、大半の地域金融機関は預金の期末残高を伸ばしており、合計額も 2007 年 3 月末の約 40 兆 9 千億円から 2011 年度

89

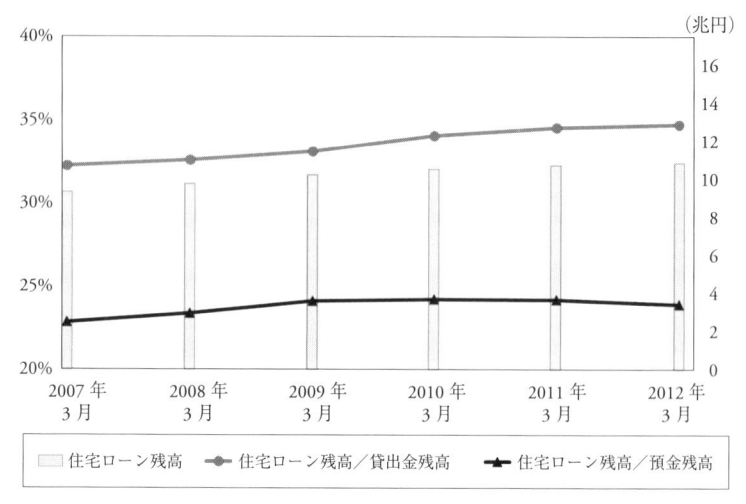

図 3-3-2　15 地域金融機関の住宅ローン等残高の推移

の 45 兆 4 千億円と年々増加している。一方、貸出金の期末残高は、2009 年 3 月末以降はやや伸び悩む傾向にあり、合計額は 2007 年 3 月末の約 28 兆 9 千億円が 2009 年 3 月末では約 30 兆 9 千億円、2012 年 3 月末は約 31 兆 2 千億円となっている。住宅関連の防災性向上の取り組みと関連する住宅ローン等残高についても、2009 年 3 月末以降は伸び幅が縮小傾向にある。合計額は 2007 年 3 月末の約 9 兆 3 千億円が 2009 年 3 月末は約 10 兆 2 千億円、2012 年 3 月末では約 10 兆 8 千億円となっている。

住宅ローン残高の貸出金残高に占める割合は、2007 年 3 月末の約 32.2％が 2009 年 3 月末は約 33.1％、2010 年 3 月末は約 34.1％に、2012 年 3 月末では約 34.7％と微増傾向にある（**図 3-3-2** 参照）。貸出金総額の 3 分の 1 強に達し、国内貸出業務においてさらに重みを増している。

④　個人向け信用リスクの管理状況[23]

地域金融機関においても自己資本比率に関連する情報開示の充実が図られており、ディスクロージャー誌で開示される情報の中では、銀行等のリスク管理に関する事項が重要な位置を占めている。貸出金等にかかる信用リスクエクスポージャー[24]の期末残高は 3 月以上延滞等エクスポージャーの額と

第 3 章　既成市街地の防災性向上と地域金融機関への期待

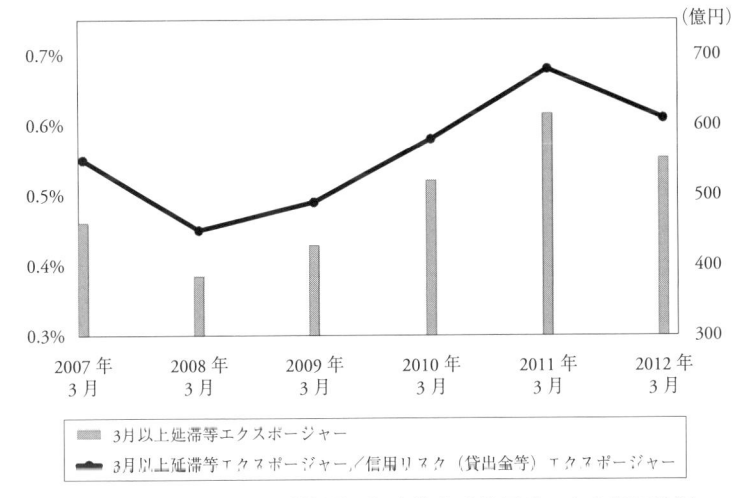

図 3-3-3　14 地域金融機関の個人等向け信用リスクの管理状況

併せて掲示されている。信用リスクエクスポージャーには住宅ローンの区分は設けられていないが、業種別で個人等の区分があり、その貸出金等にかかる信用リスクエクスポージャーの期末残高を把握することが可能である。個人向け貸出金のかなりの部分は住宅ローンと推察される。よって、個人向け貸出金等にかかる信用リスクエクスポージャーの期末残高と同 3 月以上延滞等エクスポージャーの額の比較により、住宅ローンの貸出傾向が延滞等に影響を及ぼしているか否かを推察することが可能である。

　図 3-3-3 は、個人等の区分の 3 月以上延滞等エクスポージャーの合計額と、その合計額が個人等の区分の貸出金等にかかる信用リスクエクスポージャーの期末残高の合計額に占める割合の推移を示したものである。貸出金の期末残高は年々増加しているものの 2009 年 3 月末以降はやや伸び悩む傾向にある中で、3 月以上延滞等の合計額の変化に応じてその貸出金等に占める割合も変化している。3 月以上延滞等の貸出金等に占める割合は 2011 年 3 月末の約 0.68％をピークに減少に転じ、2012 年 3 月末時点では約 0.61％となっており、個人向け貸出金等にかかる信用リスクの管理状況が特に悪化しているとまでは言えない。しかし、預貸金利鞘の縮小が見られる中で、個人等向けの貸出環境は良好であるとは言い難いように思える。

⑤　地域密着型金融の取り組み

　新アクションプログラムの対象期間終了後の全国での取り組みを、金融庁による公表内容を用いて簡単に整理してみよう。2007年度の実績[25]を見ると、金額では、金融機関独自の再生計画策定先への事業再生に向けた取り組みが突出して多い。件数では、経営改善支援に向けた取り組みとしてのビジネスマッチング支援、財務諸表の精度が相対的に高い中小企業に対する融資商品による融資、創業・新事業支援などが多い。一方、地域全体の活性化・持続的な成長を視野に入れた面的再生への取り組みやPFIへの関与など地域活性化につながる多様なサービスの提供も行われているが、金額、件数ともに少数にとどまっている。2008年度・2009年度の実績を見ても基本的には同様である[26]。住宅ローン関連など自助の視点から既成市街地の防災性向上に寄与しうる取り組みに関しては、環境金融の取り組みとしてエコ関連・耐震住宅に対する金利優遇[27]などを含むものが見られるが総じて少ない。2010年度以降は、各財務局等において、地域密着型金融に関する特に先進的、広く実践されることが望ましい取り組みが評価され、取り組みの深化・定着を図るためのインセンティブを付与する趣旨で顕彰が行われている。近畿財務局により顕彰された取り組みの概要は、地元商店街・観光地活性化支援、シニア・高齢者顧客対応、産学等連携による取引先支援・新事業支援などである。

　なお、2011年度には、京都市に本拠を置く地域金融機関が、京都市及びその外郭団体が実施している京町家の保全・再生・活用の取り組みを活用する京町家専用住宅ローンの取り扱いを開始している[28]。

(2)　地域金融機関の課題

①　個人向け融資の課題

　前記のように、近畿2府4県の15の地域金融機関全体では、2007年3月末以降の5年間で住宅ローン等残高を伸ばし、貸出金残高に占める住宅ローン等残高の割合も増加させている。これまでのところ、住宅ローンが大半を占めていると推察される個人向け貸出金等にかかる信用リスクの管理状況も

悪化しているとまでは言えない。しかし、住宅市場の推移・動向等と照らし合わせて考えてみると不安を感じる部分もある。現状では、住宅ローンが個人向け融資の大半を占めていると推察される。よって、住宅ローン分野を中心に、住宅市場等の動向も考え合わせながら、個人向け融資の課題について整理してみよう。

・住宅供給量等と住宅ローン等残高との関係

　図 3-3-4 は、2006～2012 年度の期間を対象に、近畿 2 府 4 県における新規供給戸数と中古住宅の成約件数及び地域金融機関における住宅ローン等残高の合計額の推移を重ね合わせたものである。これを見ると、市場規模の大きい新規供給、特に新築マンションの供給量の変化とは連動することなく、期間中、住宅ローン等残高は伸びているのがわかる。期間後半の変化だけを見ると、双方ともに増加傾向にあるため関連があるようにも見える。ただし、2011 年度の供給量は、新規供給・中古成約の合計で見ても新規供給だけで見ても 2008 年度を下回る。新築マンションについては、供給構造上、一時的に供給量と成約件数のギャップが拡大することがあるが[29]、このようなことを考慮しても両者の変化が連動しているとは考え

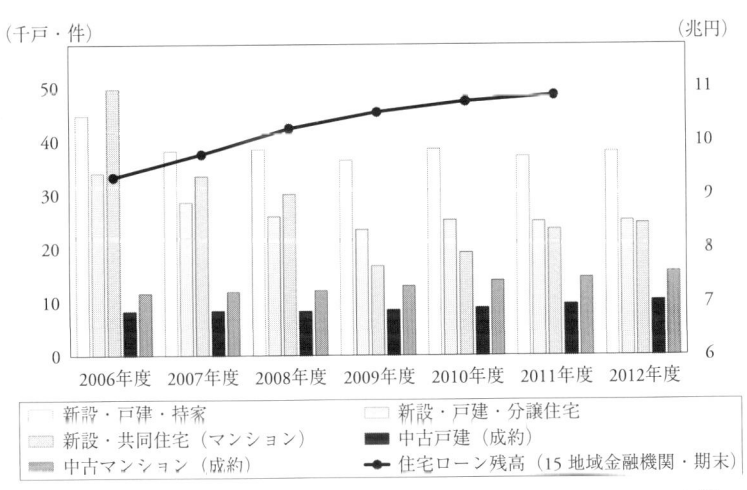

図 3-3-4　住宅供給量（新築新規・中古）と住宅ローン等残高の推移[30]

にくい。

　観察期間中の住宅供給量の変化には、2007年春頃に表面化したサブプライム・モゲージ問題に端を発する世界的な金融不安が引き起こした投資資金の流動性低下やその影響による実体経済の低迷が大きく関与している。一方、地域金融機関の資金量はその間も安定して伸びている。いわゆる質への逃避の流れの中で、地域金融機関は比較的低リスクの住宅ローン分野に運用先を求めたというのが、市場関係者との継続的な対話を通じて得られた筆者の知見である。

・**住宅ローンの競争激化とリスク管理状況等**

　前記の説明だけで済めば地域金融機関の行動に対して懸念は生じないであろう。しかし、15の地域金融機関の住宅ローン等残高の背後には、近畿2府4県の他の地域金融機関だけでなく、より大きな資金を抱える都市銀行等の存在が隠れている。金融市場の動向やリスクの変化により敏感な都市銀行等の行動を考えると、観察期間後半における住宅ローン分野での競争激化は想像に難くない。

　国土交通省が実施する民間住宅ローンの実態に関する調査[31]では、固定期間10年超の住宅ローンのリスクヘッジ方法についての質問が設けられている。この質問に関し、「リスクヘッジは特に行っていない」と回答した機関は2011年度の43.2％から2012年度は46.5％とやや増加[32]。「新規貸出金利の調整を行うことによりリスクヘッジする」・「融資限度額を設定してリスクヘッジする」と回答した機関は2011年度と比較して2012年度はやや減少している[33]。

　また、住宅金融支援機構が実施する民間住宅ローンの貸出動向調査[34]では、審査内容や基準の変化についての質問が設けられ金融機関の区分ごとに集計されている。地方銀行を見ると、「厳格化した」・「やや厳格化」と回答した割合は、2010年度は8.9％、2011年度は7.6％、2012年度は3.4％と減少。逆に、「緩和した」・「やや緩和した」と回答した割合は、2010年度は1.8％、2011年度は5.7％、2012年度は6.9％と増加している。

しかし、信用金庫を見ると、「厳格化した」・「やや厳格化」と回答した割合は、2010年度は8.0％、2011年度は7.3％、2012年度は10.3％と増加傾向に。逆に、「緩和した」・「やや緩和した」と回答した割合は、2010年度は3.1％、2011年度は2.5％、2012年度は0.6％と減少している[35]。同調査では、懸念する住宅ローンのリスクについての質問も設けられているが、「金利競争に伴う利鞘縮小」と回答した機関は、2010年度は86.0％、2011年度は91.0％、2012年度は93.4％に増加している[36]。他方、住宅ローン（新規）への取り組み姿勢の質問に対しては、現状も今後も「積極的」と回答した割合が87.3％を占めている[37]。

　以上を整理すると、おおよそ次のことが指摘されよう。まず、多くの金融機関の住宅ローン分野に対する積極姿勢は金利競争として具体的に現れ、結果的に利鞘縮小感が強まっている。そのような状況下では、貸出金利の調整や融資限度額の設定によってリスク管理を行うことも難しくなる。今後も住宅ローン分野に積極的に取り組みたいが、延滞等の増加の影響を考えると、どのような審査方針を選択するかの判断は金融機関の体力や地域特性等によって異なる可能性がある。このような整理の結果は、これまでの近畿2府4県における15（または14）の地域金融機関に関する検討結果とも概ね整合的である。住宅ローン業務に関しては、本田・三森（2012）では、保証会社への依存度が高まっている実態があると指摘されている[38]。仮に、住宅ローン分野での競争激化がリスク管理面にも影響を及ぼすのであれば、金利競争の影響を受けにくいリスク管理面を十分考慮したローン商品開発がひとつの課題となろう。

・新規貸出の傾向と今後の住宅市場等動向

　前記の住宅金融支援機構の調査では、顧客層ターゲットについての質問が設けられている。融資物件に関して最も多い回答は、「新築注文住宅」の70.1％、次いで「新築建売」の21.9％、「新築マンション」の4.9％、「中古戸建」の2.5％、「中古マンション」の0.7％の順となっている。また、今後、重視する商品特性についての質問も設けられているが、最も多い回

答は、「新築向け」の79.5％で、次いで「借り換え」の73.8％、「リフォーム」の57.0％、「中古住宅向け」45.3％の順となっている[39]。

これらの結果で明らかなことは、現状では、新築戸建住宅向けが圧倒的に重視されていることと、中古住宅向けに対する意識は低いということである。その背景には、大都市圏においても中古住宅市場は新規供給市場と比較してまだ規模が小さいことがあると考えられる。しかし、今後に関しても、なぜ中古住宅向けはリフォームより優先順位が低くなっているのであろうか。理由は明らかにされていないが、リフォーム資金は比較的低額であること、中古住宅購入資金は土地を含むため比較的高額であること。そして、中古建物の価値を判断するための資料は限られており低く評価される傾向があることなどに関係があるように思われる。つまり、中古住宅向けの住宅ローンは、審査を含む融資コストが相対的に高く、結果として敬遠されがちなのではないだろうか。

住宅ローン業務の位置づけについては、地域金融機関によって違いがある。そのウエイトが高い地域金融機関では、厳しい競争環境の中でも収益力を高めるために中小企業等向け等の事業融資業務などとは異なる業務モデルを用いて住宅ローン業務を進化させてきたとの指摘がある[40]。しかし、本格的な人口減少期を迎え、地方では大都市圏でさえ世帯数の減少期が迫りつつある中、近い将来、新規分譲市場は縮小せざるを得ない。また、住宅の高品質化・長寿化の流れは、建て替え（新築）市場にも確実に影響を及ぼすであろう。このような住宅市場構造の変化や市場動向を考えると、新築向け以外に対する審査システムの整備もひとつの課題と考えられる。

② 地域密着型金融の取り組みの課題

地域金融機関による地域密着型金融の取り組みについては、利用者側の評価を把握するため、金融庁により毎年調査が行われ、結果が公表されている[41]。金融機関の取り組みに対する評価は、①地域密着型金融の取り組み姿勢（全体評価）、②顧客企業に対するコンサルティング機能の発揮、③地域の面的再生への積極的な参画、④地域や利用者に対する積極的な情報発信、

の観点から行われる。調査の結果によると、全体評価については上昇傾向にあるように思える[42]。

以下では、本研究の目的と関係の深い③・④に絞り概要を紹介し、主として地域貢献の視点による地域密着型金融の取り組みの課題について検討する。

- 「地域の面的再生への積極的な参画」について

　「積極的」・「やや積極的」の回答割合が2010年度の34.1％から2011年度は33.5％と僅かに減少している。一方、「消極的」・「やや消極的」の回答割合も2010年度の25.1％から2011年度は22.5％に減少している。「どちらとも言えない」・「わからない」の回答がともに増加しているため、ある程度、肯定的見方はされているものの未だ評価は定まっていないようにも思える。その理由を探るため、自由回答の意見についても概要を紹介しよう。まず、評価できる点としては、商店街の空き店舗を活用した地方の物産展開催への集客面での協力、中心市街地活性化協議会等への委員参加による計画策定・事業立案運営面での協力。そして、地元自治体との連携による地域商業再生事業への協力などが挙げられている。他方、不十分な点としては、地域活性化への参画は金融機関の本部主導で動きが遅い、金融機関や地域によって地域活性化に対する取り組みに格差がある。そして、地域活性化に関する行政の会議等への参加が積極的でないなどが挙げられている。

　以上を整理すると、評価が分かれている背景には、地域金融機関によって取り組み方に差があること、外部組織の活動への協力はこれまでのところ商業関係等手慣れた分野に限られていることなどがあるように思える。行政が開催する会議等では、より広い視点から発言が求められることも多いが、場合によっては顧客の活動と利害が対立することも起こり得る。基本的に営利組織でありながら、信用力に基盤を置くがゆえに、どちらかと言うと保守的な姿勢を可とする風潮が利用者側から見ればわかりづらいのかも知れない。

・「地域や利用者に対する積極的な情報発信」について

　地域や利用者に対する情報発信の姿勢に関しては、「積極的」・「やや積極的」の回答割合が 2010 年度の 39.3％から 2011 年度は 36.5％に減少している。一方、「消極的」・「やや消極的」の回答割合は 2010 年度の 22.7％から 2011 年度は 23.3％と僅かに増加し、「どちらとも言えない」・「わからない」の回答がともに増加している。また、情報発信の内容に関しても、「積極的」・「やや積極的」の回答割合が 2010 年度の 39.4％から 2011 年度は 36.5％に減少している。一方、「消極的」・「やや消極的」の回答割合は 2010 年度の 14.1％から 2011 年度は 12.9％に減少し、「どちらとも言えない」・「わからない」の回答がともに増加している。前記の項目と同様に、ある程度、肯定的見方はされているものの未だ評価は定まっていないようにも思える。その理由を探るため、自由回答の意見についても概要を紹介しよう。まず、評価できる点としては、取引先の経営改善の実例等を挙げた説明会が開催されている、各地で開催されている報告会では経営者自らがわかりやすく取り組みや方向性、課題などを説明しているなどが挙げられている。他方、不十分な点としては、ホームページへの掲載で済ませるのではなく地元の会合や懇親会等に参加するなどして情報交換に努めてほしい。そして、開示されている内容や用語は一般の顧客には理解しづらく工夫が必要などが挙げられている。

　以上を整理すると、地域金融機関によって取り組み方に差があること、対面による情報発信には好意的であるが、見栄えはよいが形骸化しがちな画面・紙面の提供には親近感がもてないということではないだろうか。

・地域貢献の視点による地域密着型金融の取り組みの課題

　金融庁により、リレーションシップバンキングに関するアクションプログラムが策定された翌 2004 年、中小・地域金融機関向けの総合的な監督指針も策定されている。その中でも、地域貢献と収益力・財務の健全性との関係については懸念が表明されている[43]。例えば、岩佐（2009）では、地域金融機関が地域貢献に真剣に取り組めば取り組むほど地域へのコミッ

トメントコストは収益面で過剰な負担となる可能性が高まることが指摘されている[44]。そのようなジレンマの中、実務では半ば独自部門を形成する様相にある住宅ローン業務分野を、事業再生・中小企業金融分野が主流となっている地域密着型金融の取り組みに組み入れる動きは少なかったように思う。例えば、前記の住宅金融支援機構の調査結果を見ると、今後、重視する商品特性についての質問で「長期優良住宅」・「地域政策連携型」を挙げた回答は少数であった。開発・検討中の商品についての質問でも「リバースモーゲージ」・「マンション建て替えのためのローン」・「自宅を賃貸し、賃料を担保とした住宅ローン」を挙げた回答は少数であった[45]。しかし、このような商品は、地域社会や住宅市場構造等の変化により、今後、地域の面的再生を進める上で重要な役割を担う可能性がある。地域の住宅産業、建設業、不動産業等のビジネスの動向にも密接にかかわりがあるように思える。

　例えば、家森（2007）によると、米国のコミュニティ銀行ではコストは高いが収益も高いリレーションシップバンキングに注力することで大銀行と比べても遜色のない収益性を確保していることが指摘されている[46]。地域の利用者ニーズを敏感に読み取り、金利競争に巻き込まれないような独自性の高い商品開発に取り組むことが地域の面的再生の推進という側面での地域貢献の課題のように考える。

4　既成市街地における防災性向上の課題

　本研究では、金融分野の課題と防災分野の課題の両方について検討する。このような研究を行う場合に注意すべきことは用語の用い方であろう。リスク（risk）という用語は多義的に用いられている実態があり、自然災害を対象とする防災・減災分野では危険（hazard）と特に区別されない場合があることは既に第1章で説明した。しかし、経済学や金融分野で用いられているリスクは、利得・損失を生じる確率（probability）の意味で用いられることが多い。よって、本章でも、主観的確率を含む「利得・損失を生じる確率」

をリスクの定義として用いることにする。

また、第1章で説明したとおり、人のリスクに対する態度は決して単純ではない。そのため、リスク・コミュニケーションについては、情報源の信頼性が効果に強く影響するなど、他の情報に関するコミュニケーションと違った特徴が指摘されている。一方、防災の取り組みの基本は自助であるが、人々が様々な関係を築きながら生活している以上、自然災害リスクやリスク・コミュニケーションの特徴について十分考慮することが必要であろう。このようなことも念頭に、ここでは、防災性向上の取り組みについての基本的な考え方と住宅の性質に着目した防災性向上の取り組みのあり方について整理した上で、既成市街地における防災性向上の取り組みの課題について検討する。

(1) 防災性向上の取り組みについての基本的な考え方
① 行政関与の在り方について

厚生経済学の第1基本定理では、ある条件下においてのみ資源配分が効率的であることが示されており、条件が満たされない状況は通常、市場の失敗と呼ばれている。現実の市場は、経済学モデルの検討時に仮定するような完全競争の状態にないものも少なくなく、いくつかの原因により実際に失敗をもたらすことがある。市場の失敗と市場への行政関与との関係については、1996年、当時の行政改革委員会によって策定された「行政関与の在り方に関する基準」の考え方が参考となろう。この基準では、行政関与の在り方を整理するための基準（判断基準）が明確化されており、その要点は「行政の関与は、市場原理が有効に機能しない市場の失敗がある場合に限り、関与も必要最小限にとどめる」[47]である。

このような認識は、厚生経済学の流れをくむ公共経済学の基本的な考え方と概ね一致する。公共経済学的な考え方では、行政が関与する場合にも、消費者主権の原則によることが望ましい。市場の失敗にかかわる問題、すなわち非市場的な問題に対してもこの原則が望ましい理由は、人間の諸要求の無限性と、これに対するその手段としての資源の有限性にほかならない。資源の

有限性・希少性は、経済主体間に本来的に競争を生じさせる。非市場的な財・サービスも、希少性が認められる限りこのような競争を内在させているので、効率的資源配分を考える限り、個人の選好と有効需要に密接に適合させることが重要となる。さらに、行政が関与する施策・事業等は、すべての段階を行政自らが担当する必要がないことも、この原則が望ましいことを補足するであろう。そのため、自助の視点による防災性向上の取り組みについては、家計と行政、民間組織・団体等との役割分担を経済学的な効率性（efficiency）の観点からも検討することが必要と考えられる。

② 公平性について

多くの既成市街地では、長年にわたって様々な人々が集まり活動し居住している。そのため、既に多様で複雑な利害関係が生じており、そのような中では関係者間で全員一致の合意が得られるような対策を選択することは現実的にはほぼ不可能と思われる。よって、行政など公共部門が政策・施策等について決定する場合は当然のこと、民間組織・団体であっても社会的な選択を行う場合には、何らかの確からしい基準が必要となる。実は、経済学的な効率性も、ひとつの倫理的基礎に基づく公平を求める有力な社会的選択基準である。しかし、経済的厚生が唯一の指標でない限り、現実の問題の解消を図るためには他の視点による公平性も検討する必要があろう。

自助努力を重視する取り組みについてのあり方を考える場合、序章で示したとおり、各個人は公共の福祉に反しない限り自由で自律的存在として扱われるべきであろう。このような考え方を前提とするならば、序章で紹介したSen流の潜在能力（capability）アプローチを社会に拡張することにより公平性を確保することが望ましい。そのため、自助の視点による防災性向上の取り組みについては、社会に提供される潜在能力を拡充する方向で公平性を確保するように検討することが望まれる。

(2) 住宅の性質に即した防災性向上の取り組みのあり方

① 財産としての住宅の特徴と分類

　住宅の性質に即した防災性向上の取り組みのあり方を検討するに当たり、前提として、まず住宅の位置づけについて整理しておこう。建物とその敷地（土地）から構成される私有財産である住宅は、土地については公共の福祉が優先されるとしても、所有権者は原則、これを自由に使用・収益・処分することができる。そのため、住宅は家計にとって重要な財産として位置づけられるが、その形態（戸建住宅・共同住宅、専有部分・一棟）・利用目的（自用・貸家）の違いに応じて、財産としての特徴を指摘することができる（**表3-4-1**）。外観上、同じ形態であったとしても、財産としての位置づけが異なると、家計の行動原理も異なることになる。すなわち、居住用財産である住宅については、通常、家計は消費者としての立場で行動するので、その行動原理は効用最大化である。一方、家計が所有していても、投資用・事業用資産である住宅については、通常、家計は個人企業としての立場で行動することになるので、その行動原理は利潤最大化である。また、同じ居住用財産であっても、すべてが単独所有である場合と、共有部分を含む場合では、原則として使用・収益・処分に関する自由度が異なることになる。

② 住宅の性質と防災性向上に取り組む上での留意点

　所有者としての行動原理が異なったり、使用・収益・処分に関する自由度が異なったりすると、住宅の維持管理や改修についての意思決定の際、重視する要素やその優先順位も異なる可能性がある。このうち、区分所有建物に

表3-4-1　住宅の形態・利用目的に着目した分類と財産（資産）としての特徴

	戸建住宅	共同住宅	
		専有部分 （区分所有建物）	一棟
自　用	居住用	居住用 ※共用部分は共同管理	※一般的な利用形態 ではない
貸　家	事業用 ※暫定利用を含む	投資用・事業用	投資用・事業用

ついては第2章で詳しく取り扱っている。そのため、以下では空き家の活用をも視野に入れて、戸建住宅について財産としての特徴を踏まえて検討を進め、既成市街地において防災性向上に取り組む上での留意点を整理する。

• 戸建住宅（自用）

　通常、家計による居住用財産の購入は、それぞれの予算や諸条件を考慮の上、より効用を高めるために行われる。この点で、郊外の新規開発住宅団地など地域によっては、地域内の家計の所得、職業分野、年齢、世帯構成等が類似し、住生活に対する価値観や住宅に対する選好も概ね一致するケースはありうる。しかし、多くの既成市街地では長年にわたって様々な人々が集まり活動し居住している。そのため、戸建住宅に居住する家計だけを取り上げても、地区単位で所得、職業分野、年齢、世帯構成等は必ずしも近似しているとは限らない。ある地区の家計について、住生活に対する価値観や住宅に対する選好の同質性は前提とはならない可能性もある。他方で、自用の戸建住宅については、形式上はともかく、実態として建物及びその敷地のすべてを1家計（または、親子関係にある複数家計）が所有することが一般的であり、使用・収益・処分に関する自由度は高い。よって、維持管理や改修等に関しても基本的に自由に意思決定できることが前提となり、それぞれの住生活に対する価値観のもとで経済事情、諸条件が考慮されつつ判断されていると考えることが現実的である。

　前記のような背景を所与とすると、維持管理や改修等は、その住宅で居住することが見込まれる期間中の、世帯全員の生活の変化や状況変化を考え合わせた上で、時々に意思決定されることになる。そのため、住宅だけを取り上げて、所有期間中の価値を最大化させるような行動が必ずしも選択されるとは限らないし、住宅の価値最大化を最重視しない行動が非合理的となるわけではない。よって、他者から見ると、合理的とは言い難い維持管理状況や必要な改修等が行われないという状況が起こる可能性は決して小さくないと思われる。そして予想外の大きな状況変化が生じてしまうと、維持管理状況が極端に悪化する可能性もある。

戸建住宅（中古）の取引市場は大都市圏では拡大傾向にあり、比較的新しい中古住宅の需要は安定しているため、売却処分時の市場滞留期間が長引き維持管理状態が極端に悪化する可能性は小さいと思われる。一方、築後、相当の年数が経過しているものについては、古型化等が進行していることから建物部分の価値は相当低下していると推察される。しかし、その解体撤去コストは比較的低いため、所有者が建物部分の解体撤去を受け入れる場合には、売却処分時の市場滞留期間が長引く可能性は小さいと思われる。

- **戸建住宅（貸家）**

　これまでは、戸建住宅が事業用資産（貸家）として積極的に供給される例は多くはなく、所有者の転勤等に伴って暫定的に事業用資産として運用に回されるケースが多かったと考えられる。この場合、必ずしも賃貸市場における需給動向が考慮されて供給されるわけではなく、事業用資産に位置づけられるという意識も低いと推察されるため、自用の戸建住宅と同様の問題が生じる可能性がある。

　仮に、積極的に事業用資産として運用される場合には、前提として賃貸市場における需給動向が考慮されて供給されていることが多いと考えられる。住宅賃貸事業は、追加投資額と収益期間中の収益増加との相互関係が比較的明確であるため、純収益（利潤）を増大させるために適正な追加投資（維持管理、改修等）が行われる可能性が高い。そのため、基本的に市場原理に委ねることで防災性向上が図られる可能性も高いであろう。

　なお、戸建住宅については、賃貸中の状態を所与とする事業用資産としての取引は一般的とは言い難く、売却処分に時間を要する可能性がある。

(3) 既成市街地における防災性向上の取り組みの課題

① 現状の問題点

筆者は、2012年6月～2013年3月にかけて、減災まちづくりの実効性と持続可能性の向上を図ることなどを目的として、行政・地域金融機関・関連

専門職業家・建築事業者等を対象にヒアリング調査等を実施した[48]。その結果を踏まえ、以下では、近畿2府4県内の戸建住宅を念頭に、既成市街地において自助の視点から防災性向上の取り組みを進める上での現状の問題点を大きく5つにわけて整理する。

・所有者の意識にかかわる問題点

　耐震改修を必要とするような住宅に関しては、財産としての価値向上を強く意識して計画的に維持管理、改修等を行っている所有者は決して多いとは言えない。改修等を考えている場合にも、不便さの改善が実感できる水回り関係の優先順位が高いとの指摘がある。今後、相当の確率で発生が予想されている巨大地震への危機感はあまり強いとは感じられず、耐震改修の必要性に対する意識は全般的に低いとの見解が多い。

・住宅所有者の高齢化・意思決定を行う環境にかかわる問題点

　相続等を経ることにより共有関係が進んでおり、異なる世代で共有関係にあると、改修等についての意思決定が円滑に行えないケースも見られるとの指摘がある。高齢者が単独で所有し居住している場合にも、子から改修等に対して否定的な反応を示され、親子間の軋轢を避けるために改修等を断念するケースが見られるとの指摘がある。また、高齢者である所有者の視点では、耐震改修等の担い手に関する利用可能な情報及び情報との接点が少なく、所有者の意思を実現させていくために必要な支援者層との出会いが少ないとの指摘がある。

・改修資金等の調達にかかわる問題点

　実質的な費用負担が大きくなることも多い耐震改修等については資金調達面で断念するケースも多いとの指摘がある。他方、資金を融資する側の立場では、築年数が相当経過した既存住宅に関しては、遵法性等の観点から住宅ローンの対象としにくいケースも少なくないとの指摘がある。無担保リフォームローンは返済期間が比較的短く、適用金利も相対的に高く設

定され、割高感があるため使いづらいのではないかという指摘もある。

・**財産としての価値にかかわる問題点**

　築年数が相当経過した既存住宅では、建物部分の価値が相当低下していると推察される。**図 3-4-1** は、その実態を探るために、一例として、建物面積基準単価（売り希望価格／建物延床面積）と築年数との関係の明確化を試みたものである。対象は、大阪府東大阪市域で、売物件情報として公表されているデータに可能な範囲で品質調整を行い、建物面積基準単価を求めている[49]。図中の破線は、同市域の平均的地価によると建物部分の価値が 0 となる水準を表している。公表データの制約により観察されていない要因も多いが、築後 30 年を経過した住宅は売り希望価格でさえも建物部分の価値が相当低く見られているものが多いことが確認できる。また、築年数が相当経過した住宅に対しては、古型化などの影響により改修等の追加投資を行っても投資額に見合う価値の増分は期待できないとの指摘もある。

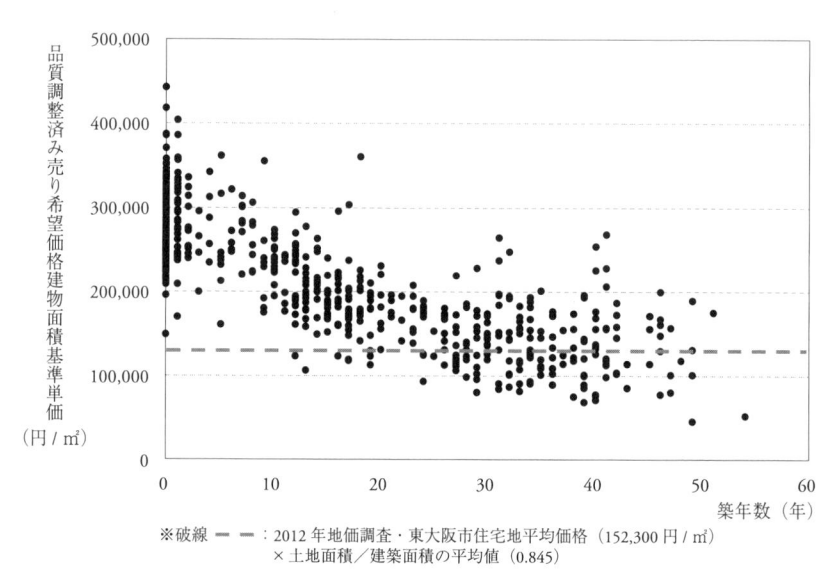

※破線 ━ ━：2012 年地価調査・東大阪市住宅地平均価格（152,300 円 / ㎡）
　　　　　×土地面積／建築面積の平均値（0.845）

図 3-4-1　品質調整済み売り希望価格と築年数（大阪府東大阪市）

- **建築等の技術・担い手にかかわる問題**

　ハウスメーカーによる住宅の増加や耐震性を高めるための工法の変化などにより、木工事の技術者は確保されているものの、在来工法（木造軸組構法）の技術者（いわゆる「大工」）が減少傾向にあると言われている。その結果、既存住宅所有者のニーズを熟知し、きめ細やかな対応をしてくれる改修等工事の受け皿が少ないとの指摘がある。また、耐震補強事例や施工者側の広告等を見ると、耐震シェルターは未だ高額であることが確認できる。

② 課題

前記での整理によると、既成市街地における防災性向上の取り組みを進める上で、当面、重要度が高いと考えられる課題は以下のとおりである。

- **経済事情に見合う耐震補強手段と資金調達手段の拡充等**

　現状では実質的に負担すべき耐震補強等費用の資金調達が難しいことにより、耐震改修補助が利用できない住宅所有者が存在する。このような住宅所有者に対しても、有効な耐震補強手段と資金調達手段の提供が必要である。また、提供方法に当たっては、住宅所有者の自助努力を評価し、それに報いるような仕組みを考慮することが望まれる。

- **所有者の高齢化に対応する円滑な意思決定を行うための環境づくり等**

　高齢者が所有し居住している既存住宅について、本人の意思を確実に実現させていくための手段が限られている。また、そのための有力なツールである民事信託業務に精通し、これをリーズナブルなコスト用で提供できる法律事務の実務家（司法書士等）も少ない。このような実務家に関する情報を円滑に提供するための仕組みも不足している。

- **関係者の相互連携の強化**

　耐震補強工事等を担う工務店等、耐震補強等費用の融資を担う金融機関、

法律事務を担う司法書士等が十分連携できていない。住宅所有者にワンストップでリーズナブルなコストで耐震補強工事等を提供する仕組みも見当たらない。また、これらの関係者と地元行政及び耐震診断・設計を担う建築士関係団体等との情報交換等も十分とは言い難い。

5　地域金融機関への期待

本研究では、地域金融機関については個人向け融資と地域密着型金融の観点から課題を整理した。また、既成市街地における防災性向上に関しては、取り組みについての基本的な考え方と住宅の性質に着目した取り組みのあり方を踏まえて現状の問題点と課題を整理した。ここでは、整理された課題をもとに、地域金融機関に期待される役割を明確化させた上で、筆者なりの市街地の防災性向上に関する提案事項を述べる。

(1) 地域金融機関に期待される役割

不動産流通市場の活性化を検討する場として、2011～2012年にかけて国土交通省により「不動産流通市場活性化フォーラム」が設置された。不動産流通事業関係者だけでなく、金融機関なども交えて不動産流通市場の将来像が話し合われている。フォーラムの提言には、中古住宅購入費とリフォーム費用を一体化したローン商品の開発など不動産流通市場活性化に向けた金融支援なども盛り込まれていることが印象的である[50]。その背景には、中川(2012)で指摘されているように、中古住宅流通の促進のためには質の良い十分な情報のやりとりが行われる環境が必要という考えがある[51]。

本研究では、個人向け融資に関して、金利競争の影響を受けにくいリスク管理面を十分考慮したローン商品開発や新築向け以外に対する審査システムの整備を課題として挙げた。また、地域密着型金融に関しては、金利競争に巻き込まれないような独自性の高い商品開発に取り組むことを地域の面的再生の推進という側面での地域貢献の課題として挙げた。これらの課題の提示は、中古住宅流通の促進という大きな政策課題を意識しただけでなく、実は

前記で提示した既成市街地における防災性向上の取り組みの課題をも意識したものである。なぜなら、岩佐（2009）で指摘されているように、地域金融機関に対しては地域経済の活性化に向けて期待されるところは大きい。資金面のみならず地域経済のネットワーク形成の要としても機能し、この面から地域を支援することも求められているからである[52]。繰り返しになるが、これまで住宅ローン業務分野を地域密着型金融の取り組みに組み入れる動きは少なかったように思う。しかし、既存（中古）住宅を対象とする新たな商品開発は、今後、地域の面的再生を進める上で十分貢献できる可能性がある。それはまた、地域の住宅産業、建設業、不動産業等のビジネス展開にも貢献しうるものである。地域経済のネットワーク形成の要として地元行政の施策との連携強化を図りながら、利用者の特性に即した商品展開によって優位な立場で収益力や財務の健全性の向上につなげていく。これが、現在の地域金融機関に期待されている役割であると考えている。

(2) より一層の防災性向上を目指して ──地域金融機関への提案──
① 提案の主旨

建築当初からの建物情報やその後の維持管理、改修等の履歴情報が保管されている。耐震補強工事を含むリフォームにより相当程度建物部分の価値の回復・向上が期待できるような理想的な優良既存住宅については、現在の仕組みの中で自律的に耐震化が進むであろう。そのような優良既存住宅については、何らかの事情で所有者が使用しなくなった場合にも、他の利用希望者を見つけることは比較的容易であろうから、活用に際しても本来、特別な仕組みは必要ないと思われる。一方、現在の仕組みだけで耐震化が進みにくい例としては、既存住宅での居住継続を希望するものの、耐震補強工事等を実施しても建物部分の価値の回復が期待できないケースがある。また、建て替えを希望するものの、何らかの障害があり建て替えが進まないケースもあろう。これらのケースでは、地域金融機関だけが地元行政の施策に協調して商品開発に取り組んでも限界がある。そのため、地域金融機関には、地元行政や耐震診断等を担う建築士関係団体等と情報交換を密にしてもらう。その上

で、これらの事案に関与することにインセンティブをもちうる工務店や司法書士などの中小企業・事業者のコディネーター役を担ってもらいつつ、新たな商品開発を進めてもらえばよいと考えている。

② 具体的な提案

以下では、現在の既存住宅での居住継続を希望するものの、耐震補強工事等を実施しても建物部分の価値の回復が期待できないケース。建て替えを希望するものの、何らかの障害があり建て替えが進まないケースについて、対応例及びその応用例についてアイデアの概要を示す。

- **耐震補強工事等で建物部分の価値の回復が期待できないケース（居住継続希望）**

このケースでは、リフォームの請負にインセンティブをもちうる工務店と連携が基本となる。耐震改修補助金の申請書類や工事時に作成された建物図面を改修履歴情報と位置づけ、その活用により改修工事費用や貸出金利等を優遇して所有者の意思決定を促すことが考えられる。工務店は、住宅所有者から改修履歴情報を預かることで継続的にリフォームを請け負うことを期待して将来の諸経費低下を勘案して工事費用面で合理的に配慮を行う。地域金融機関は、行政が制度化した耐震改修補助を適正に受けることができる改修工事であることを改修履歴情報によって確認する。そして、耐震性向上により安定した返済の確率が少しでも高まることに着目して融資面で合理的に配慮するという考え方である。

ただし、仮にこのような方法が実現できたとしても、対象とすることが可能な既存住宅は限られており、所有者が享受可能な利益も大きくはない。そのため、防災性向上を進める上で魅力があるアイデアとは言い難い。

- **建て替えを希望するものの障害があり建て替えが進まないケース**

このケースで、インセンティブをもち得る民間部門は、主に建て替えの請負を期待する工務店、法律事務サービスの需要を期待する司法書士等の法律分野の専門職業家である。要点は、所有者の建て替えの意思を確実に

実現させていくための条件整備、建て替えに至るまでの限られた期間の居住者（所有者）の安全確保とそのための費用負担の削減である。そのため、次のような方法により所有者の意思決定を促し、耐震化を進めることを考えた。

所有者の建て替えの意思を確実に実現させていくための条件整備は、民事信託契約等に精通した司法書士等の法律事務サービスの提供により進める。建て替えの請負を期待する工務店は、一種の販売促進ツールとして再利用可能な汎用性の高い耐震シェルターの開発に取り組む。地域金融機関は法律事務サービスを提供する司法書士等との連携を図り、工務店と提携して再利用可能な設置型耐震シェルターのリース・プログラムや使用済み耐震シェルターの買い取りプログラム等の開発に取り組む。また、地域金融機関は地元行政と情報交換を密にして、リース方式の場合の耐震シェルター設置工事費用に対する補助金制度適用の検討を促す。このような取り組み全般にわたる情報提供システムに関しては、地域金融機関が、耐震診断等で地元行政と協力関係にある建築士関係団体等に対して積極的に情報提供する。これにより、それぞれの立場を損ねることなく構築を図ることが可能である（**図 3-5-1** 参照）。

なお、再利用可能な汎用性の高い設置型耐震シェルターの開発に関しては、地域金融機関のビジネスマッチング支援や新事業支援の取り組みと連

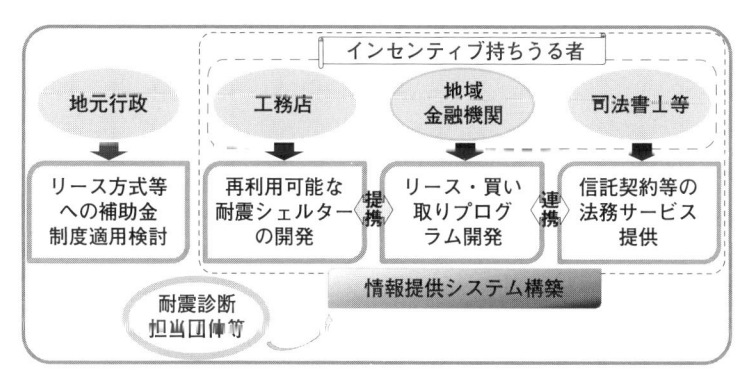

図 3-5-1　建て替えを希望するものの障害があり
　　　　　　建て替えが進まないケースでの取り組みイメージ

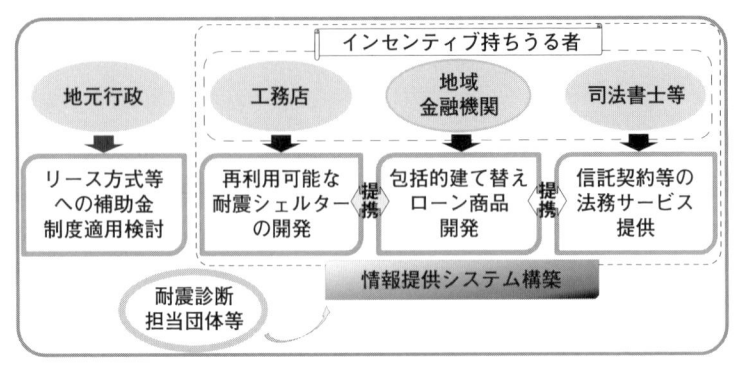

図 3-5-2　建て替えを希望し建て替え準備を進められるケースでの
　　　　　取り組みイメージ

動させることも考えられる。

・建て替えを希望し建て替え準備を進められるケース（前記の応用）

　このケースで、インセンティブをもち得る民間部門は、前記と同じであり、ポイントも基本的に同様である。異なる点は、地域金融機関は、耐震シェルターのリースまたは耐震シェルターの買い取りとその後の建て替え費用を一体的に捉える包括的なローン商品の開発に取り組む部分にある。そのため、法律事務サービスを提供する司法書士等とは、より緊密な関係をもつことが望まれる（**図 3-5-2** 参照）。

6　おわりに

　本研究では、多様で複雑な利害関係が生じている既成市街地を念頭に、地域密着型金融の取り組み強化が求められている地域金融機関に注目した。そして、自助の視点による防災性向上の取り組みを一層進めるために、地域金融機関に期待される役割について論じた。このようなテーマで研究に取り組んだ背景には、これまで行政による防災・減災分野の取り組みにおいては地域経済とのかかわりがあまり意識されていなかったことがある。また、地域金融機関側でも、地域における防災・減災の取り組みについてはあまり意識

されていなかったと認識している。しかし、今まで以上のスピードで補助事業を中心として住宅の耐震化を進めていくためには相当の財政負担が必要になろう。他方、真摯に地域経済の活性化に取り組んでいても、活動エリアの住民が避け難い自然災害への備えに憂いがあるようでは安定した発展は望みにくいであろう。第三者の視点では、両者の取り組みにいくつもの接点を見出すことができるので、このような研究に取り組んだ次第である。

なお、本研究で示された再利用可能な汎用性の高い設置型耐震シェルターのアイデアは、もし実現されるならば、今や方々で点在するようになった空き家を建て替え時の仮住まいとして活用することを可能にするかもしれない。さらに、民事信託と連動させることで可能性が広がるかもしれない[53]。例えば、空き家の連鎖的な交換等により空き家・空き地の集約を図る。土地集約による増分価値をプールして活動原資とする、無理のない減築と長期優良住宅等への更新を両立させるための仕組みを模索することができるかも知れない。仮に、設置型耐震シェルターの設置は建築行為に該当しないとすれば、耐震シェルターの開発には建築以外の他分野の知見やノウハウが活かされる余地もあろう。Jacobs流のimprovisationに期待を寄せる者のひとりとしては、地域金融機関にこのような夢を実現させるための支援をも期待したい。

注

（1）　国土交通省告示第184号。
（2）　国は、地方公共団体に対して必要な助言、補助・交付金、税の優遇措置等の制度に係る情報提供等を行うこととされている。
（3）　改正後の耐震改修促進法第32条の規定により指定された耐震改修支援センターは、認定建築物である特定建築物の耐震改修に必要な資金の貸付に係る債務保証業務等を行うこととされている。
（4）　国土交通省住宅局建築指導課（2014）「地方公共団体における耐震改修促進計画の策定予定及び耐震改修等に対する補助制度の整備状況について」による。
（5）　例えば、国土交通省住宅局監修、一般財団法人日本建築防災協会編集による「誰でもできるわが家の耐震診断」参照。

（6） 上部構造評点は、建築物の構造強度を示す指標のひとつである。評点1.5 以上は「倒壊しない」、評点 1.0 以上～1.5 未満は「一応倒壊しない」、評点 0.7 以上～1.0 未満は「倒壊する可能性がある」、評点 0.7 未満は「倒壊する可能性が高い」とされている。
（7） 各地方公共団体の耐震改修等補助制度のウェブページ等を参考に作成。
（8） 総務省「平成 20 年住宅・土地統計調査」、国土交通省「耐震化の進捗について」等により作成。
（9） 国土審議会 土地政策分科会 企画部会 第 5 回中長期ビジョン策定検討小委員会（2009 年 6 月）配布資料 資料 3「空き地・空き家等外部不経済対策について」参照。
（10） 総務省統計局「平成 20 年住宅・土地統計調査結果」「平成 25 年住宅・土地統計調査結果」により作成。
（11） 著しく保安上危険となるまたは著しく衛生上有害となるおそれのある状態、不適切な管理により著しく景観を損なっている状態、周辺の生活環境の保全を図るために放置することが不適切である状態にある空き家等を指す。詳細は、同法第 2 条第 2 項参照。
（12） 2014 年 10 月時点で、全国 401 の地方自治体が空き家条例を制定している。
（13） 神戸市では 2014 年度、空き家ストックを活用した「中古住宅市場活性化」プロジェクトチームが設置され、中古住宅市場活性の取り組みの中で将来、空き家となる可能性があるものも含めて活用推進策が検討されている。
（14） 一般社団法人移住・住みかえ支援機構は、マイホーム借上げ制度により 50 歳以上の所有者を対象とする良質な住宅ストックの循環を図っている。地方公共団体や地域のまちづくり団体・住民団体等においても、空き家に関する情報バンクや空き家等を活用した住み替え・定住等への支援などに取り組む事例が増えつつある。
（15） 国土交通省ウェブページ参照。
（16） 一般社団法人住宅履歴情報蓄積・活用推進協議会のウェブページ等参照。
（17） 前掲のウェブページ参照。
（18） 金融庁（2003）「リレーションシップバンキングの機能強化に関するアクションプログラム」参照。
（19） 「金融機関が、長期的な取引関係により得られた情報を活用し、対面交渉を含む質の高いコミュニケーションを通じて融資先企業の経営状況等を

的確に把握し、これにより中小企業等への金融仲介機能を強化するとともに、金融機関自身の収益向上を図ること」である。
(20) 近畿財務局ウェブページ「管内金融機関一覧」（2015年9月30日時点）による。
(21) 原則として、各地域金融機関のディスクロージャー誌に掲載されている国内業務部門のデータを採用した。ただし、国内業務・国際業務の区別がされていない場合は掲載されたデータを、ディスクロージャー誌に対象データの掲載がなく有価証券報告書によった場合は国内業務部門のデータを採用した。
(22) 原則として、各地域金融機関のディスクロージャー誌に掲載されている国内業務部門のデータを採用した。
(23) 2007年3月期〜2012年3月期の継続データが得られる地方銀行7行、第二地方銀行2行、信用金庫5金庫の14の地域金融機関を対象としている。
(24) 通常、金融実務では「信用リスク」は借り手側の状況変化により貸出金回収や利息徴求が不能となるリスク（risk）の意味で用いられている。
(25) 金融庁（2008）「平成19年度における地域密着型金融の取組み状況について」参照。
(26) 金融庁（2009）「平成20年度における地域密着型金融の取組み状況について」、同（2010）「平成21年度における地域密着型金融の取組み状況について」参照。
(27) 滋賀銀行による取り組みで、2008年9月末現在で累計2,685件・582億円。詳細は、金融庁（2009）「地域密着型金融に関する取り組み事例集——平成20年度顕彰事例を中心に——」参照。
(28) 京都市の外郭団体である公益財団法人京都市景観・まちづくりセンターが整備を進める「京町家カルテ」を活用する京都信用金庫による京町家専用住宅ローン「のこそう京町家」。2012年度からは、賃貸用京町家専用ローン「活かそう京町家」の取り扱いも開始している。
(29) 例えば、大垣・村本・池田・武田・西嶋・宮沢（2010）、69ページ参照。
(30) 新設住宅にかかるデータは国土交通省「建築着工統計調査報告」、中古住宅にかかるデータは近畿圏不動産流通機構「Real Time Eyes」、住宅ローン等残高については前掲による。
(31) 2012年度の調査対象は、国内銀行、信用金庫等、信用組合等、労働金庫、農業協同組合等1,437機関。

(32) サンプル数は、2011年度1,086、2012年度1,087で異なるが、差は微少で比較は可能と思われる。詳細は、国土交通省（2013）「平成24年度民間住宅ローンの実態に関する調査結果報告書」、12ページ参照。

(33) 「新規貸出金利の調整を行うことによりリスクヘッジする」と回答した機関は、2011年度は26.4％、2012年度は23.7％。「融資限度額を設定してリスクヘッジする」と回答した機関は、2011年度は20.0％、2012年度は18.4％。詳細は、前掲資料、12ページ参照。

(34) 2012年度の調査対象は、都市銀行・信託銀行、地方銀行、第二地方銀行、信用金庫、信用組合、労働金庫等合計308機関。詳細は、住宅金融支援機構（2013）「平成24年度　民間住宅ローンの貸出動向調査結果」、1ページ参照。

(35) サンプル数は、2010年度は地方銀行56・信用金庫163、2011年度は地方銀行53・信用金庫163、2012年度は地方銀行58・信用金庫164で異なるが、差は微少または小さく比較は可能と思われる。詳細は、住宅金融支援機構（2010）「平成22年度民間住宅ローンの貸出動向調査結果」、18ページほか、各年度の調査結果参照。

(36) サンプル数は、2010年度308、2011年度301、2012年度305で異なるが、差は小さく比較は可能と思われる。詳細は、前掲の住宅金融支援機構（2013）、24ページ参照。

(37) 詳細は、前掲資料、10ページ参照。

(38) 本田・三森（2012）、82ページ参照。

(39) 詳細は、前掲の住宅金融支援機構（2013）、14ページ及び17ページ参照。

(40) 本田・三森、前掲書、69-92ページ参照。

(41) 金融庁（2012）「地域金融機関の地域密着型金融の取組み等に対する利用者等の評価に関するアンケート調査結果等の概要」参照。

(42) 「積極的」・「やや積極的」の回答割合は2010年度の47.9％から2011年度は48.7％と僅かに増加。「消極的」・「やや消極的」の回答割合は2010年度の18.1％から2011年度は16.6％と減少。

(43) 金融庁（2006）「中小・地域金融機関向けの総合的な監督指針」、55ページ、Ⅱ-4（地域貢献）参照。

(44) 岩佐（2009）、23ページ参照。

(45) 前掲の住宅金融支援機構（2013）、17ページ及び23ページ参照。

(46)　家森（2007）、50-51 ページ参照。
(47)　「行政関与の可否に関する基準」。関与が可能なケースとして、①公共財的性格をもつ財・サービスの供給、②外部性、③市場の不完全性、④独占力、⑤自然（地域）独占、⑥公平の確保、が挙げられている。その枠組みは、Musgrave 流の公共経済理論に沿ったものと考えられる。
(48)　平成 24 年度東大阪市地域研究助成金の助成を受けて実施した（研究名「減災まちづくりにおける経済学的思考の活用に関する研究」）。ヒアリング対象は、京都市・東大阪市・奈良市の耐震改修等補助事業所管部門、京都府・大阪府・奈良県に本店を置く地域金融機関の地域密着型金融関係部門、民事信託に精通した司法書士、行政の耐震診断補助事業に関与する 1 級建築士、長期優良住宅を施工する工務店、住宅履歴情報サービス機関等である。また、行政職員・地域金融機関職員・関係専門職業家・商工団体関係者をメンバーとする勉強会を計 6 回開催して住宅の耐震化促進を中心に意見交換を行っている。
(49)　ヘドニック分析により、建物面積基準単価（円/㎡）を被説明変数に、土地面積（㎡）/建物面積（㎡）、大阪・梅田所要距離（分）、近鉄大阪線・けいはんな線ダミー、最寄駅徒歩距離（分）、築年数（年）、新築ダミー、2000 年以前建築ダミーを説明変数に採用して住宅価格関数を推定した。採用したサンプル数は 645（2013 年 1 月 29 日時点）、自由度修正済み決定係数は 0.776、すべての説明変数の p 値は 0.01 未満となった。これをもとに、築年数・建築時期以外の要因をサンプル平均値に品質調整することにより品質調整済み建物面積基準単価（円/㎡）を推計している。
(50)　不動産流通市場活性化フォーラム（2012）「不動産流通市場活性化フォーラム I（提言）参照。
(51)　中川（2012）、36 ページ参照。
(52)　岩佐（2009）、31-32 ページ参照。
(53)　信託の可能性に関しては、例えば、新井・神田・木南（2011）、石田（2002）を参照されたい。

第4章　中小製造業における認識と土地利用上の課題
―― 近畿ものづくり都市の事例 ――

1　はじめに

　少子・高齢化の進展を背景とした地方都市でのコンパクトシティ推進の流れは、ものづくりの分野においても集積がもたらすメリットとデメリットの調整問題について再考を促しているように思える。人だけでなくものづくりの現場も減少傾向にある中で、一般論としては消費の担い手、かつ、労働の供給者である人と企業を地理的に集めれば情報も集約しやすく密な交流が起こりやすいであろう。そのような中で、企業が有機的に連携できれば創造的な経済活動が行われやすい。そのような都市に人は魅力を感じてますます集積が進み、その過程で多様化も進むとより創造的になりやすい環境が整う。このような仮想のストーリーは集積による経済を説明する一例にはなるが、集積がもたらす外部性を包括するものではなく不十分であろう。これまでも、ものづくりの場と居住の場との地理的混在は、工業系土地利用が先行する中での工場跡地でのマンション建設などの際にしばしば対立を引き起こしている。拙速に力技で集中・多様化を進めようとすると、外部不経済の調整・内部化が困難さを増すことになりかねない。そのような懸念を背景に、ものづくり重視の都市政策を掲げる都市では、産業振興関連施策、都市計画関連施策の両面でものづくりの場と居住の場の調整問題に本格的に取り組み始めている。ただし、主な手段は土地利用の規制・誘導である。

　ところで、ある機能、形、デザインのものに対する需要者の選好は永遠ではなく、時間の経過とともにある企業、そしてある産業の位置づけも変化する。そのため、どれだけの土地を、どのようなものづくりの場として区分し

誘導すれば最適な土地資源の配分が行われることになるのかを予見することは本質的に難しい。他方、実際の土地利用の変化は、何らかの強制が行われない限り、企業、家計それぞれの立場において合理的な行動原理に基づく移転、移住や不可逆性のある建物等への投資によって生じる。そのため、仮にものづくりのための適切な土地利用区分を見いだせたとしても、移転、移住に際してのコストが大きすぎたり建物等への投資を躊躇したりする要因があると、最適な土地資源の配分は達成されないことになる。つまり、ものづくりの場と居住の場の調整を実効性のあるものにするためには、土地利用の規制・誘導だけでなく、土地利用の適正化や土地・建物等の流通を円滑化させるための仕組みの整備も進める必要があると考える。

　本研究では、このような問題意識に立脚し、事業所数ベースでわが国製造業の大半を占める中小製造業を取り上げ、土地利用に関する事業者の認識を探りつつ土地利用上の課題の明確化を試みる。目的は、人の認知にかかわる諸問題を踏まえた上での、土地利用の適正化や土地・建物等の流通の円滑化を促す機能・仕組みを検討するための情報提供であり、このような領域における研究の活性化である。その先には、人と企業の適切な集積と意味ある多様化を通じて都市の基盤強化と創造性、持続性を高めることがある。具体的な手順としては、まず、中小製造業の集積地や住工混在地域を取り上げた先行研究のサーベイなどにより今日の課題を再認識し、次に近畿を中心に製造業の状況を概観する。これらを念頭に、近畿有数のものづくり都市である京都市・東大阪市・尼崎市の中小製造業を対象に実施したアンケート調査の結果の分析により土地利用に対する経営者等の認識をもとに課題を整理する。その上で、中小製造業の事業の円滑化を図る観点から土地利用上の諸問題について有効な支援をなしうる機能・仕組みについて展望する。

2　中小製造業の集積地や住工混在地域における問題点

　わが国のものづくりを支えているのは、ある意味では裾野の広い中小製造業の存在である。そのため、中小製造業の事業環境や立地・集積に関しては、

産業構造論、中小企業論や地域経済論などの分野において数多くの研究が行われてきている。さらに、中小製造業の立地・集積にかかわる諸問題を都市の空間構造の視点から捉える場合には、地域計画論、都市計画論などの分野においても盛んに研究が行われている。ここでは、本研究の位置づけを明確化するための前提として、まず中小製造業の概念や特徴と都市計画における住工混在地域の取り扱いなどについて整理する。次に、産業集積地での業種立地、地域問題などに関して論じた研究や住工混在問題を用途地域制の補完機能との関係で論じた研究を中心に概観し、中小製造業の集積地や住工混在地域における今日的な課題を再認識する。その上で、本研究での着眼点と取り組むべき課題の明確化を図る。

(1) 中小製造業の特徴等
① 中小企業及び中小製造業の概念

本研究で取り扱う中小製造業の概念は、より正確に言うと「中小企業により営まれる製造業」である。わが国における一般的な中小企業の定義としては、中小企業基本法第2条の規定によるものがあるが、これは量的基準によるものである。しかし、量的基準・規定のみによって中小企業を形式的に認識してしまうと、本研究における論点を見誤る可能性があろう。瀧澤（1996）によると、わが国の中小企業研究の分野では、量的基準は手がかりとして便宜的に設定されたものと研究の結論として導き出された質的規定に基づいて設定されたものに大別される。しかし、重要であるのは量的規定の背後にある質的規定であると言及されている[1]。中小企業の本質を理解しようとする場合、重要であるのは中小企業を大企業と区別して認識することの必要性であろう。しかし、大企業と区別して中小企業を認識し、研究を行い、政策を考える意義は、国、時期によって異なるものであると指摘されている[2]。その点で、高田（2011）でも、中小企業の概念は大規模企業との相対関係において捉えられるもので絶対的なものではないとの指摘がある。中小企業は、企業活動の地域性、企業の独立性、所有と経営の未分離、市場を支配していないことなどの質的基準によって推し測られるが、これは必ずしも便宜的で

ない。そのため、質的基準・規定を内包した量的基準・規定が必要になり、従業員数、資本金額、売上高、市場占有率などが採用されることになり、産業により上限も異なることになるとされている[3]。本研究では、量的基準・規定の背後にある質的基準・規定の存在とその重要性を認識しつつ、以後は便宜上、中小企業基本法第2条第1項の規定と工業統計調査における調査区分を勘案して次の定義によることとする。すなわち、本研究における中小製造業の定義は、資本金等の額が3億円未満の企業並びに従業者数が300人未満の会社及び個人とする。

② 中小企業の位置づけと特徴

中小企業基本法第3条第1項では基本理念が示されている。その中で、中小企業は、多様な事業分野で特色ある事業活動を行い、多様な就業機会を提供し、個人が能力を発揮しつつ事業を行う機会を提供することによりわが国の経済の基盤を形成していると位置づけられている。特に、多数の中小企業者が、創意工夫を生かして事業活動を行うことを通じて、新たな産業創出、就業機会の増大、市場競争の促進、地域経済の活性化が促進されるとする。一方で、独立した中小企業者の自主的努力を基本としつつ、経営革新と創業が促進され、経営基盤が強化され、経済的社会的環境の変化への適応が円滑化されることにより成長発展が図られるべきだとする。つまり、改正前の中小企業基本法のように必ずしも中小企業を弱者として取り扱うわけではないが、その機能と特質により大企業とは異なる政策対象にはなるという基本認識が示されている。

このような認識と類似する考え方は、中小企業向け融資を行う金融機関を対象とする金融検査マニュアルにおいても示されている。資金の借り手としての中小・零細企業等の特徴・特性については次のように指摘されている[4]。

- 企業とその代表者等との間の業務、経理、資産所有等の関係は、大企業のように明確に区分・分離がなされておらず、実質一体となっている場合が多い。

第 4 章　中小製造業における認識と土地利用上の課題

- 企業の技術力、販売力、経営者の資質やこれらを踏まえた成長性は、企業の成長発展性を勘案する上で重要な要素である。中小・零細企業等にも、技術力等に十分な潜在能力、競争力を有している先が多いと考えられる。
- 企業の規模、人員等を勘案すると、大企業の場合と同様な大部で精緻な経営改善計画等を策定できない場合がある。
- 景気の影響を受けやすいため一時的な収益悪化により赤字に陥りやすく、自己資本が小さいため一時的な要因により債務超過に陥りやすい面がある。リストラの余地等も小さく黒字化や債務超過解消までに時間がかかることが多い。

また、中小・零細企業等の企業・事業の再生に関連して、抜本的な企業・事業再生の手法についての選択肢が狭いことが指摘されている。そのため、中小・地域金融機関における地域密着型金融の取り組みの重要性も併せて指摘されている。このような、現実の経済における中小・零細企業等像を資金循環の面から捉えた特徴・特性は、より具体的である。市場機構を基礎に置きつつ、中小製造業における土地利用上の課題についての支援機能のあり方を考える上では前提とすべきものであろう。よって、以後は、このような特徴・特性を念頭に検討を進めることにする。

(2) 都市計画における住工混在地域の取り扱い
① わが国の都市計画制度と用途地域制

わが国の最初の都市計画法制は 1888 年に公布された東京市区改正条例で、1919 年には旧都市計画法が公布されて 6 大都市に適用された。また、1919 年には市街地建築物法も公布されている。旧都市計画法において用途地域制が導入されているが、具体的な地域は市街地建築物法で定められた。当時の用途地域は、住居地域、商業地域、工業地域及び未指定地の 4 区分であった。住居地域、商業地域では一定規模以上の工場の立地が禁止され、これらの工場は工業地域のみで立地できるという規制内容であった[5]。そして、現在の

125

都市計画法は、全国で進む都市化・郊外化を背景として1968年に制定されている。これにより、用途地域は第一種住居専用地域、第二種住居専用地域、住居地域、近隣商業地域、商業地域、準工業地域、工業地域、工業専用地域の8種類に細分化された。また、特別用途地区やその他の地域地区の規定により、地域の特性に応じた土地利用計画を実施しうる制度に改善された。しかし、大西（2011）では、用途の限定性は緩く各用途地域で用途の混在が生じる可能性があること。もともと用途限定の乏しい準工業地域が広く指定されていることにより、良好な市街地を維持・形成する手段として十分とは言えないとの指摘がある[6]。その後、1992年の法改正で用途地域は12種類に増やされているが、その内容は住居系が3種類から7種類[7]に細分化されたことに伴うものである。

② 用途地域指定の基本的な考え方

用途地域を含む地域地区の指定は、長期にわたって固定されなければならないものではない。都市計画区域については、概ね5年ごとに都市計画に関する基礎調査が行われる（都市計画法第6条）。その結果、都市計画を変更する必要が明らかになれば、都道府県または市町村は遅滞なく都市計画を変更しなければならない（同法第21条）。以下では、大阪府を例に取り上げ、用途地域の指定及び見直しについての基本的な考え方を整理する[8]。

用途地域の指定に当たっては、都市づくりにかかる政策課題の解決への貢献という視点をもち、積極的な活用を図るよう努めるとされている。その際に考慮される事項は、地区の現状と動向、具体的な事業計画の有無、都市施設の整備状況、都市づくりに対する住民の意向などである。用途地域選定の考え方としては、住宅と業務施設等が複合的に立地する地域の場合は、居住環境の保全と活力ある都市的機能の導入を図ることを目的に第一種住居地域、第二種住居地域、準住居地域が基本とされる。同様に商業及び工業を中心とする地域には、近隣商業地域及び準工業地域が基本とされる。工業地の場合は、生産活動及び周辺住宅地へ及ぼす公害の影響を勘案して工業地域及び工業専用地域が基本とされ、特に内陸部の場合は工場と住宅との混在を防止す

るため工業専用地域を積極的に定めるとされている。

　一方、指定見直しの基本的な考え方としては、土地利用の動向、公共施設の整備状況等の把握に努めるとともに、都市計画上の課題に対応するなど再検討が必要となった場合は随時かつ適切な時期に見直しを行うとされている。さらに、第一種住居地域、近隣商業地域、準工業地域などの混合系用途地域については、土地利用転換の状況を考慮し必要に応じて専用系用途地域（住居専用地域、商業地域、工業専用地域）への見直しを進めるとされている。

③　その他の地域地区及び地区計画等の指定の考え方

　前記同様に大阪府を例にとると、混合系用途地域を指定する場合には望ましい土地利用への誘導や地域環境の維持・保全を図るため、必要に応じて特別用途地区や地区計画等を活用するとされている。特に、住工混在地域では、工場の操業環境の確保と住環境の確保が重要との認識により、特別用途地区や地区計画等の活用の促進により共存を図るとされている[9]。このように、住工混在地域における諸問題に対しては、補完機能である特別用途地区や地区計画を活用する考え方が明確化されている。

(3) 中小製造業の集積地や住工混在地域の問題に関する論点

①　対象とする関連先行研究について

　中小製造業を含む中小企業については、企業活動の地域性、所有と経営の未分離、そして従業者数を含む企業規模が小さいことによる特徴、特性が指摘されている。そのため、経営革新と創業の促進、経営基盤の強化、経済的社会的環境の変化への適応の円滑化などの面で政府部門における政策の対象とされることになる。他方、中小製造業は数が多く事業所の規模も小さいため、ものづくり都市では都市計画により緩やかとはいえ土地利用の分離・誘導も図られてきた結果、特定の地域に産業集積が認められるようになっている。このような状況下では、特に基礎自治体の産業振興施策は、中小製造業の集積地の実態を意識したものにならざるを得ない。

　一方、住工混在地域における諸問題に対しては、補完機能である特別用途

地区や地区計画を活用する考え方が普及しつつある[10]。特別用途地区は、用途地域を補完する地域地区で、地区の特性にふさわしい土地利用の増進、環境の保護など特別の目的の実現を図るために指定される。2008年の法改正により、地方公共団体の創意工夫で種類を自由に定められるようになり、条例を定めることで用途地域による全国一律的な用途制限を修正することができるようになっている[11]・[12]。また、地区計画制度は、秩序ある開発や建築等が行われるように規制・誘導することにより区域の特性に見合う良好な環境の街区の整備と保全を図ること意図して1980年に創設されたものである[13]。内海（2014）でも指摘されているように、市町村が地区計画を定める際には、都市計画法と建築基準法により、住民の意向を反映する手続と建築制限を行うための規則を市町村の条例に委ねる仕組みとなっている[14]。わが国の都市計画の枠組みの中では比較的新しい制度と言えよう。

　わが国の中小製造業の事業環境や立地・集積、あるいはこれに密接にかかわる住工混在問題に関しては、既に多くの学術分野において研究が重ねられている。しかし、ここでの目的は、中小製造業の集積地や住工混在地域における今日的な問題点を抽出することにある。前記によると、都市部の産業集積地では住工混在による諸問題が生じる可能性が高いことが推察される。そのため、サーベイの対象とする関連先行研究分野を基本的に2つに絞ることにした。第1は産業振興の観点から産業集積地での業種立地や地域問題等を論じた研究であり、第2は特別用途地区や地区計画などの用途地域制の補完機能による土地利用の規制・誘導の可能性や課題等を論じた研究である。以下には、その概要を示す。

② 産業振興面に主眼を置く関連先行研究

　まず、阿部（1996）は、経済環境の変化に伴い国土・地域計画の流れが拠点都市整備に移っていることを背景に、地方中枢・中核都市の産業集積構造の分析を踏まえ都市成長の観点で課題が検討された研究である。対象となる都市成長要因は産業特化構造に絞られ、当時の成長産業を念頭にレートシェア分析の結果と従業者数成長率を用いた回帰分析により地方中枢・中核都市

の成長の鍵となる業種が抽出されている。その結果、第2次産業では高度加工組立型工業が抽出されたほか、卸売業、先端サービス業との複合的な特化が対象都市の成長に影響していることが指摘されている[15]。

次に、鎌倉（2005）は、大都市圏における産業集積地の再生を図る上では中小企業振興とその活性化は不可欠との認識のもと、中小企業ネットワークを軸とする産業振興を念頭に地域産業政策のあり方が検討された研究である。対象として東部大阪地域が取り上げられ、個々の強みである固有技術の深化と応用によりニッチ市場の開拓に成功する中小企業の存在とともに体力の劣る小規模企業のグループ化・ネットワーク化の取り組みが注目されている。地域経済の再生は個々の企業経営者の努力が不可欠としつつも、地域側での支援システムとして信頼と協調に基づく強固で持続的な重層的産業コミュニティ形成の重要性が指摘されている。これらが可能となる条件・課題として、産業振興と街づくり・環境政策との連係、文明型産業から分化型産業への転換、知的情報の集積、地域内の資金循環が挙げられている[16]。

一方、中村（2005）は、地域経済の活性化は地域の自主的な取り組みが重要であるとの認識のもと、望ましい自主的な取り組みについて検討された研究である。産業クラスターや産業集積の人為的創出に疑念が投げかけられ、地域資源の再評価やそれらを活かした地域ごとの取り組みの重要性が指摘されている。この場合の地域経済の衰退を食い止めるための機能としての地域力は、地域コミュニティ形成を基盤とするものである。これを第1段階とした場合に、第2段階として相互信頼の醸成、第3段階として相互の情報交流、第4段階として共同事業等への発展が見られることも指摘されている。地域経済の活性化の議論においては、ビジネスモデル創出レベルでの共同受注・共同開発を目指す企業間連携やネットワーク構築を指摘するものが多く、地域力の視点が欠落しているとの指摘がある。今後は地域コミュニティの創出の正否が新たな地域格差の指標になる可能性があることも指摘されている[17]。

また、産業集積を動的に捉え、産業集積による外部経済・効果のひとつに挙げられているイノベーションと集積の形態との関係を考察した研究として

は木村（2015）がある。この研究は、進化経済学的な考え方に立脚し、中小企業のイノベーション活動を阻害する要因について企業間の認知的近接性の視点から考察されている。岡山県倉敷市児島のアパレル産地が取り上げられ、産地として成長してきた背景には新規参入した企業間の認知的近接性により新しい知識が生まれてスピルオーバーしていく過程があるとされる。一方、長期的には知識のスピルオーバーは同質化を進め、生産の効率化を追求して系列化が進展すると系列内での認知的近接性が増大する。そのような状況で環境変化が起こると、環境適応に必要な異質性が乏しいために知識外部性が機能せず、中小企業はイノベーションの足掛かりを得られない。その結果、産業集積は縮小していくとの指摘がある。そのため、産業集積の持続可能なものにするための方策の鍵として、新興メーカーの参入や商工会議所や商店街など認知的近接性の小さい経済主体との連携が挙げられている[18]。

③ 土地利用の規制・誘導に主眼を置く関連先行研究

まず、庄谷（1977）は、産業振興と都市機能を高めるためには住工混在地域の諸問題に対処することが重要との認識のもとに、地区計画制度創設前に住民参加を念頭に置く地域計画の可能性について検討された研究である。大阪府八尾市における準工業地域での住宅と工業の対立が考察され、住工混在地域における環境整備は公害対策・生活施設対策・住宅対策・工場対策などを結合させた総合対策であるべきとの指摘がある。総合対策の方向性に関しては、中小製造業者は住民や小売業者と比べて組織化のメリットは少ないと認識されつつも工業まちづくり運動が注目されている。検討の結果、このような取り組みにより住工混在地域の再開発と産業振興を図る上では、情報公開、共同利用施設の充実、労働環境の改善、中小製造業者や労働者の地域計画への自発的参加の重要性が指摘されている[19]。

次に、和田（1995）は、住工混在問題は複合的なものであるにもかかわらず、適用されてきた手法は断片的に対処にとどまっているとの認識のもと、土地利用計画に基づいた総合的な施策のあり方が検討された研究である。具体的には、大都市政策における住工混在地域対策の中でも工場の集約化に関

する対策が注目され、土地利用変化のプロセスを踏まえて地区計画制度の利点と問題点を整理の上、総合的な施策のあり方が展望されている。検討対象は東京都の対策で、地区計画についても東京都板橋区の事例が取り上げられている。地区計画に対する評価は、環境悪化防止に有効な手段と認識されているが、あくまで規制的制度であり再開発のためには集約化事業などを併用する必要があることが指摘されている。また、公共事業の硬直性等にも触れ、民間活力の積極的導入の必要性も指摘され、例として工場用地の情報提供が挙げられている。この場合の総合的な住工混在型地域対策とは、都市計画と一体となった産業政策、住宅政策を指す。何らかのインセンティブを設けて土地利用を誘導するような仕組みを考えることが求められているとの指摘があるが、具体的なアイデアは示されていない[20]。

　徳増・瀧口・村橋（2005）は、産業集積地域の課題を明確に捉えるためには土地利用と産業（工業）の両面から実態を把握する必要があるとの認識のもと、抽出された課題をもとに活性化方策が検討された研究である。対象地域は、大阪府東大阪地域で、工業集積地域における土地利用の変化と内容が数値的に把握され、これをもとに産業政策、住宅混在化に伴う近隣環境対策、土地利用の規制・誘導面での課題が検討されている。産業政策面の課題としては工業に対する総合的な立地環境整備の視点に欠けることが挙げられ、地域外からの企業誘致だけでなく地域内移転への対応が重要であるとの指摘がある。また、住宅混在化に伴う近隣環境対策面での課題としては密集と住工隣接の進行により工場の操業環境が低下していることが挙げられ、ミクロレベルでの混在化を抑制することが重要であることが指摘されている。土地利用の規制・誘導面の課題としては実効性の高いコントロール手段の欠如が挙げられ、特別用途地区など土地利用規制の限定強化を図り積極的な誘導策を含む総合的な地区整備手法の必要性が指摘されている。この場合の総合的な地区整備手法とは、端的には住工が混在する状況を工業特化地域と住工混在地域に分類し、棲み分けを図るためにインセンティブと規制を工夫するというものである。具体的には、工業特化地域については、地域特化業種に対しては補助金、税負担・融資面での優遇により誘致を図りつつ最低敷地面積の

設定や特別工業地区の指定により住宅系用途を規制し良好な操業環境を確保する。住工混在地域については、さらに住工共存エリアと住工混在容認エリアに区分の上、住工隣接率に差を設けて緩衝緑地などの設置により問題の緩和を図ることが提案されている[21]。

特別用途地区の指定を支持する研究としては、最近では梅村（2014）がある。この研究は、産業集積の意義と現状の検証を踏まえて、今後の産業集積地域の活用について政策的視点で考察されたものである。兵庫県尼崎市と大阪府東大阪市を対象に金属製品製造業と一般機械器具製造業が取り上げられ、立地企業の取引関係の調査によりその特徴が整理されている。その結果、東大阪市は尼崎市に比べ域内取引が多く、東京都との取引比率が低く大阪市を中心とする関西圏との取引が多いことが明らかにされている。都市型産業集積地域の活性化に向けた対策に関しては、兵庫県尼崎市での工業保全型特別工業地区が取り上げられ、行政側発意である都市計画手法を選択した点で操業環境保全の役割を担う政策として期待が寄せられている[22]。

（4）まとめ ──今日的な問題点と本研究での着眼点──
① 先行研究の検討による問題点の整理

都市の経済成長過程における産業のイノベーションの重要性は、これまで数多く語られてきている。このような議論の中で、どのような産業集積が望ましい外部経済をもたらし、どのような環境下でイノベーションが生じやすいかについてはいくつかの説がある。Glaeser, Kallal, Scheinkman and Shleifer（1992）では、これらを検証する前提として、Marshall-Arrow-Romer型、Porter型、Jacobs型の3つに分類されている。このうち、Marshall-Arrow-Romer型では、同一産業の集積（地域特化）で知識のスピルオーバーが生じ、独占状態がイノベーションに有利に働くと考える。Porter型も、地域特化で知識のスピルオーバーが生じるとするが、競争状態がイノベーションを促進すると考える。そして、Jacobs型では、多様な集積が知識の移転を生み、地域での競争がイノベーションと成長を促進すると考える[23]。

児玉（2010）によると、近年、イノベーションの創出には多様な知識の融

合が重要であるとする研究が多いとされている[24]。前記で取り上げた阿部（1996）、木村（2015）でも同様の結果が提示されている。鎌倉（2005）では明示的に取り扱われていないものの、製造業を含む多様な中小企業が集積する東大阪地域のグループ化・ネットワーク化の取り組みが注目されていることから暗黙の前提とされているように思える。また、中村（2005）でも明示的に取り扱われていないが、産業クラスターや産業集積の人為的創出に対して明確に疑念が示されていることから、少なくとも同質性には否定的と思える。そうすると、産業振興面に主眼を置く関連先行研究から導かれる論点は、産業集積そして都市・地域経済の衰退を食い止める、あるいは再生を図る上での機能はどのようなものであるべきかということになろう。その点で、木村（2015）では、産業集積の持続可能なものにするための鍵として新興メーカーの参入、商工会議所や商店街など認知的近接性が小さい経済主体との連携が挙げられている。鎌倉（2005）や中村（2005）では、相互信頼に基づく地域コミュニティ形成とこれを基盤とするネットワーク化の重要性が挙げられている。ただし、この場合の地域コミュニティについては、地域内の中小企業や関係団体が対象とされていることは明確であるが、地域内の家計（住民）との関係がどのように考えられているかは不明である。鎌倉（2005）で、地域コミュニティの成立要件であり課題として産業振興と街づくり・環境政策との連係が挙げられているのは、まだ検討の余地が大きいということなのではないかと推察する。

一方、庄谷（1977）では、住工混在地域における環境整備は総合対策であるべきことが唱えられ、その方向性として中小製造業者だけでなく地域住民も参加する地域まちづくり運動が描かれていた。和田（1995）でも、住民の意向が反映される地区計画制度が取り上げられ、住工混在問題に関しても環境悪化防止に有効な手段として評価されている。しかし、地区計画はあくまで規制的制度であり、都市計画と産業政策、住宅政策が一体となった総合的な住工混在型地域対策の必要性も強調されている。一例として、集約化事業や工場用地の情報提供など土地利用を誘導する仕組みが提示されているが、これを促すための具体的なインセンティブについては言及されていない。こ

の点で、徳増・瀧口・村橋（2005）では、住工が混在する範囲が工業特化地域と住工混在地域に分類され、棲み分けを図るためのインセンティブとして産業政策面で補助金、税負担・融資において優遇することなどが提案されている。ただし、土地利用をコントロールする手段としては、最低敷地面積の設定や特別工業地区の指定という従来型の都市計画手法が提示されている。特別工業地区が支持されている点では梅村（2014）も同様で、より明確に行政側発意である都市計画手法による操業環境保全策に期待が寄せられている。このように、土地利用の規制・誘導に主眼を置く多くの関連先行研究においても、総合的な対策の必要性が認識されているが、土地利用を規制・誘導する手法の選択の面では違いが生じている。両者の違いに関しては、例えば、和田（1995）では工業もコミュニティも変化することが前提とされているのに対し、徳増・瀧口・村橋（2005）では既存の集積において特化度が高い業種が重視されている点に如実に表れていよう[25]。さらに、庄谷（1977）では中小製造業者の組織化のメリットについて言及があり、梅村（2014）では行政側発意が強調されている。これらの言及には、地区計画と特別用途地区の都市計画手法としての背景や性格の違いが表れているように思える[26]。

② 基本的な考え方

筆者は、序章において既に都市観・都市経済に対する基本認識を明示している。それは、都市は動的に捉えるべきで都市経済は生きもののように複雑でダイナミックなものだという認識である。その多くは、Jacobs流の都市の経済循環イメージと創造性を確保するための手段であるimprovisationへの着眼によっている。また、Smithによって示されたような、中立的な第三者の視点による相互的同感と正義を基盤として利己的個人を経済社会に統合するような背景をもつ市場競争原理を基本的に支持している[27]。このような考え方に立脚すると、家計や企業の行動は原則、自由であり、これらを取り巻く環境の変化によって産業も経済も、そして都市も変化することを前提とせざるを得ない。

例えば、前田（2012）では、経済のグローバル化の時代にあっては産業集

積がある国の特定地域にこれまでと同様に存在するのは考えにくく、時々の競争条件下で規模や機能は変化し流動化していくとの認識が示されている[28]。仮に、そうであれば、将来に向けてある地域に積極的に集積を誘導するような取り組みは、相当強力な政策によって裏づけられたものであって、特定の地域と業種のみに当てはまるものなのではないか。少なくとも、一般的な業種の中小製造業が多い既存集積地に関しては、変化を前提にして産業振興や住工混在に起因する諸問題の緩和を図っていく必要があると考える。この点に関しては、複数の産業とそれぞれの産業で働く家計の立地均衡モデルが提示されている横松（2015）は色々な示唆を与えているように思う[29]。

本研究では、立地規制の要否とその根拠の検証に取り組めていないこともあるが、住工混在地域における地区計画や特別用途地区等による土地利用の規制・誘導のすべてを否定的に捉えているわけではない。その理由は、全国一律の用途地域による土地利用の規制・誘導を、地域の意向を反映させながら地域の特性を反映する内容に近づけていくための基本的な機能は備わっていると認識しているからである[30]。また、今後も少なからず巨大地震などの自然災害の発生の危険性があり、後の復旧・復興過程を考えると過去の経験から予防的な意味での土地利用の規制・誘導も一定意義があると考えている。

③ 本研究での着眼点と取り組むべき課題

住工混在による外部性に関して地区計画や特別用途地区等による土地利用の規制・誘導が一定有効であるとしても、これだけでは問題解決のために十分ではない。その理由は、本研究の冒頭で示したように、そもそも実際の土地利用の変化は企業、家計それぞれの立場において合理的な行動原理に基づく移転、移住や不可逆性のある建物等への投資によって生じるからである。現実の経済社会においては、移転、移住に際してのコストはゼロではなく、税制を含め建物等への投資を躊躇する要因もないわけではない。また、工業の側が中小製造業である場合には、中小企業特有の特性を有するため、経済的社会的環境の変化に円滑に適応していくためには地域コミュニティ形成や

ネットワーク化も必要と指摘されている。

　このようなことを考え合わせると、予想されていたことではあるが、より本質的な問題点も浮かび上がる。それは、住工混在による外部経済の及ぶ範囲と中小製造業を主体とした地域コミュニティ活動による外部経済の及ぶ範囲、さらに生産ネットワークによる外部経済の及ぶ範囲が一致する保証はないということである。例えば、前田（2012）では、量産機能の広域的展開により既存産業集積の枠を超える広域的生産ネットワークが築かれていることが指摘されている[31]。仮に、生産ネットワークが産業集積地の地理的範囲を超えるものであれば、理論上は土地利用規制・誘導と地域コミュニティ活動を組み合わせたとしても予想される外部経済のすべてを内部化することができないことになる。現実的にも、中小製造業側に生産活動以外の相当大きなコストをもたらす可能性が高い。

　そもそも、中小製造者側はそのような事業リスクを抱えていたのであり、対応は当然とする向きもあろう。しかし、仮に、長期的には外部経済・不経済のすべてを内部化し、関係経済主体について受益と負担のバランスを得ることが可能であったとしても、そのような期間を考える余裕がない立場に対してはどうだろうか。現実の経済社会では、長期の視点で物事のバランスを考えることができる立場にある層は相当限られているのが実状である。本研究では、既に中小製造業の特性を前提とすることを表明している。よって、問題解決手段の実効性を高めるためには、特に平常の生産活動とは質の異なる活動も求められる土地利用の適正化や土地・建物等の流動化の面では外部からの支援が必要となるように思われる。この点で、村本（2015）では、地域の中小企業を支援する支援組織の重要性が指摘され、その受け皿として全国に展開する「各種士業の資格」をもつ人材の活用や地域金融機関職員の活躍に期待が寄せられている[32]。しかし、人々のリスクの認知に際しては様々なバイアスが介在する余地あり、リスク・コミュニケーションを図ることは基本的に難しく、中小製造業側が支援側を抵抗感なく受け入れるかについては疑念がある。

　以上により、本研究では、前記で明らかにされた今日的な課題の解決に向

けて中小製造業が自主的に取り組んでいくことを念頭に、まずこれを促す具体的な機能・仕組みを検討するために必要な情報の収集に取り組む。その上で中小製造業の事業の円滑化を図る観点から、土地利用上の諸問題について有効な支援をなしうる仕組みについても模索する。

3　製造業の状況

わが国では産業の空洞化が指摘されて久しい。通商白書によると、産業の空洞化は、「海外直接投資の増加によって、国内における生産、投資、雇用等が減少するような事態」[33]を指す。しかし、その程度は、地域によって産業構造も異なることから一様ではない。ここでは、わが国の製造業における近畿（滋賀県・京都府・大阪府・兵庫県・奈良県・和歌山県。以下、同じ。）の位置づけとその特徴を概観する。さらに、近畿有数のものづくり都市[34]で、かつ、住工混在地域に関して特徴ある都市計画やまちづくりの取り組みを行っている京都市、東大阪市、尼崎市の3市を取り上げ、製造業の状況を概観する。

(1)　近畿の製造業の位置づけとその特徴
①　わが国の製造業の概況と近畿の位置づけ

わが国の製造業の業績は、2013年以降はやや改善の動きが見られるようになっている。設備投資は2013年から2年連続で増加し、円安傾向のもとで輸出金額も伸びているが、未だ2008年のいわゆるリーマンショック前の水準には回復していない[35]。製造業は、今なおわが国のGDPの2割弱を占める基幹産業であるが、1985年のプラザ合意による円高以降、生産拠点の海外展開や一部業種における厳しさを増す競争環境の中でGDP比率は低下傾向が続いている[36]。しかし、地域別に見ると、その影響は必ずしも一様でないことが窺える。例えば、近年の付加価値額の推移を地域別に見てみると、影響の大きい地域は関東そして近畿であることがわかる（図4-3-1参照）。

その理由としては、GDPにおける産業別内訳を見ると、2003年と2013年の比較で大きく減少しているのは電気機械であり、輸送用機械、一般機械や非鉄金属は概ね横ばい、鉄鋼については増加している。愛知県や静岡県は古くから輸送用機械を中心に産業集積が形成されており、東海・北陸などは比較的影響が小さかったと推察される[37]。他方、近年の事業所数の推移を見ると、1990年代前半以降いずれの地域も減少傾向が続いており、その中でも関東の落ち込みが大きく、東海・北陸と近畿が続いている（**図 4-3-2**

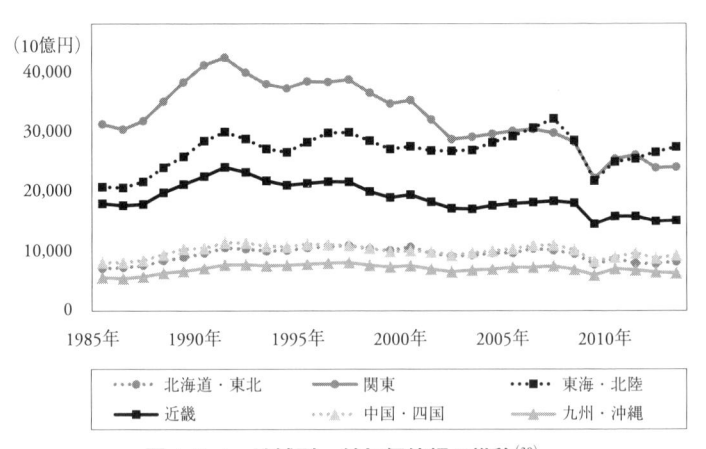

図 4-3-1　地域別・付加価値額の推移[38]

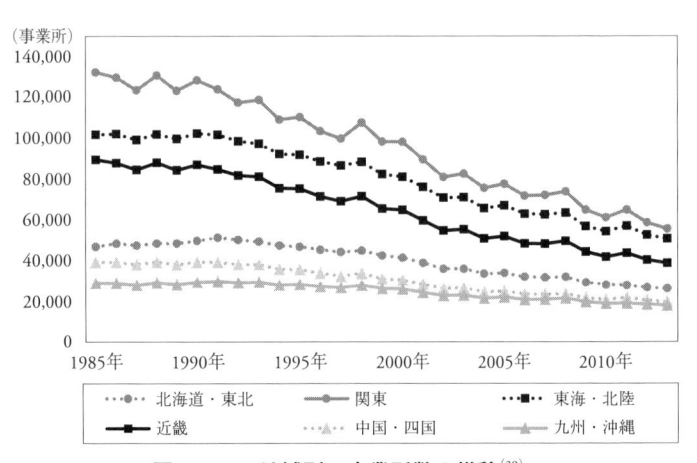

図 4-3-2　地域別・事業所数の推移[39]

第4章　中小製造業における認識と土地利用上の課題

参照）。

② 近畿の製造業の特徴

1991年を基準（100）として近畿の従業者数、製造品出荷額等を指数化し、第2次産業比率の推移と比較すると**図 4-3-3**のとおりである。製造品出荷額等は2003年以降、上昇に転じたが、前記のとおりリーマンショック後に大きく減少している。改善の動きは見られるものの、その動きは鈍い。従業者数については2006年頃から上昇の動きが見られたが、リーマンショック後は再び下落傾向に転じた。ただし、最近は少し下げ止まっている。そのような中で、第2次産業比率は基本的には低下傾向が続いている。一方、同様に1991年を基準として近畿の事業所を指数化し、為替レート（米ドル・円）の水準の推移と比較すると**図 4-3-4**のとおりである。事業所数は従業者数と比較しても落ち込みが明確で、2012年以降、指数は50を割り込んでいる。その背景としては、近畿の業種の構成の特徴として電気機械器具のウエイトが大きいことが挙げられよう[40]。電気機械器具は、韓国、台湾等のアジア諸国との競争環境が厳しい産業分野のひとつであり、円高基調の中でわが国の老舗メーカー大きなダメージを受けたことは記憶に新しい。

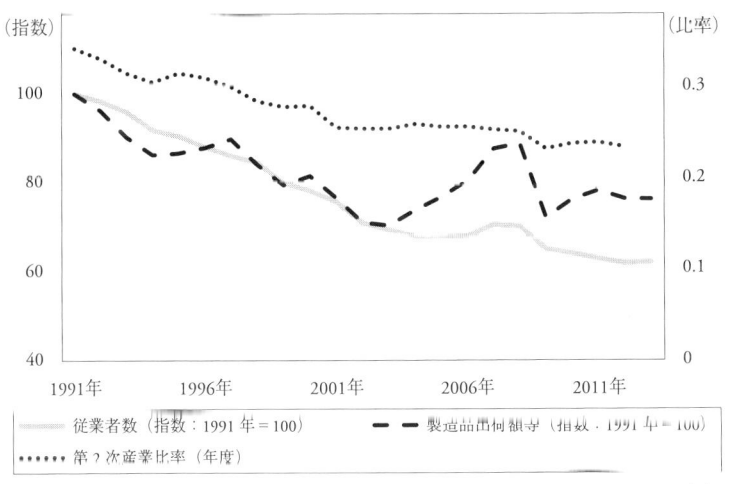

図 4-3-3　近畿の従業者数・製造品出荷額等・第2次産業比率の推移[41]

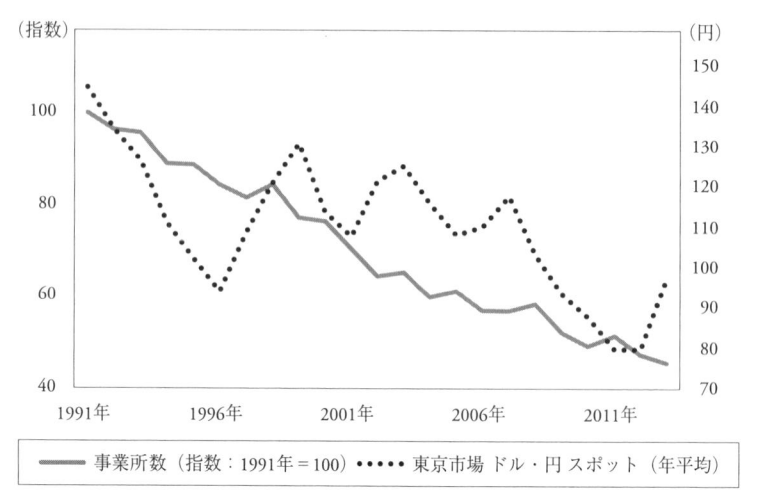

図4-3-4　近畿の事業所数と為替レートの推移[42]

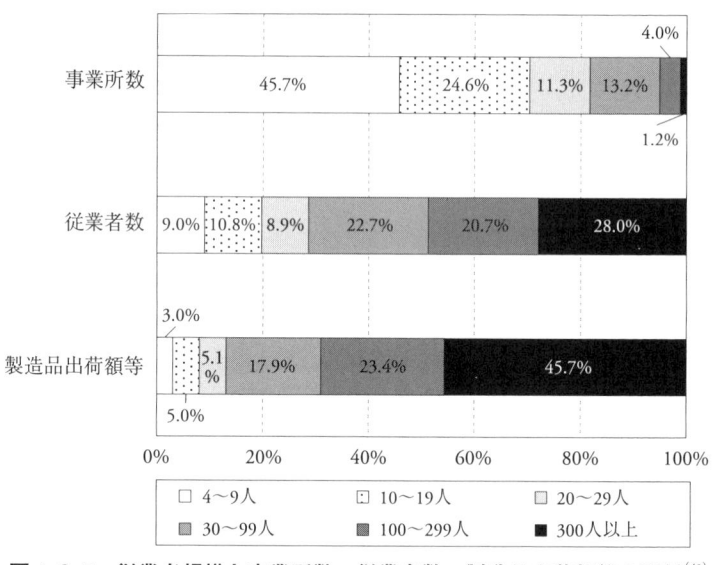

図4-3-5　従業者規模と事業所数・従業者数・製造品出荷額等の関係[43]

　また、従業者規模別に、事業所数、従業者数、製造品出荷額等の構成を見ると**図4-3-5**のとおりである。平成25年における従業者規模29人以下の割合は、事業所数ベースでは80％強を占める一方で、従業者数ベースでは

30％弱、製造品出荷額ベースでは13％程度を占めるにすぎない。

(2) 3市におけるものづくりの環境と製造業の状況
① ものづくりの歴史

京都市、東大阪市、尼崎市について、ものづくりの環境を整理する前提としてまず、地理的特性を背景とする主に近世以降のものづくり分野の歴史を概観する。これらを踏まえて、現在に至る各市の主要業種について整理しておく。

〈京都市〉[44]

現在の市街地中心部の大半が位置する平安京のエリアは、都市として好ましい地形環境に建設されたことが知られている。大部分は、鴨川とその支流による水はけの良い扇状地であるが、南西部から南部にかけては低湿地が多く、そのため比較的早くから左京を中心に発展していったと言われている。中世以降、織物、武具、陶磁器、美術工芸品など高度な加工技術を必要とする手工業が発展し、近世に入ると西陣の織物業などは産業としての体裁を整えていく。他方、全国各地でも京都の産出物と競合する安価な特産品の開発が進み、京都の産業を取り巻く環境は厳しさを増すことになる。

明治期に入ると、遷都に伴う有力商人の東京移動などを踏まえ1870年には産業振興を図るために産業基立金が下賜され、別に勧業基立金も融資された。これらの基立金は、西陣織振興貸付、農業開発、養蚕振興などに用いられ明治初期の産業振興に大きな役割を果たすことになる。しかし、その効果の及ぶ期間は比較的短く、産業基立金は琵琶湖疏水開削事業に投入されることになる。琵琶湖疏水は1890年に竣工し、翌年にはこれを用いた水力発電所も完成した。1876年に都市間鉄道として京都－大阪間が開通していたが、1895年にはわが国最初の市街地電車（塩小路－京橋間）も開通。明治後期以降、京阪電気鉄道の高麗橋－五条間、新京都鉄道（現阪急電鉄京都線）の西院－梅田間、奈良電車（現近鉄京都線）の京都駅南口－大和西大路間も開通している。積極的な外国の科学技術の導入、水力発電による動力源の確保

や鉄道整備等は、織物業、染色業、陶器産業等の伝統産業の自己革新を促し、後の理化学機器、電気用器具、工業用陶磁器などの製造につながったとされている。

〈東大阪市〉[45]

現在の市域が位置する河内平野一帯は、縄文・弥生・古墳時代に海から湖、湿地帯へ変遷したとされている。江戸時代には、河内平野を南北に縦断していた大和川が現在の位置に付替えられ、旧川床や池沼地は新田開発のため埋め立てられた。また、旧川床では木綿も栽培され木綿産業が興ったほか、山麓部では水車を利用した伸線業、農耕具、鍋・釜の鋳造を中心とする鋳物産業が興っている。

市域は大都市大阪市に隣接しており、明治期・大正期に、大阪鉄道（現JR関西線）、浪速鉄道（現JR学研都市線）、大阪電気軌道上本町－奈良間（現近鉄奈良線）・布施－八尾間（現近鉄大阪線）が開通し鉄道網が発達した。これらに加え、大阪市周辺での耕地整理・道路整備、相対的に低い地価などを背景に、高度成長期には輸入資源等の加工の適地として、大阪市からの工業拡張や職人の独立開業による工業立地が進んだ。その結果、金属製品、生産用機械器具、プラスチック製品をはじめとする多種多様な中小製造業が集積する都市として知られるようになっている。

〈尼崎市〉[46]

現在の市域一帯は、大阪湾の沿岸潮流と武庫川・猪名川からの土砂の堆積と海退により海岸線が南下してできた平野であるとされている。平安期末には、長洲の南に形成された大物と尼崎は港町として発展する。近世に入ると、商業的農業の発展を背景に海岸部で大規模な新田開発が実施されるとともに、治水や水利面での整備も進められた。

明治期に入ると、1874年に官設鉄道として大阪－神戸間が開通して神崎ステーション（現JR尼崎駅）も開設された。1891年には川辺馬車鉄道の尼崎－伊丹間（現JR宝塚線）も開通し、明治後期から大正期にかけて阪神電

気鉄道本線、阪神急行電鉄（現阪急電鉄）神戸線なども開通している。明治中期に、尼崎と大阪の資本家により紡績会社が設立されて以降、工業も発展を始める。昭和初期には、阪神国道（国道2号線）の開通など交通網の整備進展を背景に大庄村臨海部の築港開発も行われ、以後、臨海部は発電所や鉄鋼などを中心とした重化学工業が盛んになっている。第2次世界大戦により落ち込んだ工業生産は朝鮮戦争に伴う特需景気により回復し、高度経済成長期にかけて鉄鋼を中心とする工業が発展したとされている。

② 自然災害の危険性

わが国では、阪神・淡路大震災や東日本大震災の経験を踏まえ、今後起こりうる南海トラフ地震などの巨大地震や台風、集中豪雨などによる風水害など自然災害への備えの必要性が叫ばれている。自然的条件は重要なものづくり環境であり、主な自然災害の危険性について簡単に整理しておく。

〈京都市〉

地震については発震時の地震規模が大きい花折断層による地震動予測では市街地の広範な地域で最大震度6強、一部では震度7も出現するとされている。浸水については市街地北部では鴨川左岸が南部では流域が1m未満または1m～2m未満の浸水想定区域に判定されている[47]。

〈東大阪市〉

地震については南海トラフ巨大地震に関する国の公表資料（2012年8月）による最大震度は6強とされている。浸水については市域西部では多くが1m未満または1m～2m未満の浸水想定区域に判定されている[48]。

〈尼崎市〉

地震については5種類の想定地震による地震動予測では市全域で最大震度6強以上とされている。浸水については市域の多くが1m未満または1m～2m未満、高潮については臨海部で1m未満、一部では1m～2m未満の浸水

想定区域に判定されている。津波については南東部を中心に1m未満、一部では1m〜2m未満の浸水想定区域に判定されている[49]。

③ 都市計画による用途地域の指定状況

前記の歴史的経緯等を背景に、建築物の用途・規模・形態などの規制や誘導を通じて各市の市街地（市街化区域）の土地利用を方向づける、都市計画による用途地域の指定状況は**表 4-3-1**のようになっている。

京都市では、市街化区域のうち、住居系の用途地域に指定されている範囲は約65％であるのに対し、商業系は約13％、工業系は約22％である。また、用途の限定が比較的緩い準工業地域に指定されている範囲は、市街化区域のうちの約13％である。準工業地域及び工業地域に指定されているのは、北区南西部、上京区・中京区・下京区の西部、東山区南東部、右京区中部、南区中部・南部、伏見区中部・西部などの一部である。

表 4-3-1　用途地域の指定状況の比較[50]

			京都市		東大阪市		尼崎市	
			（ha）	比率	（ha）	比率	（ha）	比率
用途地域			14,987	100%	4,981	100%	4,670	100%
	住居系		9,797	65.4%	2,978	59.8%	2,711	58.1%
		第一種低層住居専用地域	3,550	23.7%	212	4.3%	88	1.9%
		第二種低層住居専用地域	21	0.1%	−	−	−	−
		第一種中高層住居専用地域	2,358	15.7%	919	18.5%	1,183	25.3%
		第二種中高層住居専用地域	713	4.8%	60	1.2%	284	6.1%
		第一種住居地域	1,786	11.9%	1,498	30.1%	877	18.8%
		第二種住居地域	1,272	8.5%	199	4.0%	163	3.5%
		準住居地域	97	0.6%	90	1.8%	116	2.5%
	商業系		1,942	13.0%	601	12.1%	274	5.9%
		近隣商業地域	944	6.3%	325	6.5%	187	4.0%
		商業地域	998	6.7%	276	5.5%	87	1.9%
	工業系		3,248	21.7%	1,402	28.1%	1,685	36.1%
		準工業地域	1,879	12.5%	1,015	20.4%	398	8.5%
		工業地域	1,301	8.7%	369	7.4%	545	11.7%
		工業専用地域	68	0.5%	18	0.4%	742	15.9%

東大阪市では、市街化区域のうち、住居系の用途地域に指定されている範囲は約60％であるのに対し、商業系は約12％、工業系は約28％である。また、準工業地域に指定されている範囲は市街化区域のうちの約20％に達しており3市の中で最も多い。準工業地域及び工業地域に指定されている範囲は、西部から中部にかけて散在している。代表的な地区としては、東大阪トラックターミナルのある本庄周辺、加納・水走・中石切町周辺、菱江周辺、楠根・長田西周辺、高井田・御厨周辺などがある。

　尼崎市では、市街化区域のうち、住居系の用途地域に指定されている範囲は約58％で、商業系は約6％と少なく、工業系は約36％と最も多い。ただし、準工業地域に指定されている範囲は市街化区域のうちの約9％で最も少なく、工業専用地域は約16％に達している。工業専用地域に指定されている範囲は、南部の臨海工業地である。準工業地域及び工業地域に指定されている範囲は、阪神本線の大物駅周辺、JR神戸線尼崎駅の西方、JR福知山線の塚口駅から猪名寺駅にかけての沿線、神崎町周辺などの内陸型工業地である。

④　固定資産税評価上の用途地区の区分状況

　固定資産税の課税のために市街地における宅地の評価を行う場合、通常は市街地宅地評価法が適用され、その過程では実際の利用状況に着目して商業地区、住宅地区、工業地区などに区分する手順が設けられている。このような地区が用途地区であり、実際にはより細分化された用途地区が設けられており、2014年度課税における各市の区分状況は**表4-3-2**のとおりである。

　前記の都市計画による用地地域の指定は、現実の利用状況を考慮しつつも計画的な土地利用の誘導が目的であることから、その指定面積は土地利用の実態を把握する上では参考となりにくい面がある。そもそも、指定面積には、道路・公園などの公共施設用地も含まれているため、宅地部分の面積を表す指標ではない。また、わが国の工業統計調査において事業所の敷地面積が調査対象とされるのは、従業者30人以上の事業所のみである。他方、固定資産税評価における用途地区の区分面積は、個々の宅地の利用状況を識別してその地積を集計したものではない。しかし、地域単位での一般的な利用用途

に着目して、おおよそ状況が類似する範囲の宅地の面積を集計したものと位置づけられる。そのため、工業地区の区分面積は、工場・倉庫等の敷地とこれらの土地利用の影響を強く受ける宅地の合計を表す指標と考えることが可能である。

各市ともに、工業地区は大工場地区と中小工場地区に細分化されているが、その判別の具体的な基準は必ずしも同じではない[51]。その点で、用途地区ごとの1納税者当たり地積は画地の平均面積とは同一ではないが、類似する指標として土地利用単位を推察する上で参考にはなりうる。これによると、中小規模の敷地の工場・倉庫などが中心で、住宅の混在の可能性が高い地区は中小工場地区であることが確認されよう。中小工場地区の区分面積は、京都市が約670万㎡、東大阪市が約598万㎡、尼崎市が約188万㎡となっている。数値の上では、東大阪市では全課税宅地面積の約20%に相当するため、住工混在に起因する問題が生じうる確率は高いということになろう。

しかし、住宅の混在問題は、むしろ潜在的な住宅需要や市場動向と密接な

表4-3-2 用途地区の区分状況の比較[52]

		京都市		東大阪市		尼崎市	
		地積(㎡)	1納税義務者当たり地積(㎡)	地積(㎡)	1納税義務者当たり地積(㎡)	地積(㎡)	1納税義務者当たり地積(㎡)
宅地		81,224,659	213	30,164,831	209	26,320,981	302
	商業地区	2,821,930	455	467,858	162	725,265	443
	繁華街	179,858	148	―	―	―	―
	高度商業地区Ⅱ	368,793	553	―	―	―	―
	普通商業地区	2,273,279	526	467,858	162	725,265	443
	住宅地区	64,993,279	186	23,391,218	180	17,383,620	209
	併用住宅地区	10,243,546	299	4,345,903	250	1,788,470	344
	普通住宅地区	54,749,733	174	19,045,315	169	15,595,150	200
	工業地区	8,028,544	534	6,305,755	551	8,212,096	3,391
	大工場地区	1,333,489	55,562	329,833	20,615	6,334,891	13,984
	中小工場地区	6,695,055	446	5,975,922	523	1,877,205	953
	村落地区	5,002,284	577	―	―	―	―
	観光地区	287,210	236	―	―	―	―
	農業施設の用に供する宅地	58,695	159	―	―	―	―
	生産緑地地区内の宅地	32,717	65	―	―	―	―

第4章　中小製造業における認識と土地利用上の課題

かかわりがある。また、大都市圏では、一般的な利用状況が住宅である地区の中にも小規模工場が混在しているケースは少なくないことにも留意する必要がある。

⑤　工場・倉庫等の建物の状況

わが国の工業統計調査において事業所の建築面積及び延べ建築面積（床面積）が調査対象とされるのも、敷地面積と同じく従業者30人以上の事業所のみである。その点で、固定資産税の課税対象となる家屋（建物）についての情報は、市域内に所在する工業用建物の概要を把握する上では一定有用である。建物構造に着目して、工場、倉庫等である課税家屋の棟数、床面積と1棟当たりの床面積を整理したものが**表4-3-3**である。ただし、これらの建物の所在位置は、工業系の用途地区内に限らないことに留意する必要がある。

棟数で比較すると京都市が圧倒的に多いが、床面積で比較すると京都市が約752万㎡、東大阪市が約699万㎡、尼崎市が約543万㎡で格差は相対的に小さい。木造以外の建物に限ると、さらに格差は縮小する。京都市は東大阪市、尼崎市と比べて木造工場・倉庫の数が多く、個々の建物の規模は全般的

表4-3-3　課税家屋（工場・倉庫等）の棟数・床面積等（構造別）の比較[53]

		京都市			東大阪市			尼崎市		
		棟数	床面積（㎡）	1棟当たり床面積（㎡）	棟数	床面積（㎡）	1棟当たり床面積（㎡）	棟数	床面積（㎡）	1棟当たり床面積（㎡）
工場・倉庫他		34,847	7,515,117	216	18,041	6,991,961	388	9,657	5,428,703	562
	木造	10,044	610,586	61	2,560	236,019	92	1,582	162,274	103
	木造以外 ※市場を含む	24,803	6,904,531	278	15,481	6,755,942	436	8,075	5,266,429	652
	鉄骨鉄筋コンクリート造	227	228,162	1,005	49	140,988	2,877	46	223,059	4,849
	鉄筋コンクリート造	4,446	1,202,301	270	885	485,102	548	667	563,041	844
	鉄骨造	11,837	4,828,965	408	11,095	5,606,579	505	5,376	4,249,353	790
	軽量鉄骨造	6,111	576,961	94	2,705	503,210	186	1,202	202,736	169
	れんが造・CB造	2,172	69,132	32	747	20,063	27	784	28,240	36
	その他	10	1,010	101	—	—	—	—	—	—

に小さいと推察される。通常、工場・倉庫の構造は、ある程度の無柱空間が必要とされることから、設計の自由度の高い鉄骨造が好まれる傾向がある。その点で京都市は、平均的な建物規模は小さいものの、鉄筋コンクリート造の工場・倉庫等が多いことも特徴的である。ただし、ある程度以上の敷地規模の工場については、求められる機能に応じて構造の異なる複数の建物が同一敷地内に配置されていることが多いことに留意する必要がある。平均的な建物床面積だけを根拠に小規模事業所の状況を判断することは難しい。

⑥ 事業所数・製造品出荷額等の状況

土地（敷地）面積や建物床面積ベースで製造業事業所の規模別の構成を比較することは困難であるため、代理指標として従業者規模別・事業所数を用いることが多い。図 4-3-6 は、従業者規模別・事業所数の構成割合を用いて3市を比較したものである。これによると、京都市と東大阪市では、従業者規模4～9人の小規模事業所が過半を占め、従業者規模29人以下の事業所の割合は85％を上回る。両市は、近畿全体の中でも比較的規模の小さい事業所の割合が高いと言える。尼崎市については、従業者規模4～9人の小規模事業所が約42％、従業者規模29人以下の事業所の割合は約76％で、近畿全体の中では規模の小さい事業所の割合が低いと言える。また、図 4-3-7

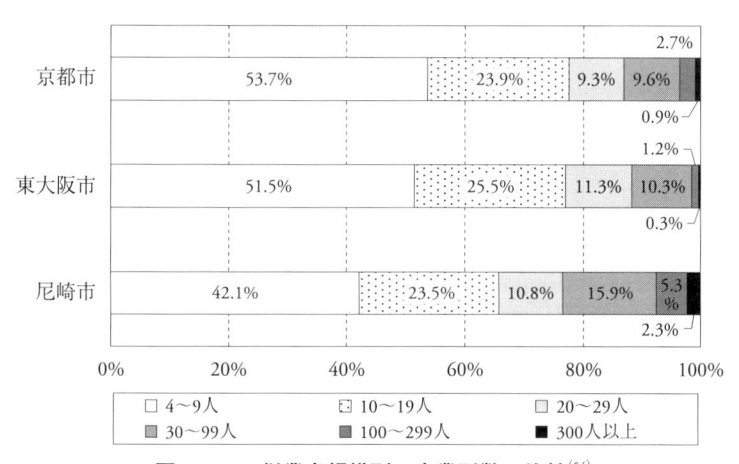

市	4～9人	10～19人	20～29人	30～99人	100～299人	300人以上
京都市	53.7%	23.9%	9.3%	9.6%	2.7%	0.9%
東大阪市	51.5%	25.5%	11.3%	10.3%	1.2%	0.3%
尼崎市	42.1%	23.5%	10.8%	15.9%	5.3%	2.3%

図 4-3-6　従業者規模別・事業所数の比較[54]

第 4 章　中小製造業における認識と土地利用上の課題

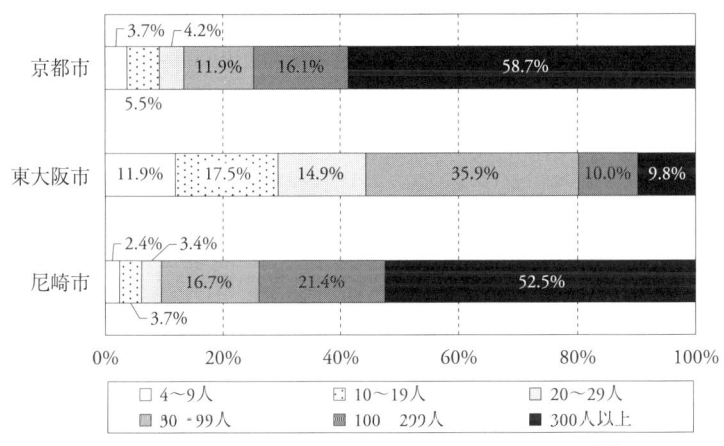

	4～9人	10～19人	20～29人	30～99人	100～299人	300人以上
京都市	3.7%	4.2%	5.5%	11.9%	16.1%	58.7%
東大阪市	11.9%	17.5%		14.9%	35.9%	10.0% / 9.8%
尼崎市	2.4%	3.4%	3.7%	16.7%	21.4%	52.5%

図 4-3-7　従業者規模別・製造品出荷額等の比較[55]

は、従業者規模別・製造品出荷額等の構成割合を用いて 3 市を比較したものである。これによると、従業者規模 4 ～ 9 人の小規模事業所による製造品出荷額等の割合は、京都市では約 4 ％、尼崎市では約 2 ％であるが、東大阪市では 10 ％を超える。従業者規模 29 人以下の事業所の割合を見ると、京都市では約 13 ％、尼崎市では約 10 ％であるが、東大阪市では 40 ％を超える。他方、京都市と尼崎市では従業者規模 300 人以上の大規模事業所による製造品出荷額等の割合が過半を占めるが、東大阪市での割合は低い。

　一方、各市の主要産業を把握する際には、業種別の事業所数、製造品出荷額等が参考となる。図 4-3-8 は、産業中分類別の事業所数を用いて 3 市を比較したものである。これによると、京都市では繊維工業が 572 と突出して多く、次いで食料品、印刷・同関連業が多い。繊維工業については西陣織や京友禅などの伝統産業の事業所が多いこと、食料品についても生菓子など京都市の特性を反映した業種の事業所が多いことが影響していると考えられる。東大阪市では金属製品が 747 と突出して多く、次いで生産用機械器具、プラスチック製品が多い。これも東大阪市のものづくりの歴史を色濃く反映しているものと考えられる。尼崎市では金属製品が 102 で一番多く、次いで生産用機械器具の 130 となっているが、他に 100 を上回る業種はない。また、図 4-3-9 は、産業中分類別の製造品出荷額等を用いて 3 市を比較したものであ

る。これによると、京都市では飲料・たばこ・飼料が約 5,140 億円と突出して多く、次いで電子部品・デバイス等の約 2,590 億円、業務用機械器具の約 2,340 億円が続く。東大阪市では製造品出荷額等ベースでも金属製品の約

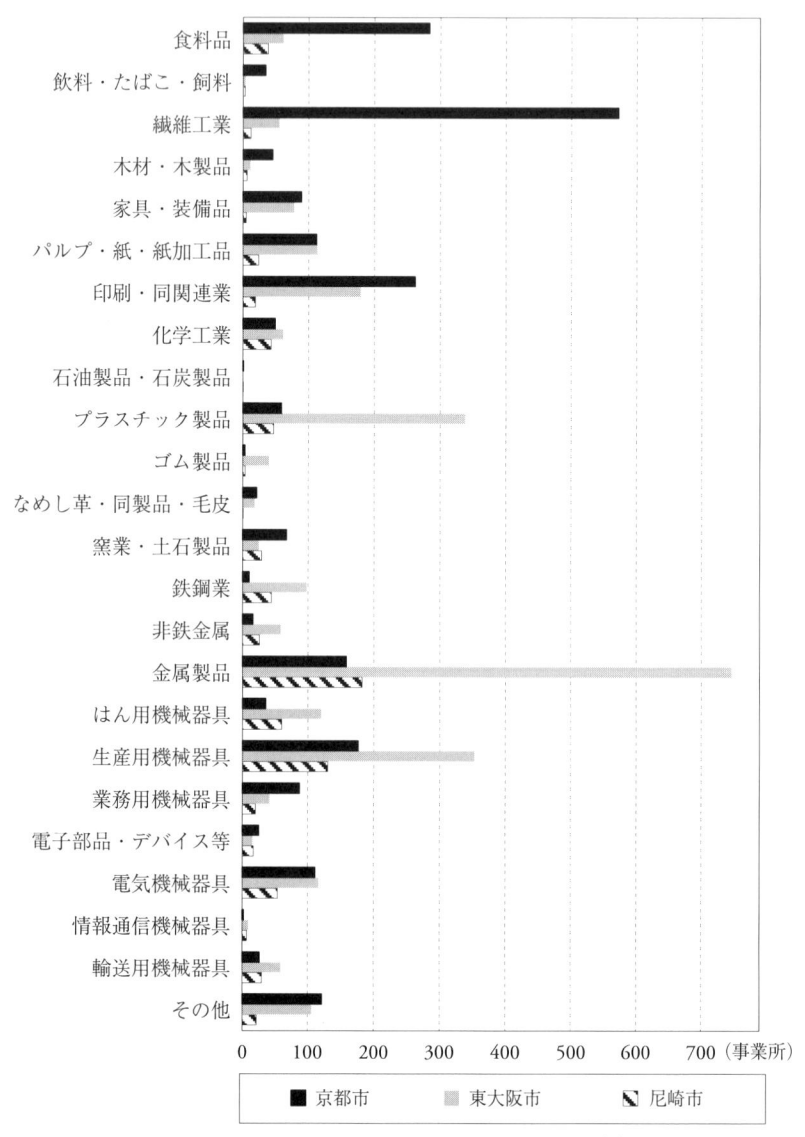

図 4-3-8　産業中分類別の事業所数の比較[56]

第4章　中小製造業における認識と土地利用上の課題

1,800億円が一番多く、次いで生産用機械器具の約1,240億円、鉄鋼業の約1,030億円、プラスチック製品の約1,030億円が続く。尼崎市では鉄鋼業の約2,540億円が一番多く、次いで化学工業の1,790億円、情報通信機械器具

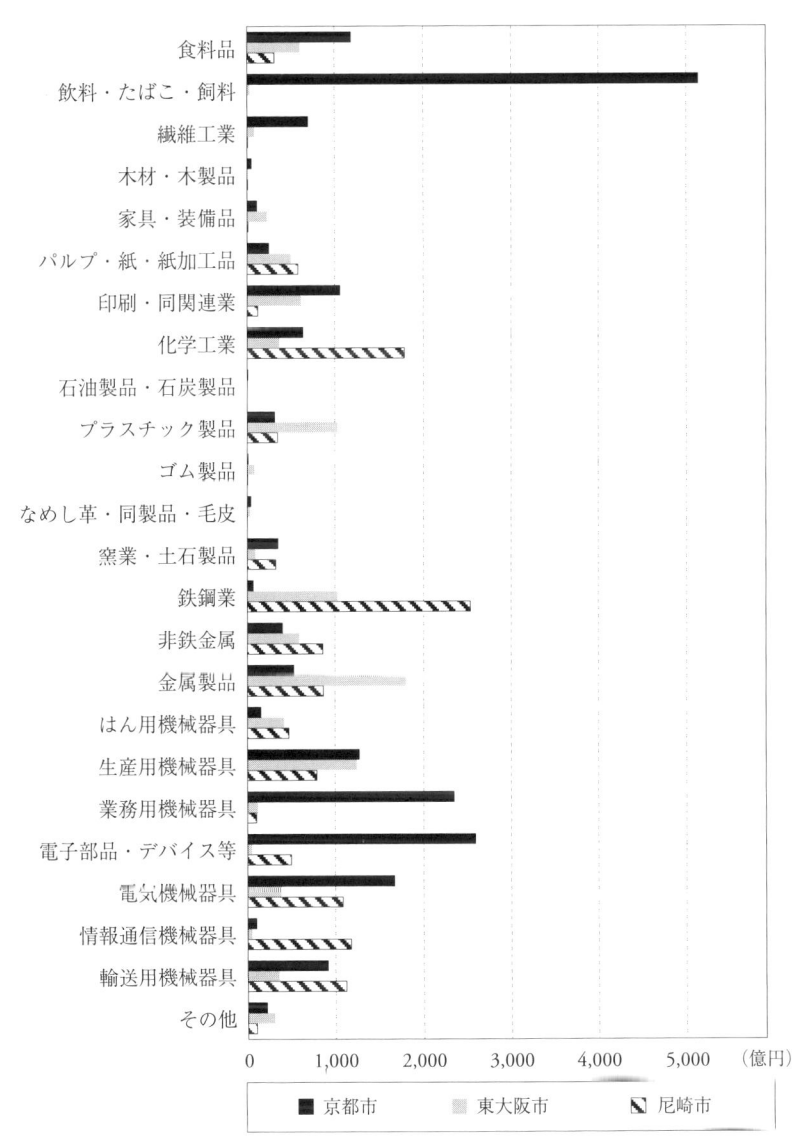

図4-3-9　産業中分類別の製造品出荷額等の比較[57]

の1,180億円が続く。

東大阪市では、従業者規模29人以下の事業所の割合が製造品出荷額等ベースでも高かったため、主要業種の顔ぶれは事業所数ベースで見ても製造品出荷額等ベースで見ても類似している。しかし、京都市や尼崎市では、従業者規模300人以上の大規模事業所による製造品出荷額等の割合が過半を占めることもあり、主要業種の顔ぶれは事業所数ベースで見ると製造品出荷額等ベースでは大きく異なっている。また、3市の主要産業は、製造品出荷額等ベースで見ると共通点は少なく、その点で産業構造は異なっていると言えよう。特に、東大阪市と尼崎市は、大阪大都市圏にあって共に大阪市に隣接するという共通点があるものの、大規模工場の中心の臨海工場地の有無により、ものづくり都市としての性格の違いは大きい。

4 土地利用上の課題等に関する中小製造業における認識
　　──アンケート調査結果の分析──

中小製造業の集積地や住工混在地域での課題の解決に向けて中小製造業が自主的に取り組んでいくことを念頭に、これを促す具体的な機能・仕組みを検討する上で必要となる情報収集のためにアンケート調査を実施した。ここでは、まずアンケート調査の趣旨と概要を説明し、次に調査結果について回答者の属性、主要な質問項目について都市等別及び従業者規模別に集計した結果を提示する。これらを踏まえて調査結果について比較検討を行い、その要点を整理する。

(1) アンケート調査の趣旨と概要
① 調査の目的と特徴

製造業における土地利用上の課題等を把握するためにアンケート調査を企画した。主目的は土地利用に関する経営者等の認識と土地利用上の問題が発生した際に支援を求めたい相手の条件等の把握にある。対象は前記で抽出した京都市、東大阪市、尼崎市の中小製造業で、結果を相互に比較検討することで状況ごとに必要とされる都市づくりのための機能を浮き彫りにしようと

するところに特徴がある。そのため、アンケート調査の設計に先立ち、対象都市を基盤に活動を続ける中小製造業の経営者層を対象に、今後の事業展開や主たる事業所[58]の機能転換上の課題等を効果的に把握するためヒアリング調査を実施している[59]。

② 調査の概要

　アンケート調査全体としては、主たる事業所が立地する都市の評価等についても質問対象としていることもあり、筆者単独で調査を実施した。また、調査の目的に鑑み、基本的には無記名の選択式アンケート形式を採用している。また、より詳細な検討が可能なように、一般的な回答者属性のほかに主たる事業所の立地選択の背景、所有・利用の態様とこれらについての当面の意向などについても質問項目に加えている。対象とする製造業は、資本金等3億円以下、従業員数300人以下の会社と個人である。アンケート送付先については、京都市・東大阪市・尼崎市域を対象とする商工会議所・工業会等の団体のウェブ上で所在・地番まで公開している製造業者から580（京都市319、東大阪市106、尼崎市155）を抽出した。

　質問内容は、主たる事業所についての土地利用上の課題に関する質問項目、土地利用上の課題への対応を検討する際の現状での相談相手候補及び円滑に事業を進める上で必要と考えられる機能等に関する質問項目に大別される。前者については、自然的条件と利用上の問題点、社会的条件と利用上の問題点、行政的条件と利用上の問題点に分け、それぞれ、条件、条件に起因する問題点等の認識、問題点等への対応状況、の順に質問を設定した。後者については、まず、前記3条件に起因する課題ごとに現状での相談相手候補について質問を設定した。次いで、円滑に事業を進める上で必要と考えられる機能等については、支援を求めたい相手の条件についての重要度を3段階で尋ねる質問を設定し、さらに支援を求めたい相手方のイメージについての質問も設定している。調査票等の送付と回収に関しては、2015年3月上旬に依頼文・アンケート調査票・返信用封筒を郵送し、同年5月上旬までの回収数は174、回収率は30.0％であった。

(2) 回答者の属性について

① 属性に関する質問項目の設定等について

属性としては、主たる事業所の所在都市、資本金、創業時期、業種、従業者数、立地選択の背景、所有・利用の態様、主たる事業所の用途・敷地規模・建物規模とこれらについての当面の意向、を質問項目として設定している。

回収結果を主たる事業所の所在都市別に集計すると、京都市102、東大阪市30、尼崎市41、その他1、となる。京都市については、西陣織などの伝統産業関連の事業所が多いためか市全体で見ても繊維工業の事業所数は多く、回答者数も36と単独の業種では突出している。他方で、西陣織などの伝統産業の集積地は、他の製造業の立地環境との違いが大きい。そのため、以下での回答者の属性についての集計は、その他を除き都市別を基本とし、京都市については繊維工業と繊維工業以外（回答者数66）に区分して取り扱う。

② 資本金について

資本金についての集計結果は**図4-4-1**のとおりである。後記のとおり、創業時期が2006年の会社法施行以前の回答者が大半を占めるため、いずれ

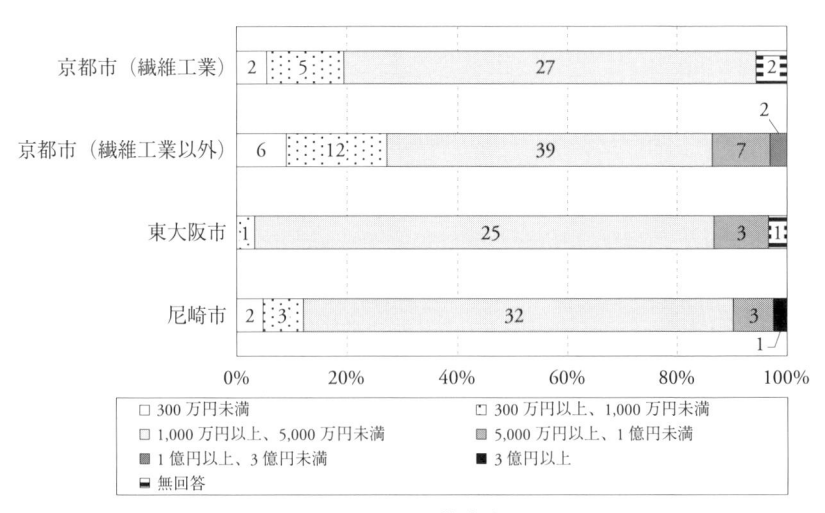

図 4-4-1　資本金

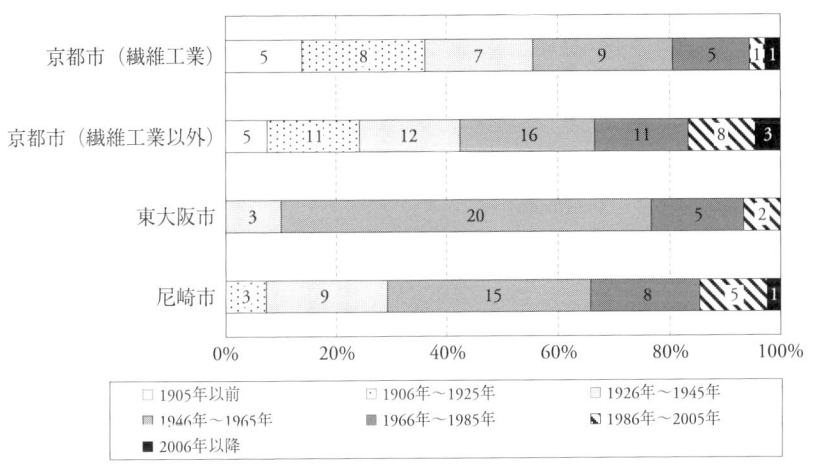

第4章　中小製造業における認識と土地利用上の課題

図4-4-2　創業時期

の都市も「1,000万円以上、5,000万円未満」が過半を占めている。京都市については、他の2市と比較して「300万円以上、1,000万円未満」が多い。

③　創業時期について

創業時期についての集計結果は図4-4-2のとおりである。いずれの都市も創業後ほぼ50年以上経過している回答者が65％を超えており、京都市・繊維工業については80％を超えている。他方、1945年以前に創業した回答者の割合は東大阪市が最も少なく10％程度、尼崎市は30％弱、京都市・繊維工業以外では40％強である。

④　業種について

業種についての集計結果は図4-4-3のとおりである。前記のとおり京都市では繊維工業が突出して多く構成比は約35％、東大阪市では金属製品が突出して多く約37％、尼崎市でも金属製品が突出して多く約34％である。このような傾向は、各市の業種別事業所数の傾向と整合的である。他方、東大阪市で多かった生産用機械器具については回答が得られておらず、プラスチック製品についても僅かしか回答が得られていない。

図 4-4-3　業種（産業中分類）

⑤　従業者数について

　従業者数についての集計結果は**図 4-4-4** のとおりである。29 人以下が、京都市・繊維工業では 90 ％超に達し、京都市・繊維工業以外と尼崎市は

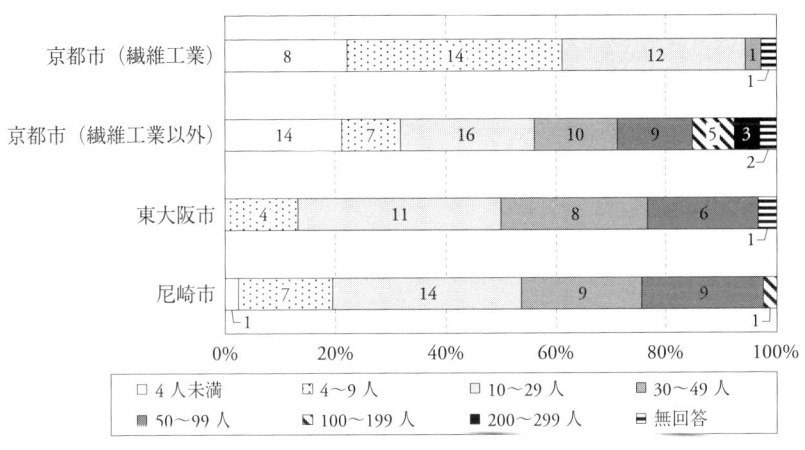

第4章　中小製造業における認識と土地利用上の課題

京都市（繊維工業）	8	14	12	1
京都市（繊維工業以外）	14	7	16	10	9	5	3
東大阪市	4	11	8	6
尼崎市	7	14	9	9

□ 4人未満　▣ 4～9人　□ 10～29人　▩ 30～49人
■ 50～99人　◪ 100～199人　■ 200～299人　≡ 無回答

図 4-4-4　従業者数

50％強、東大阪市では50％程度。京都市・繊維工業では9人以下が過半を占める。

京都市では、繊維工業も繊維工業以外にも4人未満が20％強含まれている。他方、京都市・繊維工業以外では100人以上の比較的従業者規模の大きな回答者が10％強含まれている。このような傾向を各市の従業者規模の傾向と比較すると、全般的に回答者の従業者規模は大きいと言える。その原因は、おそらくアンケート送付先の抽出方法にあると考えられるが、一般に公開・開示されている情報を用いる限り避け難い問題と考える。

⑥　主たる事業所の立地選択の背景について

主たる事業所の立地選択の背景についての集計結果は**図 4-4-5**のとおりである。東大阪市と尼崎市では「何ら制約のない環境下で経済合理性を最も重視して選択」が過半を占めるが、京都市・繊維工業以外では50％弱。京都市・繊維工業では20％弱にすぎない。「関係者以外の縁故や紹介などを背景に合理性を重視して選択」も、京都市・繊維工業以外と東大阪市で15％強、京都市・繊維工業で20％弱、尼崎市では20％強と少なからず含まれている。他方、京都市・繊維工業では「関係者の土地または土地・建物を利活用」が過半を占め、資産所有等における企業とその代表者等との密接な関係が覗え

155

立地						
京都市（繊維工業）	6	7	2	20		1
京都市（繊維工業以外）	31		10	5	17	3
東大阪市	20			5	1 3	1
尼崎市	22		9	4	4	2

凡例：
- □ 何ら制約のない環境下で経済合理性を最も重視して選択
- ▨ 貴社関係者以外の縁故や紹介などを背景に合理性を重視して選択
- □ 貴社関係者の土地または土地・建物を買受け（または現物出資）
- ■ 貴社関係者の土地または土地・建物を利活用
- ■ 無回答

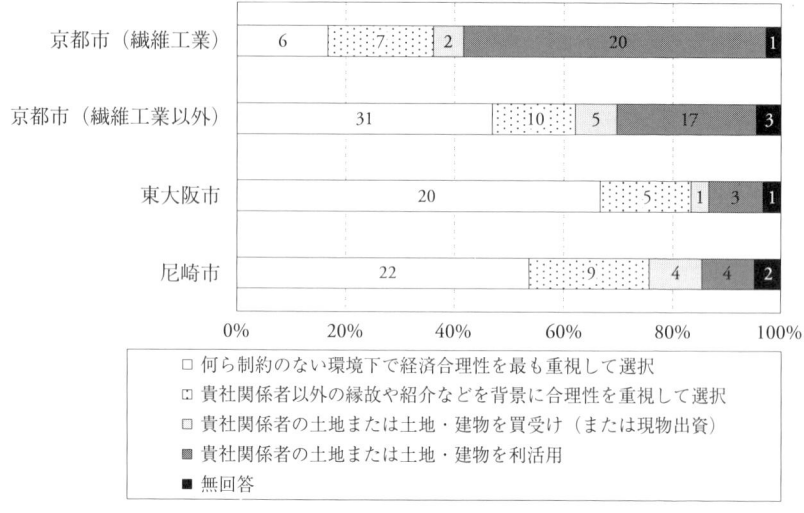

図 4-4-5 　立地選択の背景

る。

⑦ 主たる事業所の所有・利用の態様について

　主たる事業所の所有・利用の態様についての集計結果は**図 4-4-6** のとおりである。「土地・建物ともに単独所有」は東大阪市では 70％強、尼崎市では 65％強、京都市・繊維工業以外では 60％強と過半を占めているが、京都市・繊維工業は 40％強にすぎない。他方、東大阪市では「土地・建物（一棟全体）ともに第三者より賃借」が 13％強、尼崎市では「土地は第三者より賃借、建物（一棟）は単独」と「土地・建物（一棟全体）ともに第三者より賃借」がそれぞれ 7％強含まれている。他方、京都市・繊維工業では「土地・建物（一棟全体）ともに関係者より賃借等」が 20％弱、「土地は関係者より賃借等、建物（一棟）は単独所有」が 11％強。「土地・建物（一棟の一部）ともに関係者より賃借等」も 8％強含まれており、前記と同様の関係が覗える。また、各市ともに、絶対数は少ないものの、共有地上に建てられた一棟の建物を所有しているケースや借地上に建てられた一棟の建物を所有するケースなど、複雑な権利関係の事業所が利用されていることが確認できる。

第 4 章　中小製造業における認識と土地利用上の課題

図 4-4-6　所有・利用の態様

⑧　主たる事業所の用途について

主たる事業所の用途についての集計結果は**図 4-4-7** のとおりである。「事務所・工場」は京都市・繊維工業以外では 70％弱、東大阪市では 70％強、尼崎市では 90％弱を占めるが、京都市・繊維工業では 50％に満たない。他方、京都市・繊維工業では「事務所」が 30％強を占め、「事務所・倉庫」も 15％弱を占めている。京都市・繊維工業以外でも他の 2 市と比較して「事務所」の割合が多い。

157

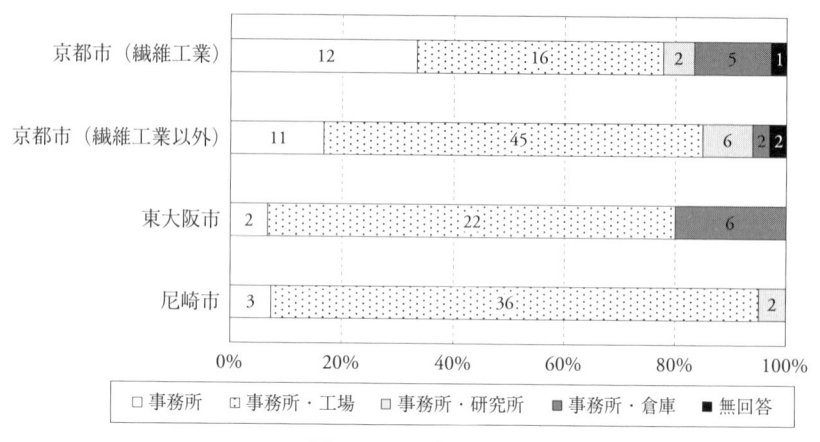

図 4-4-7　利用用途

⑨　主たる事業所の敷地規模について

主たる事業所の敷地規模ついての集計結果は**図 4-4-8** のとおりである。京都市・繊維工業では 300 ㎡未満が 45％弱を占めるが、京都市・繊維工業以外では 30％強、東大阪市では 20％程度、尼崎市では 20％弱である。他方、尼崎市では 1,000 ㎡以上が 50％弱を占めるが、東大阪市では 30％程度、京都市・繊維工業以外では 20％強、京都市・繊維工業では 3％に満たない。こ

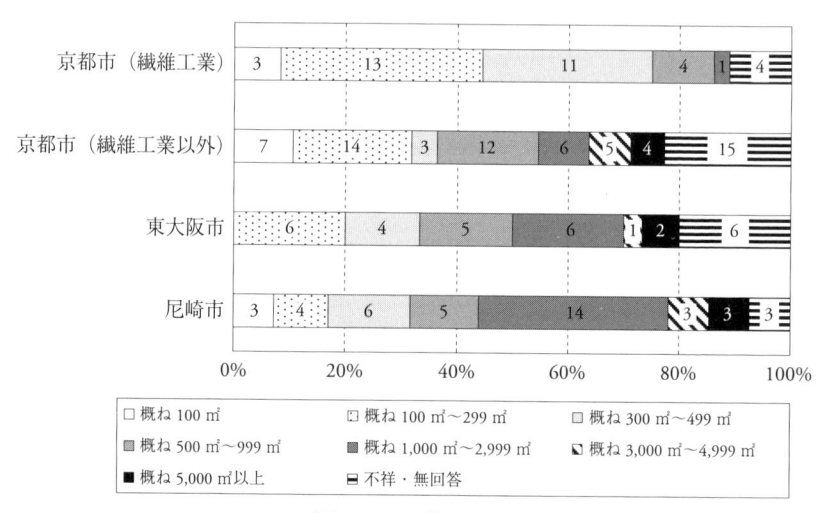

図 4-4-8　敷地規模

第 4 章　中小製造業における認識と土地利用上の課題

のような傾向は、固定資産税評価における中小工場地区の 1 納税者当たり地積の傾向と整合的である。

なお、この質問項目に関しては、複雑な権利関係の事業所も含まれていることもあって無回答が比較的多く、京都市・繊維工業以外と東大阪市については 20％近くに達している。

⑩　**主たる事業所の建物規模について**

主たる事業所の建物規模（延べ床面積）ついての集計結果は **図 4-4-9** のとおりである。京都市・繊維工業では 300 ㎡未満が 50％程度を占めるが、京都市・繊維工業以外では 30％強、東大阪市と尼崎市では 15％弱である。他方、尼崎市では 1,000 ㎡以上が 50％弱を占めるが、東大阪市では 35％強、京都市・繊維工業以外では 30％強、京都市・繊維工業では 15％弱である。このような傾向は、固定資産税の課税家屋における工場・倉庫等の 1 棟当たり床面積の傾向と整合的である。

なお、この質問項目に関しても、無回答が比較的多く、京都市・繊維工業以外と東大阪市については 10％を上回っている。

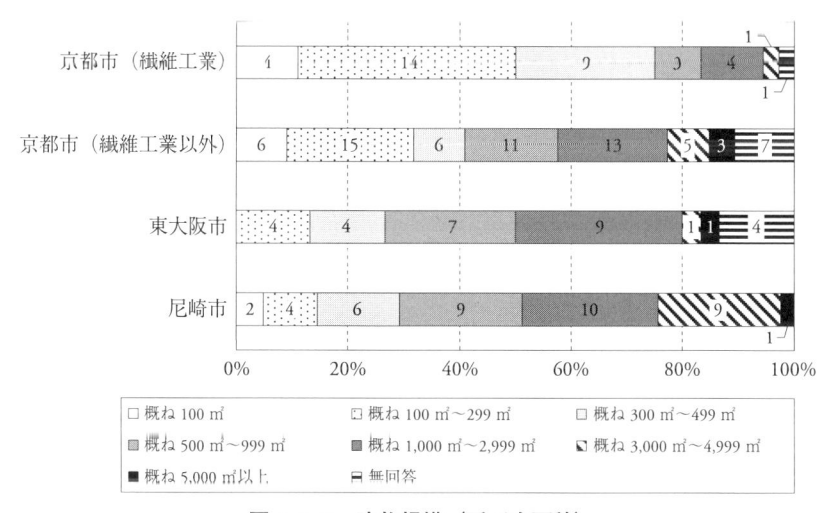

図 4-4-9　建物規模（延べ床面積）

⑪　主たる事業所についての当面の意向について

　主たる事業所についての当面の意向についての集計結果は図4-4-10のとおりである。「現在の土地・建物を同規模で継続利用したい」は京都市・繊維工業では70％弱を占めるが、京都市・繊維工業以外では50％弱、東大阪市では50％強、尼崎市では60％強である。また、「現在の土地・建物を基盤としつつ規模を拡張したい」は京都市・繊維工業では10％未満であるが、京都市・繊維工業以外と東大阪市及び尼崎市では27％前後を占めた。さらに、「より好条件で現在より大規模な土地・建物があれば移転したい」はそれぞ

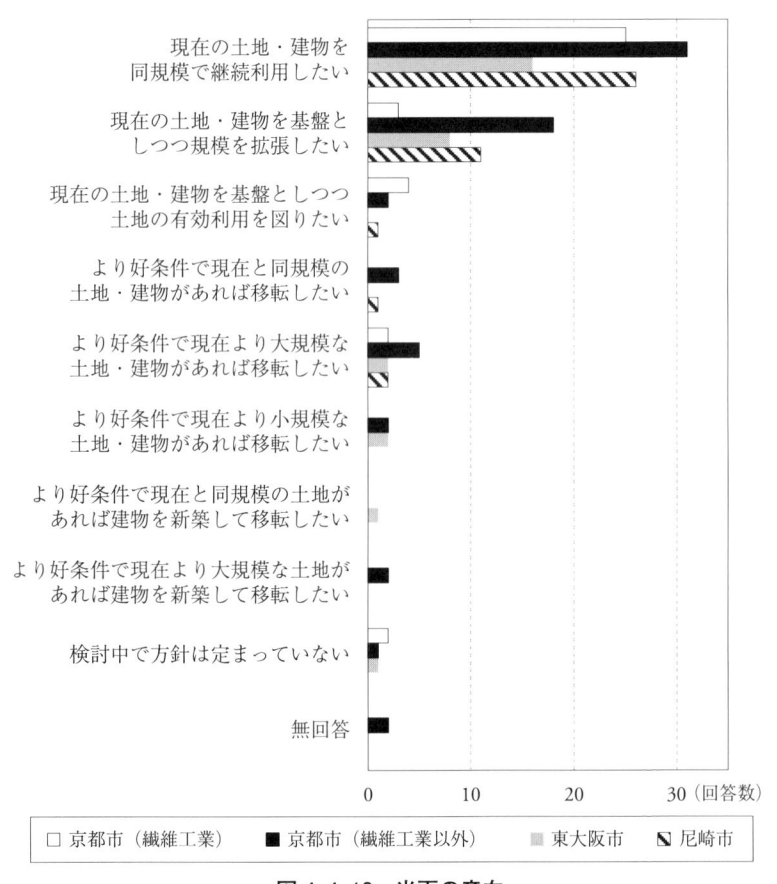

図 4-4-10　当面の意向

160

れ 5％弱から 8％弱である。他方「現在の土地・建物を基盤としつつ土地の有効利用を図りたい」は京都市・繊維工業では 10％強、京都市・繊維工業以外では 3％程度、尼崎市では 3％未満、である。「より好条件で現在より小規模な土地・建物があれば移転したい」は京都市・繊維工業以外では 3％程度、東大阪市では 7％弱で、全般的に生産活動の規模縮小を志向する回答者は少ない。

(3) 土地利用上の課題等についての集計結果 ──都市等別──

① 基本的事項

回収した調査票 174 のうち、主たる事業所の所在都市が京都市（回答者数 102）、東大阪市（回答者数 30）、尼崎市（回答者数 41）の計 173 を対象に集計した。また、京都市については、繊維工業（回答者数 36）と繊維工業以外（回答者数 66）に区分して取り扱った。

以下では、自然的条件と利用上の問題点等、社会的条件と利用上の問題点等、行政的条件と利用上の問題点等、現状での相談相手候補、支援を求めたい相手の条件、支援を求めたい相手方のイメージの順に概要を示す。

② 自然的条件についての問題点等

自然的条件の認識についての集計結果は**表 4-4-1**、これに起因する問題点等の認識についての集計結果は**表 4-4-2**、当該問題点等への対応状況等についての集計結果は**表 4-4-3** のとおりである。いずれも複数回答可で質問しているため、原則として回答数の多いもの上位 5 位を表示している。

自然的条件の認識については、南部に臨海工業地を有する尼崎市を含め「内陸部の平坦地」が多い。「周囲に河川がある」または「周囲一帯は低地」との認識をもつ回答も少なくない。また、京都市・繊維工業以外では「付近に断層がある」、京都市・繊維工業以外と東大阪市では「地盤が弱い」との認識をもつ回答もある。

自然的条件に起因する問題点等の認識については、尼崎市を除くと「あまり意識していない」あるいは「自然災害発生の危険性は低く特に心配事はな

表 4-4-1　自然的条件の認識

順位上位	京都市（繊維工業）※N=37	回答数	京都市（繊維工業以外）※N=83	回答数	東大阪市 ※N=36	回答数	尼崎市 ※N=64	回答数
1	内陸部の平坦地	33	内陸部の平坦地	58	内陸部の平坦地	28	内陸部の平坦地	23
2	周囲に河川（水路除く）がある	2	周囲に河川（水路除く）がある	10	周辺一帯は低地	4	周囲に河川（水路除く）がある	12
3	内陸部の起伏地	1	付近に断層がある	5	地盤が弱い	4	臨海部の平坦地	11
4	内陸・山麓部の高台地	1	地盤が弱い	3			周辺一帯は低地	10
5			周囲より地盤面が高い	2			周囲より地盤面が高い	3

表 4-4-2　自然的条件に起因する問題点等の認識

順位上位	京都市（繊維工業）※N=43	回答数	京都市（繊維工業以外）※N=75	回答数	東大阪市 ※N=36	回答数	尼崎市 ※N=52	回答数
1	あまり意識していない	21	自然災害発生の危険性は低く特に心配事はない	27	自然災害発生の危険性は低く特に心配事はない	11	大地震発生時には津波による被害が生じる危険性が高い	18
2	自然災害発生の危険性は低く特に心配事はない	15	あまり意識していない	22	あまり意識していない	10	大地震発生時には強い揺れ等により建物被害が生じる危険性が高い	10
3	大地震発生時には強い揺れ等により建物被害が生じる危険性が高い	3	大地震発生時には強い揺れ等により建物被害が生じる危険性が高い	13	地盤沈下などに対する対策が必要	4	あまり意識していない	8
4	集中豪雨時等には洪水による浸水被害が生じる危険性が高い	2	集中豪雨時等には洪水による浸水被害が生じる危険性が高い	9	大地震発生時には強い揺れ等により建物被害が生じる危険性が高い	4	集中豪雨時等には洪水による浸水被害が生じる危険性が高い	7
5	地盤沈下などに対する対策が必要	1	周囲の鉄道等ネットワークは自然災害に弱く運休になりやすい	2	周囲の水道・下水道等の埋設管は自然災害に弱く使用不可になりやすい	4	自然災害発生の危険性は低く特に心配事はない	5

第4章　中小製造業における認識と土地利用上の課題

表 4-4-3　自然的条件に起因する問題点等への対応状況等

順位上位	京都市（繊維工業）※N＝37	回答数	京都市（繊維工業以外）※N＝62	回答数	東大阪市 ※N＝31	回答数	尼崎市 ※N＝45	回答数
1	あまり考えていない	20	あまり考えていない	27	損害保険により自然災害発生時の負担軽減を図っている	10	あまり考えていない	20
2	対応策を考える必要はない	12	対応策を考える必要はない	13	あまり考えていない	9	損害保険により自然災害発生時の負担軽減を図っている	13
3	損害保険により自然災害発生時の負担軽減を図っている	4	損害保険により自然災害発生時の負担軽減を図っている	11	対応策を考える必要はない	8	河川、海岸等の管理者である行政機関に防災対策強化を要請している	4
4	事業継続計画（BCP）策定などソフト面で対応する	1	事業継続計画（BCP）策定などソフト面で対応する	7	事業継続計画（BCP）策定などソフト面で対応する	3	事業継続計画（BCP）策定などソフト面で対応する	3
5			地盤強化などハード面の自然災害対策を実施等している	2	河川、海岸等の管理者である行政機関に防災対策強化を要請している	1	対応策を考える必要はない	2

い」との回答が多い。一方、阪神・淡路大震災で推定震度6を経験した尼崎市では、大地震や水害に対する危険性を認識する回答が多い。ただし、尼崎市以外でも一部には自然災害の危険性を認識する回答がある。

　問題点等への対応状況に関しては、京都市は全般的に「あまり考えていない」あるいは「対応策を考える必要はない」との回答が多い。しかし、東大阪市では「損害保険により自然災害発生時の負担軽減を図っている」との回答が最も多く、「あまり考えていない」あるいは「対応策を考える必要はない」が続く。尼崎市では「あまり考えていない」が最も多く、「損害保険により自然災害発生時の負担軽減を図っている」が続く。いずれも「事業継続計画（BCP）策定などソフト面で対応する」との回答は一部にとどまり、未だ浸透していないことが窺える。

③ 社会的条件についての問題点等

社会的条件の認識についての集計結果は**表4-4-4**、これに起因する問題点等の認識についての集計結果は**表4-4-5**、当該問題点等への対応状況等につ

表4-4-4 社会的条件の認識

順位上位	京都市(繊維工業)※N=60	回答数	京都市(繊維工業以外)※N=116	回答数	東大阪市※N=49	回答数	尼崎市※N=74	回答数
1	辺りは住宅が混在している	27	辺りは住宅が混在している	38	辺りは製造業が集積している	17	辺りは住宅が混在している	22
2	辺りは店舗等が混在している	8	辺りは製造業が集積している	17	辺りは住宅が混在している	16	辺りは製造業が集積している	15
3	土地利用は安定し変化は少ない	7	住宅系土地利用が増加している	15	住宅系土地利用が増加している	5	工業系土地利用が減少している	10
4	住宅系土地利用が増加している	6	辺りは店舗等が混在している	13	工業系土地利用が減少している	4	住宅系土地利用が増加している	9
5	辺りは製造業が集積している	3	土地利用は安定し変化は少ない	11	辺りは店舗等が混在している	2	土地利用は安定し変化は少ない	5

表4-4-5 社会的条件に起因する問題点等の認識

順位上位	京都市(繊維工業)※N=39	回答数	京都市(繊維工業以外)※N=66	回答数	東大阪市※N=32	回答数	尼崎市※N=44	回答数
1	操業環境は安定しており特に心配事はない	19	操業環境は安定しており特に心配事はない	41	操業環境は安定しており特に心配事はない	15	操業環境は安定しており特に心配事はない	28
2	あまり意識していない	17	あまり意識していない	17	あまり意識していない	9	あまり意識していない	11
3	周辺住民との間で騒音・振動等を巡ってトラブルが生じている	2	周辺住民との間で騒音・振動等を巡ってトラブルが生じている	4	周辺住民との間で騒音・振動等を巡ってトラブルが生じている	4	空き地及びその周辺での使用済家電・自動車等の不法投棄が見られる	2
4	店舗等の利用客との間で自動車通行等に関してトラブルが生じている	1	空き地等の増加により防火・防犯面での懸念が強まっている	2	周辺住民との間で騒音・振動等を巡るトラブルが増えている	3	店舗等の利用客との間で自動車通行等に関してトラブルが生じている	1
5			店舗等の利用客との間で自動車通行等に関してトラブルが生じている	1	空き地及びその周辺での使用済家電・自動車等の不法投棄が見られる	1	周辺住民との間で騒音・振動等を巡るトラブルが増えている	1

第 4 章　中小製造業における認識と土地利用上の課題

表 4-4-6　社会的条件に起因する問題点等への対応状況等

順位上位	京都市 (繊維工業) ※N＝37	回答数	京都市 (繊維工業以外) ※N＝61	回答数	東大阪市 ※N＝29	回答数	尼崎市 ※N＝39	回答数
1	対応策を考える必要はない	21	対応策を考える必要はない	33	対応策を考える必要はない	14	対応策を考える必要はない	17
2	あまり考えていない	16	あまり考えていない	20	あまり考えていない	11	あまり考えていない	17
3	/		建物改修等により騒音・振動等対策を実施等している	4	より安定した操業ができる場所に移転することを検討している	2	所轄警察署に交通対策強化を要請している	1
4	/		より安定した操業ができる場所に移転することを検討している	3	建物改修等により騒音・振動等対策を実施等している	1	市の環境部門に不法投棄対策強化を要請している	1
5	/		地元自治会等と協力して監視・巡回等を行っている	1	貸主に騒音・振動等対策を講ずるよう要請等している	1	建物改修等により騒音・振動等対策を実施等している	1

いての集計結果は**表 4-4-6** のとおりである。いずれも複数回答可で質問しているため、原則として回答数の多いもの上位 5 位を表示している。

　社会的条件の認識については、京都市と尼崎市では「辺りは住宅が混在している」が最も多く、京都市・繊維工業では「辺りは店舗等が混在している」、繊維工業以外と尼崎市では「辺りは製造業が集積している」が続く。東大阪市では「辺りは製造業が集積している」が最も多く、「辺りは住宅が混在している」が続く。「住宅系土地利用が増加している」との回答が少なからずあり、東大阪市と尼崎市では「工業系土地利用が減少している」も同程度ある。

　社会的条件に起因する問題点等の認識については、いずれも「操業環境は安定しており特に心配事はない」との回答が最も多く、次いで「あまり意識していない」が多い。住民との間での騒音・振動等を巡るトラブルについてはいずれも一部で認識する回答があり、東大阪市が相対的にやや多い。

　問題点等への対応状況に関しては、いずれも「対応策を考える必要はな

い」との回答が最も多く、次いで「あまり考えていない」が多い。具体的な対応を検討しているか実施している旨の回答は一部にとどまる。

④ 行政的条件についての問題点等

行政的条件の認識についての集計結果は**表 4-4-7**、これに起因する問題点等の認識についての集計結果は**表 4-4-8**、当該問題点等への対応状況等についての集計結果は**表 4-4-9**のとおりである。いずれも複数回答可で質問しているため、原則として回答数の多いもの上位 5 位（問題点等への対応状況等については上位 4 位）を表示している。

行政的条件の認識については、京都市・繊維工業を除き「都市計画で準工業地域に指定」との回答が最も多い。京都市の市街地では大半で景観規制があり京都市・繊維工業では「都市計画で準工業地域に指定」と「景観地区に指定」との回答が同数で多く、繊維工業以外では「景観地区に指定」が続く。

京都市・繊維工業以外では「都市計画で住居系の地域に指定」も比較的多い。尼崎市では「都市計画で工業地域に指定」、「都市計画で工業専用地域に指定」が続く。

行政的条件に起因する問題点等の認識については、京都市・繊維工業では

表 4-4-7　行政的条件の認識

順位上位	京都市（繊維工業）※N=39	回答数	京都市（繊維工業以外）※N=75	回答数	東大阪市 ※N=27	回答数	尼崎市 ※N=37	回答数
1	都市計画で準工業地域に指定	11	都市計画で準工業地域に指定	22	都市計画で準工業地域に指定	19	都市計画で準工業地域に指定	19
2	景観地区に指定	11	景観地区に指定	14	都市計画で工業地域に指定	2	都市計画で工業地域に指定	6
3	都市計画で商業系の地域に指定	7	都市計画で住居系の地域に指定	13	都市計画で商業系の地域に指定	2	都市計画で工業専用地域に指定	5
4	都市計画で住居系の地域に指定	5	都市計画で工業地域に指定	7	容積率規制が厳しい	2	都市計画で住居系の地域に指定	4
5	都市計画で工業地域に指定	2	容積率規制が厳しい	7	都市計画で工業専用地域に指定	1	都市計画で商業系の地域に指定	3

「あまり意識していない」が最も多く、「安定して操業できる条件下にあり特に心配事はない」との回答が続く。他は「安定して操業できる条件下にあり特に心配事はない」が突出し、次いで「あまり意識していない」との回答が多い。現況の建物が既存不適格状態にあり今後の増築や建替えに支障がある、

表 4-4-8　行政的条件に起因する問題点等の認識

順位上位	京都市（繊維工業）※N=45	回答数	京都市（繊維工業以外）※N=73	回答数	東大阪市 ※N=28	回答数	尼崎市 ※N=43	回答数
1	あまり意識していない	17	安定して操業できる条件下にあり特に心配事はない	26	安定して操業できる条件下にあり特に心配事はない	12	安定して操業できる条件下にあり特に心配事はない	21
2	安定して操業できる条件下にあり特に心配事はない	15	あまり意識していない	18	あまり意識していない	9	あまり意識していない	13
3	現存建物は用途地域指定前に建てられたものであり現在の用途規制では増改築も同規模・同用途の建物への建替えもできない	4	現在の用途規制では工場部分の増築や工場部分の規模を拡大する建替えができない	8	現存建物は用途地域指定前に建てられたものであり現在の用途規制では増改築も同規模・同用途の建物への建替えもできない	3	現在の用途規制では工場部分の増築や工場部分の規模を拡大する建替えができない	3
4	現在の景観規制では建替え時には特別な形態・意匠としなければならないため負担増となる	4	現存建物は用途地域指定前に建てられたものであり現在の用途規制では増改築も同規模・同用途の建物への建替えもできない	6	現在の用途規制では工場部分の増築や工場部分の規模を拡大する建替えができない	1	現存建物は用途地域指定前に建てられたものであり現在の用途規制では増改築も同規模・同用途の建物への建替えもできない	2
5	現在の防火規制では建替え時には防火対策が必要しくなり負担増となる	2	現在の景観規制では建替え時には特別な形態・意匠としなければならないため負担増となる	6	現在の用途規制等では業種、振動・騒音などに関する土地利用規制が厳しく事業展開の選択肢が限られる	1	土壌汚染対策法上の形質変更時要届出区域に該当するため建替え時には適切な土壌汚染対策のために負担増となる	2

表 4-4-9　行政的条件に起因する問題点等への対応状況等

順位上位	京都市（繊維工業）※N＝36	回答数	京都市（繊維工業以外）※N＝61	回答数	東大阪市※N＝29	回答数	尼崎市※N＝38	回答数
1	対応策を考える必要はない	17	あまり考えていない	28	あまり考えていない	17	あまり考えていない	20
2	あまり考えていない	17	対応策を考える必要はない	22	対応策を考える必要はない	8	対応策を考える必要はない	14
3	施設更新、規模拡大に適した場所に移転することを検討している	1	施設更新、規模拡大に適した場所に移転することを検討している	6	事業展開の選択肢を広げられる場所に移転することを検討している	3	施設更新、規模拡大に適した場所に移転することを検討している	3
4	事業展開の選択肢を広げられる場所に移転することを検討している	1	事業展開の選択肢を広げられる場所に移転することを検討している	5	施設更新、規模拡大に適した場所に移転することを検討している	1	事業展開の選択肢を広げられる場所に移転することを検討している	1

あるいは、これ以上の規模拡大は難しいこと、建替え時の負担増の可能性を認識する回答が少なからずある。

　問題点等への対応状況に関しては、京都市・繊維工業では「対応策を考える必要はない」と「あまり考えていない」が同数で多く、他は「あまり考えていない」が突出し、次いで「対応策を考える必要はない」との回答が多い。移転することを検討している旨の回答は一部にとどまるが、京都市・繊維工業以外は相対的にやや多い。

　⑤　現状での相談相手候補

　土地利用上の課題への対応を検討する際の、現状での相談相手候補についての集計結果は**表 4-4-10** のとおりである。いずれも複数回答可で質問しているため、原則として回答数の多いもの上位 5 位を表示している。

　各条件ともに、いずれも「顧問等である公認会計士・税理士」との回答が最も多く、自然的条件と社会的条件については次いで「取引等のある金融機関の役職員」が多い。行政的条件については京都市・繊維工業では「取引等

第4章　中小製造業における認識と土地利用上の課題

表4-4-10　土地利用上の課題についての現状での相談相手候補

自然的条件に関する課題

順位上位	京都市(繊維工業) ※N=61	回答数	京都市(繊維工業以外) ※N=116	回答数	東大阪市 ※N=46	回答数	尼崎市 ※N=71	回答数
1	顧問等である公認会計士・税理士	19	顧問等である公認会計士・税理士	27	顧問等である公認会計士・税理士	14	顧問等である公認会計士・税理士	25
2	取引等のある金融機関の役職員	13	取引等のある金融機関の役職員	23	取引等のある金融機関の役職員	8	取引等のある金融機関の役職員	13
3	商工会議所・工業会等の役職員	8	商工会議所・工業会等の役職員	22	取引等のある建設業者の役職員	5	商工会議所・工業会等の役職員	11
4	取引等のある不動産業者の役職員	7	顧問等である弁護士	11	取引等のある不動産業者の役職員	5	顧問等である弁護士	7
5	取引等のある建設業者の役職員	5	取引等のある不動産業者の役職員	11	顧問等である弁護士	4	取引等のある建設業者の役職員	3

社会的条件に関する課題

順位上位	京都市(繊維工業) ※N=60	回答数	京都市(繊維工業以外) ※N=111	回答数	東大阪市 ※N=48	回答数	尼崎市 ※N=70	回答数
1	顧問等である公認会計士・税理士	19	顧問等である公認会計士・税理士	29	顧問等である公認会計士・税理士	14	顧問等である公認会計士・税理士	22
2	取引等のある金融機関の役職員	12	取引等のある金融機関の役職員	23	取引等のある金融機関の役職員	9	取引等のある金融機関の役職員	15
3	商工会議所・工業会等の役職員	8	商工会議所・工業会等の役職員	22	取引等のある不動産業者の役職員	7	商工会議所・工業会等の役職員	11
4	取引等のある建築士	5	顧問等である弁護士	11	顧問等である弁護士	5	顧問等である弁護士	6
5	取引等のある不動産業者の役職員	5	取引等のある不動産業者の役職員	8	役職員である公認会計士・税理士	3	役職員である公認会計士・税理士	5

行政的条件に関する課題

順位上位	京都市(繊維工業) ※N=57	回答数	京都市(繊維工業以外) ※N=106	回答数	東大阪市 ※N=46	回答数	尼崎市 ※N=70	回答数
1	顧問等である公認会計士・税理士	18	顧問等である公認会計士・税理士	27	顧問等である公認会計士・税理士	11	顧問等である公認会計士・税理士	22
2	取引等のある金融機関の役職員	9	商工会議所・工業会等の役職員	26	顧問等である弁護士	7	取引等のある金融機関の役職員	14
3	商工会議所・工業会等の役職員	9	取引等のある金融機関の役職員	15	取引等のある金融機関の役職員	6	商工会議所・工業会等の役職員	13
4	取引等のある建築士	6	顧問等である弁護士	12	取引等のある不動産業者の役職員	6	顧問等である弁護士	6
5	取引等のある不動産業者の役職員	6	取引等のある建設業者の役職員	6	商工会議所・工業会等の役職員	5	役職員である公認会計士・税理士	6

のある金融機関の役職員」と「商工会議所・工業会等の役職員」との回答が同数で続き、繊維工業以外では「商工会議所・工業会等の役職員」が続く。東大阪市では「顧問等である弁護士」、「取引等のある金融機関の役職員」、尼崎市では「取引等のある金融機関の役職員」、「商工会議所・工業会等の役職員」との回答が続く。京都市と東大阪市では各条件ともに「取引等のある不動産業者の役職員」との回答も比較的多い。

⑥　支援を求めたい相手の条件

　土地利用上の問題が発生した際に、円滑に事業を進める観点から支援を求めたい相手の条件についての集計結果は図4-4-11のとおりである。相対的な重要度を把握するために、基本的に同じ選択肢を最も重視、2番目、3番目の順で提示して択一で尋ねている。

　最も重要度の高い条件については、京都市・繊維工業と尼崎市では「総合的な視点で物事が見られる」、京都市・繊維工業以外と東大阪市では「当該分野に関する経験が豊富」との回答が最も多い。京都市・繊維工業では「当該分野に関する専門性が高い」と「当該分野に関する経験が豊富」が同数で続き、京都市・繊維工業以外では「当該分野に関する専門性が高い」、「総合的な視点で物事が見られる」との回答が続く。東大阪市では「総合的な視点で物事が見られる」に次いで「支援を求めたい相手はない」との回答が続く。尼崎市では「当該分野に関する専門性が高い」に次いで「当該分野に関する経験が豊富」と「支援を求めたい相手はない」との回答が同数で続く。

　2番目に重要度の高い条件については、京都市・繊維工業、東大阪市と尼崎市では「当該分野に関する経験が豊富」、京都市・繊維工業以外では「当該分野に関する専門性が高い」と「当該分野に関する経験が豊富」が同数で多い。京都市・繊維工業では「当該分野に関する専門性が高い」と「該当する条件はない」が同数で続き、京都市・繊維工業以外では「総合的な視点で物事が見られる」との回答が続く。東大阪市では「対応が迅速である」、「総合的な視点で物事が見られる」との回答が続く。尼崎市では「当該分野に関する専門性が高い」と「該当する条件はない」との回答が同数で続く。

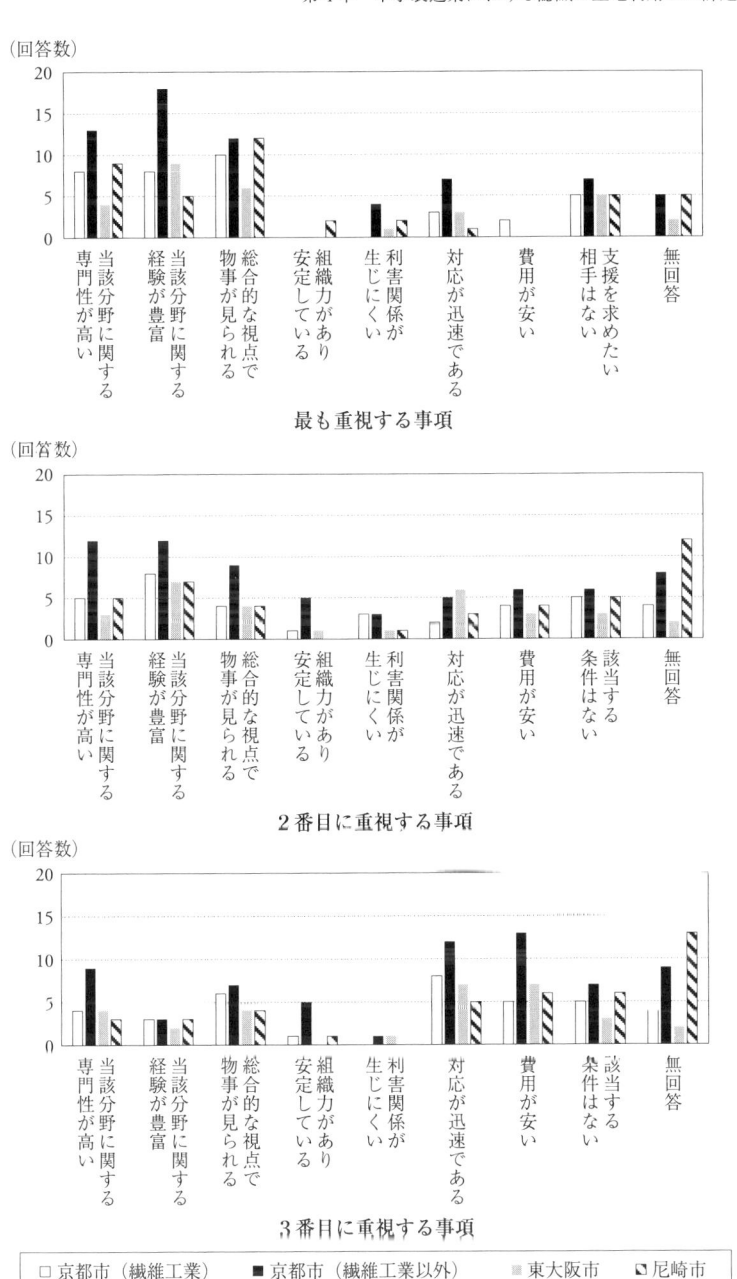

第4章　中小製造業における認識と土地利用上の課題

最も重視する事項

2番目に重視する事項

3番目に重視する事項

□ 京都市（繊維工業）　■ 京都市（繊維工業以外）　▨ 東大阪市　▧ 尼崎市

図 4-4-11　支援を求めたい相手の条件等

3番目に重要度の高い条件については、京都市・繊維工業では「対応が迅速である」、「総合的な視点で物事が見られる」の順で回答が続く。京都市・繊維工業以外では「費用が安い」、「対応が迅速である」の順で回答が続く。東大阪市では「対応が迅速である」と「費用が安い」との回答が同数で並ぶ。尼崎市では「費用が安い」と「該当する条件はない」との回答が同数で並ぶ。

なお、「組織力があり安定している」と「利害関係が生じにくい」の回答は全般的に少ない。

⑦ 支援を求めたい相手方のイメージ

仮に土地利用上の重大な問題が発生した場合に支援を求めたい相手方のイメージについての集計結果は図4-4-12のとおりである。択一で尋ねている

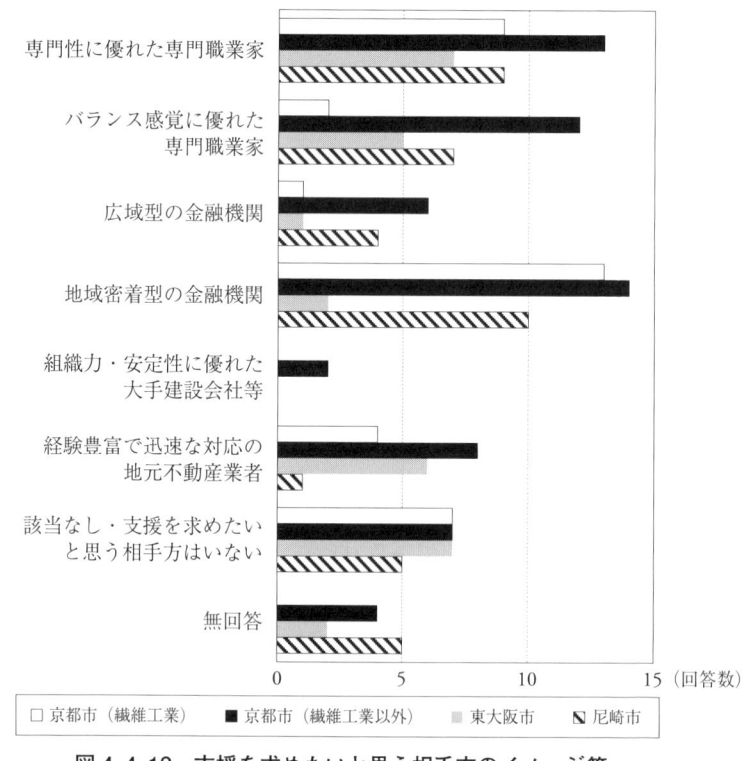

図4-4-12 支援を求めたいと思う相手方のイメージ等

が、京都市と尼崎市では「地域密着型の金融機関」との回答が最も多く、「専門性に優れた専門職業家」が続く。東大阪市では「専門性に優れた専門職業家」と「該当なし・支援を求めたいと思う相手方はいない」との回答が同数で並ぶ。「該当なし・支援を求めたいと思う相手方はいない」との回答は、東大阪市以外でも10％以上あり、京都市・繊維工業では20％弱に達している。

(4) 土地利用上の課題等についての集計結果 ──従業者規模別──

① 基本的事項

回収した調査票174のうち、従業者数について回答のあった170を対象に、従業者数10人未満（回答者数55）、従業者数10～29人（回答者数54）、従業者数30人以上（回答者数61）に区分して取り扱った。

以下では、都市等別と同じ順に同様の形式で概要を示す。

② 自然的条件についての問題点等

自然的条件の認識についての集計結果は**表4-4-11**、これに起因する問題点等の認識についての集計結果は**表4-4-12**、当該問題点等への対応状況等についての集計結果は**表4-4-13**のとおりである。

自然的条件の認識については、いずれも「内陸部の平坦地」が多い。「周囲に河川がある」や「周囲一帯は低地」との認識をもつ回答も少なくなく、

表4-4-11　自然的条件の認識

順位上位	従業者数 10人未満 ※N=74	回答数	従業者数 10～29人 ※N=70	回答数	従業者数 30人以上 ※N=73	回答数
1	内陸部の平坦地	50	内陸部の平坦地	45	内陸部の平坦地	45
2	周囲に河川（水路除く）がある	8	周囲に河川（水路除く）がある	8	周辺一帯は低地	9
3	周辺一帯は低地	4	地盤が弱い	6	周囲に河川（水路除く）がある	7
4	付近に断層がある	3	臨海部の平坦地	5	臨海部の平坦地	5
5	内陸・山麓部の高台地	2	周辺一帯は低地	2	周囲より地盤面が高い	3

表 4-4-12　自然的条件に起因する問題点等の認識

順位上位	従業者数 10人未満 ※N=64	回答数	従業者数 10～29人 ※N=61	回答数	従業者数 30人以上 ※N=77	回答数
1	自然災害発生の危険性は低く特に心配事はない	23	あまり意識していない	21	あまり意識していない	17
2	あまり意識していない	21	自然災害発生の危険性は低く特に心配事はない	19	自然災害発生の危険性は低く特に心配事はない	16
3	大地震発生時には強い揺れ等により建物被害が生じる危険性が高い	9	集中豪雨時等には洪水による浸水被害が生じる危険性が高い	6	大地震発生時には強い揺れ等により建物被害が生じる危険性が高い	15
4	集中豪雨時等には洪水による浸水被害が生じる危険性が高い	6	大地震発生時には強い揺れ等により建物被害が生じる危険性が高い	5	大地震発生時には津波による被害が生じる危険性が高い	10
5	大地震発生時には津波による被害が生じる危険性が高い	3	大地震発生時には津波による被害が生じる危険性が高い	5	集中豪雨時等には洪水による浸水被害が生じる危険性が高い	9

表 4-4-13　自然的条件に起因する問題点等への対応状況等

順位上位	従業者数 10人未満 ※N=54	回答数	従業者数 10～29人 ※N=53	回答数	従業者数 30人以上 ※N=66	回答数
1	あまり考えていない	26	あまり考えていない	26	あまり考えていない	23
2	対応策を考える必要はない	14	対応策を考える必要はない	13	損害保険により自然災害発生時の負担軽減を図っている	17
3	損害保険により自然災害発生時の負担軽減を図っている	9	損害保険により自然災害発生時の負担軽減を図っている	10	事業継続計画（BCP）策定などソフト面で対応する	11
4	事業継続計画（BCP）策定などソフト面で対応する	2	河川、海岸等の管理者である行政機関に防災対策強化を要請している	2	対応策を考える必要はない	9
5	より自然災害の危険性の低い場所に移転することを検討している	2	地盤強化などハード面の自然災害対策を実施等している	1	河川、海岸等の管理者である行政機関に防災対策強化を要請している	3

従業者数10人未満では「付近に断層がある」との認識をもつ回答もある。

自然的条件に起因する問題点等の認識については、「あまり意識していない」あるいは「自然災害発生の危険性は低く特に心配事はない」との回答が多い。自然災害に対する危険性を認識する回答は、従業者数30人以上で相対的に多い。

問題点等への対応状況に関しては、いずれも「あまり考えていない」との回答が最も多い。従業者数29人以下では「対策を考える必要はない」との回答が続くが、従業者数30人以上では「損害保険により自然災害発生時の負担軽減を図っている」との回答が続く。従業者数30人以上では「事業継続計画（BCP）策定などソフト面で対応する」との回答がこれに続き、「対策を考える必要はない」を上回っている。

③ 社会的条件についての問題点等

社会的条件の認識についての集計結果は**表4-4-14**、これに起因する問題点等の認識についての集計結果は**表4-4-15**、当該問題点等への対応状況等についての集計結果は**表4-4-16**のとおりである。

社会的条件の認識については、いずれも「辺りは住宅が混在している」が最も多く、「辺りは製造業が集積している」が続く。従業者数10人未満では「辺りは店舗等が混在している」と「住宅系土地利用が増加している」との

表4-4-14　社会的条件の認識

順位上位	従業者数10人未満 ※N=89	回答数	従業者数10〜29人 ※N=101	回答数	従業者数30人以上 ※N=104	回答数
1	辺りは住宅が混在している	39	辺りは住宅が混在している	30	辺りは住宅が混在している	33
2	辺りは製造業が集積している	10	辺りは製造業が集積している	21	辺りは製造業が集積している	21
3	辺りは店舗等が混在している	9	住宅系土地利用が増加している	11	住宅系土地利用が増加している	14
4	住宅系土地利用が増加している	9	辺りは店舗等が混在している	10	工業系土地利用が減少している	11
5	土地利用は安定し変化は少ない	7	辺りは農地が混在している	8	辺りは店舗等が混在している	8

表 4-4-15 社会的条件に起因する問題点等の認識

順位上位	従業者数 10人未満 ※N＝59	回答数	従業者数 10～29人 ※N＝57	回答数	従業者数 30人以上 ※N＝63	回答数
1	操業環境は安定しており特に心配事はない	34	操業環境は安定しており特に心配事はない	32	操業環境は安定しており特に心配事はない	36
2	あまり意識していない	19	あまり意識していない	22	あまり意識していない	13
3	店舗等の利用客との間で自動車通行等に関してトラブルが生じている	2	店舗等の利用客との間で自動車通行等に関してトラブルが生じている	1	周辺住民との間で騒音・振動等を巡ってトラブルが生じている	7
4	周辺住民との間で騒音・振動等を巡ってトラブルが生じている	2	周辺住民との間で騒音・振動等を巡るトラブルが増えている	1	周辺住民との間で騒音・振動等を巡るトラブルが増えている	3
5	周辺住民との間で騒音・振動等を巡るトラブルが増えている	1	空き地等の増加により防火・防犯面での懸念が強まっている	1	空き地及びその周辺での使用済家電・自動車等の不法投棄が見られる	3

表 4-4-16 社会的条件に起因する問題点等への対応状況等

順位上位	従業者数 10人未満 ※N＝55	回答数	従業者数 10～29人 ※N＝53	回答数	従業者数 30人以上 ※N＝56	回答数
1	対応策を考える必要はない	33	あまり考えていない	26	対応策を考える必要はない	28
2	あまり考えていない	21	対応策を考える必要はない	23	あまり考えていない	17
3	建物改修等により騒音・振動等対策を実施等している	1	より安定した操業ができる場所に移転することを検討している	2	建物改修等により騒音・振動等対策を実施等している	5
4			所轄警察署に交通対策強化を要請している	1	より安定した操業ができる場所に移転することを検討している	4
5			地元自治会等と協力して監視・巡回等を行っている	1	市の環境部門に不法投棄対策強化を要請している	1

回答が同数で続く。従業者数10～29人では「住宅系土地利用が増加している」、「辺りは店舗等が混在している」との回答が続き、従業者数30人以上では「住宅系土地利用が増加している」、「工業系土地利用が減少している」との回答が続く。

社会的条件に起因する問題点等の認識については、いずれも「操業環境は安定しており特に心配事はない」が最も多く、次いで「あまり意識していない」との回答が多い。店舗等の利用客との間の自動車通行等に関するトラブルや住民との間での騒音・振動等を巡るトラブルについてはいずれも一部で認識する回答があり、従業者数30人以上が相対的にやや多い。

問題点等への対応状況に関しては、従業者数10人未満と従業者数30人以上では「対応策を考える必要はない」との回答が最も多く、次いで「あまり考えていない」が多い。従業者数10～29人では「あまり考えていない」との回答が最も多く、次いで「対応策を考える必要はない」が多い。具体的な対応を検討しているか実施している旨の回答は一部にとどまるが、従業者数30人以上が相対的に多い。

④ 行政的条件についての問題点等

行政的条件の認識についての集計結果は**表 4-4-17**、これに起因する問題点等の認識についての集計結果は**表 4-4-18**、当該問題点等への対応状況等についての集計結果は**表 4-4-19**のとおりである。

行政的条件の認識については、従業者数10人未満では「都市計画で準工業地域に指定」と「景観地区に指定」との回答が同数で並び、従業者数10人以上では「都市計画で準工業地域に指定」との回答が突出して多い。

表 4-4-17　行政的条件の認識

順位上位	従業者数 10人未満 ※N=59	回答数	従業者数 10～29人 ※N=53	回答数	従業者数 30人以上 ※N=61	回答数
1	都市計画で準工業地域に指定	15	都市計画で準工業地域に指定	21	都市計画で準工業地域に指定	34
2	景観地区に指定	15	都市計画で商業系の地域に指定	7	都市計画で工業地域に指定	8
3	都市計画で住居系の地域に指定	12	都市計画で工業地域に指定	6	都市計画で住居系の地域に指定	4
4	都市計画で商業系の地域に指定	8	都市計画で住居系の地域に指定	5	景観地区に指定	4
5	容積率規制が厳しい	5	景観地区に指定	5	都市計画で工業専用地域に指定	3

表4-4-18 行政的条件に起因する問題点等の認識

順位上位	従業者数 10人未満 ※N=59	回答数	従業者数 10～29人 ※N=62	回答数	従業者数 30人以上 ※N=66	回答数
1	安定して操業できる条件下にあり特に心配事はない	26	安定して操業できる条件下にあり特に心配事はない	23	安定して操業できる条件下にあり特に心配事はない	24
2	あまり意識していない	21	あまり意識していない	19	あまり意識していない	16
3	現存建物は用途地域指定前に建てられたものであり現在の用途規制では増改築も同規模・同用途の建物への建替えもできない	5	現在の用途規制では工場部分の増築や工場部分の規模を拡大する建替えができない	6	現在の用途規制では工場部分の増築や工場部分の規模を拡大する建替えができない	6
4	現在の景観規制では建替え時には特別な形態・意匠としなければならないため負担増となる	4	現存建物は用途地域指定前に建てられたものであり現在の用途規制では増改築も同規模・同用途の建物への建替えもできない	5	現存建物は用途地域指定前に建てられたものであり現在の用途規制では増改築も同規模・同用途の建物への建替えもできない	5
5	現在の用途規制では工場部分の増築や工場部分の規模を拡大する建替えができない	1	現在の防火規制では建替え時には防火対策が必要となり負担増となる	4	容積率規制が厳しいため増築や建替え時の規模拡大が難しい	5

表4-4-19 行政的条件に起因する問題点等への対応状況等

順位上位	従業者数 10人未満 ※N=51	回答数	従業者数 10～29人 ※N=54	回答数	従業者数 30人以上 ※N=57	回答数
1	あまり考えていない	26	あまり考えていない	31	あまり考えていない	25
2	対応策を考える必要はない	21	対応策を考える必要はない	17	対応策を考える必要はない	22
3	施設更新、規模拡大に適した場所に移転することを検討している	2	事業展開の選択肢を広げられる場所に移転することを検討している	4	施設更新、規模拡大に適した場所に移転することを検討している	7
4	事業展開の選択肢を広げられる場所に移転することを検討している	2	施設更新、規模拡大に適した場所に移転することを検討している	2	事業展開の選択肢を広げられる場所に移転することを検討している	3

行政的条件に起因する問題点等の認識については、いずれも「安定して操業できる条件下にあり特に心配事はない」との回答が最も多く、次いで「あまり意識していない」が多い。現況の建物が既存不適格状態にあり今後の増築や建替えに支障がある、あるいは、これ以上の規模拡大は難しいこと、建替え時の負担増の可能性を認識する回答が少なからずあるが、従業者数の区分で特に違いは認められない。

　問題点等への対応状況に関しては、いずれも「あまり考えていない」との回答が最も多く、次いで「対応策を考える必要はない」が多い。移転することを検討している旨の回答は一部にとどまるが、従業者数30人以上が相対的に多い。

⑤　現状での相談相手候補

　土地利用上の課題への対応を検討する際の、現状での相談相手候補についての集計結果は**表4-4-20**のとおりである。

　各条件ともに、いずれも「顧問等である公認会計士・税理士」との回答が最も多い。従業者数10人未満では各条件ともに次いで「商工会議所・工業会等の役職員」との回答が多く、自然的条件と社会的条件については「取引等のある金融機関の役職員」が続く。行政的条件については「取引等のある金融機関の役職員」と「取引等のある建設業者の役職員」と「取引等のある不動産業者の役職員」が同数で続く。従業者数10人以上では各条件ともに「取引等のある金融機関の役職員」、「商工会議所・工業会等の役職員」との回答が続く。従業者数10～29人では「取引等のある不動産業者の役職員」や「顧問等である弁護士」を選択する回答も多い。従業者数30人以上でも自然的条件については「顧問等である弁護士」、「取引等のある不動産業者の役職員」を、社会的条件と行政的条件については「顧問等である弁護士」、「役職員である公認会計士・税理士」を選択する回答も多い。

表 4-4-20　土地利用上の課題についての現状での相談相手候補

自然的条件に関する課題

順位上位	従業者数 10人未満 ※N=71	回答数	従業者数 10〜29人 ※N=93	回答数	従業者数 30人以上 ※N=125	回答数
1	顧問等である公認会計士・税理士	24	顧問等である公認会計士・税理士	27	顧問等である公認会計士・税理士	32
2	商工会議所・工業会等の役職員	14	取引等のある金融機関の役職員	19	取引等のある金融機関の役職員	27
3	取引等のある金融機関の役職員	10	商工会議所・工業会等の役職員	13	商工会議所・工業会等の役職員	14
4	取引等のある建設業者の役職員	6	取引等のある不動産業者の役職員	11	顧問等である弁護士	13
5	取引等のある不動産業者の役職員	6	顧問等である弁護士	7	取引等のある不動産業者の役職員	10

社会的条件に関する課題

順位上位	従業者数 10人未満 ※N=70	回答数	従業者数 10〜29人 ※N=92	回答数	従業者数 30人以上 ※N=123	回答数
1	顧問等である公認会計士・税理士	25	顧問等である公認会計士・税理士	25	顧問等である公認会計士・税理士	32
2	商工会議所・工業会等の役職員	15	取引等のある金融機関の役職員	19	取引等のある金融機関の役職員	29
3	取引等のある金融機関の役職員	10	商工会議所・工業会等の役職員	12	商工会議所・工業会等の役職員	16
4	取引等のある不動産業者の役職員	6	取引等のある不動産業者の役職員	10	顧問等である弁護士	14
5	取引等のある建設業者の役職員	5	顧問等である弁護士	9	役職員である公認会計士・税理士	10

行政的条件に関する課題

順位上位	従業者数 10人未満 ※N=64	回答数	従業者数 10〜29人 ※N=93	回答数	従業者数 30人以上 ※N=117	回答数
1	顧問等である公認会計士・税理士	22	顧問等である公認会計士・税理士	24	顧問等である公認会計士・税理士	30
2	商工会議所・工業会等の役職員	17	取引等のある金融機関の役職員	17	取引等のある金融機関の役職員	21
3	取引等のある金融機関の役職員	5	商工会議所・工業会等の役職員	14	商工会議所・工業会等の役職員	19
4	取引等のある建設業者の役職員	5	顧問等である弁護士	9	顧問等である弁護士	14
5	取引等のある不動産業者の役職員	5	取引等のある不動産業者の役職員	9	役職員である公認会計士・税理士	10

⑥　支援を求めたい相手の条件

　土地利用上の問題が発生した際に、円滑に事業を進める観点から支援を求めたい相手の条件についての集計結果は**図 4-4-13** のとおりである。

　最も重要度の高い条件については、従業者数 10 人未満では「当該分野に関する経験が豊富」と「支援を求めたい相手はない」との回答が同数で並ぶ。次いで「総合的な視点で物事が見られる」、「当該分野に関する専門性が高い」との回答が続く。従業者数 10 〜 29 人では「総合的な視点で物事が見られる」との回答が最も多く、「当該分野に関する専門性が高い」、「当該分野に関する経験が豊富」が続く。従業者数 30 人以上では「当該分野に関する専門性が高い」と「当該分野に関する経験が豊富」との回答が同数で並び、「総合的な視点で物事が見られる」が続く。

　2 番目に重要度の高い条件については、従業者数 10 人未満では「当該分野に関する経験が豊富」との回答が最も多く、「該当する条件はない」、「対応が迅速である」が続く。従業者数 10 〜 29 人でも「当該分野に関する経験が豊富」との回答が最も多く、次に「当該分野に関する専門性が高い」、そして「総合的な視点で物事が見られる」と「費用が安い」が同数で続く。従業者数 30 人以上では「当該分野に関する専門性が高い」との回答が最も多く、「当該分野に関する経験が豊富」、「総合的な視点で物事が見られる」が続く。

　3 番目に重要度の高い条件については、従業者数 10 人未満では「該当する条件はない」との回答が最も多く、「費用が安い」、「対応が迅速である」が続く。従業者数 10 〜 29 人では「当該分野に関する専門性が高い」と「総合的な視点で物事が見られる」と「費用が安い」との回答が同数で並ぶ。従業者数 30 人以上では「対応が迅速である」との回答が最も多く、次に「費用が安い」、そして「当該分野に関する経験が豊富」と「総合的な視点で物事が見られる」が続く。

　なお、「組織力があり安定している」と「利害関係が生じにくい」の回答は全般的に少ない。

　また、従業者数 30 人以上では「支援を求めたい相手はない」・「該当する

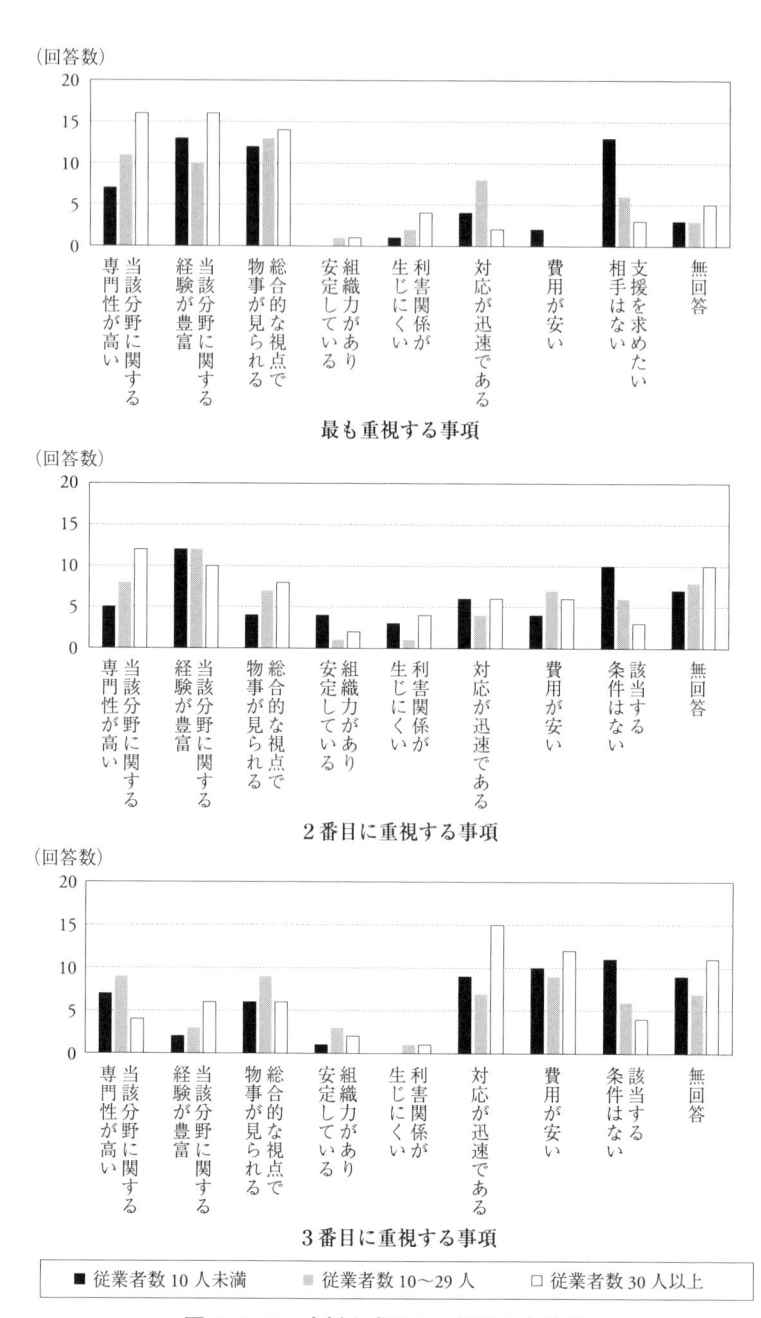

図 4-4-13　支援を求めたい相手の条件等

第4章　中小製造業における認識と土地利用上の課題

条件はない」との回答はどの段階でも相対的に少ない。

⑦　支援を求めたい相手方のイメージ

仮に土地利用上の重大な問題が発生した場合に支援を求めたい相手方のイメージについての集計結果は図4-4-14のとおりである。従業者数10人未満では「地域密着型の金融機関」と「該当なし・支援を求めたいと思う相手方はいない」との回答が同数で並ぶ。従業者数10〜29人では「専門性に優れた専門職業家」との回答が最も多く、「地域密着型の金融機関」が続く。業者数30人以上でも「専門性に優れた専門職業家」との回答が最も多く、「バランス感覚に優れた専門職業家」が続く。

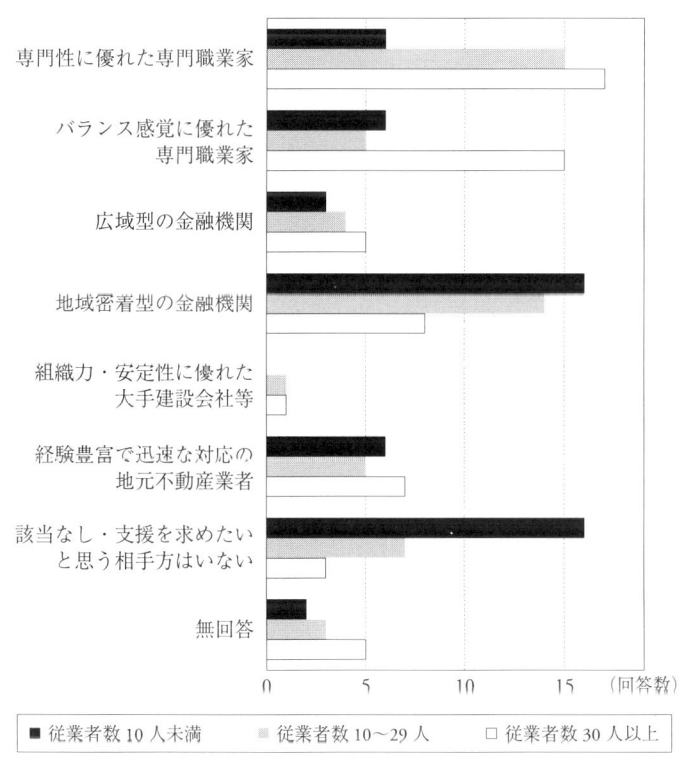

図4-4-14　支援を求めたいと思う相手方のイメージ等

183

(5) まとめ

① 回答者の属性について

創業時期については創業後 50 年以上の回答者が多く、業種については各市の業種別事業所数の傾向と概ね整合する。従業者数については 29 人以下が半数以上を占めるが、各市の傾向と比較して従業者規模は大きい。

主たる事業所の立地選択の背景については、制約のない環境下で経済合理性を最も重視して選択した回答者が東大阪市と尼崎市では過半を占める。京都市では相対的に少なく、繊維工業では関係者の土地・建物等を利活用する回答者が過半を占める。所有・利用の態様については、土地・建物ともに単独所有する回答者が多いが、京都市の繊維工業では関係者より賃借等する回答者も比較的多い。用途については、事務所・工場が多いが、京都市では相対的に事務所が多い。敷地規模や建物規模については、京都市の繊維工業は規模の小さなものが相対的に多く、尼崎市は規模の大きなものが相対的に多い。当面の意向については、現在の土地・建物を同規模で継続利用したい回答者が多い。現在の土地・建物を基盤に規模拡張を志向する回答者も比較的多く、生産活動の規模縮小を志向する回答者は少ないという結果が得られた。

② 土地利用上の課題に関する質問項目について

自然的条件の認識については内陸部の平坦地との回答が多い。しかし、周囲の河川や低地を意識する回答、付近に断層、地盤が弱さを意識する回答もある。問題点等の認識については、尼崎市を除くと、あまり意識していない、危険性は低く特に心配事はないとする回答が多い。自然災害に対する危険性を意識する回答は、尼崎市、従業者数 30 人以上で相対的に多い。問題点等への対応状況に関しては、東大阪市を除くと、あまり考えていない、対策を考える必要はないとの回答が多い。損害保険により自然災害発生時の負担軽減を図るとの回答は東大阪市や尼崎市、従業者数 30 人以上で相対的に多い。従業者数 30 人以上では、事業継続計画（BCP）策定などソフト面で対応するとの回答も少なからずある。

社会的条件の認識については、住宅が混在との回答が多く、製造業が集積

との回答も多い。住宅系土地利用が増加、工業系土地利用が減少との回答も少なからずある。問題点等の認識については、特に心配事はない、あまり意識していないとの回答が多い。住民との間のトラブルを認識する回答もあり、東大阪市、従業者数 30 人以上が相対的に多い。問題点等への対応状況に関しては、対応策を考える必要はない、あまり考えていないとの回答が多い。具体的な対応を検討との回答は従業者数 30 人以上が相対的に多い。

　行政的条件の認識については、準工業地域に指定との回答が多く、景観地区、工業地域や工業専用地域、住居系の地域に指定も比較的多い。問題点等の認識については、特に心配事はない、あまり意識していないとの回答が多い。今後の増築や建替えに支障がある、規模拡大は難しい等を認識する回答が少なからずある。問題点等への対応状況に関しては、あまり考えていない、対応策を考える必要はないとの回答が多い。移転を検討する旨の回答は、京都市の繊維工業以外、従業者数 30 人以上で相対的に多いという結果が得られた。

③　現状での相談相手候補と支援を求めたい相手の条件等について

　現状での相談相手候補については、顧問等である公認会計士・税理士との回答が最も多く、取引等のある金融機関の役職員や商工会議所・工業会等の役職員も多い。従業者数 10 人以上では、取引等のある不動産業者の役職員や顧問等である弁護士を選択する回答も相対的に多い。

　支援を求めたい相手の条件については、総合的な視点で物事が見られる、豊富な経験、高い専門性を志向する回答者が多い。しかし、東大阪市及び従業者数 10 人未満では、支援を求めたい相手はないとする回答者も多い。迅速な対応、安価な費用を重視する回答者はやや少なく、組織力・安定、利害関係の排除を志向する回答者は少ない。

　支援を求めたい相手方のイメージについては、京都市と尼崎市及び従業者数 10 人未満では地域密着型の金融機関を選択する回答者が多く、東大阪市及び従業者数 10 人以上では、専門性に優れた専門家を選択する回答者が多い。また、東大阪市及び従業者数 10 人未満では、該当なし・支援を求めた

いと思う相手方はいないとする回答者が相対的に多いという結果が得られた。

5　土地利用問題に関する支援機能の展望

　本研究では、中小製造業の集積地や住工混在地域での課題に対して、中小製造業が解決に向けて取り組みやすくなるような具体的な機能・仕組みを検討する上で必要となる情報の収集のためにアンケート調査を実施している。いわば検討材料の収集であり、中小製造業の経営者層の認識について実情を把握することを最優先しているため厳密な統計調査の手順を踏むものではない。しかし、得られた回答は、業種については各市の業種別事業所数の傾向と整合的であり、敷地規模や建物規模についても固定資産税評価における関連データの傾向と整合的である。また、都市等別・従業者規模別のいずれの集計によっても、周辺は工業地域や工業専用地域以外の用途地域に指定されている、あるいは、住宅が混在しているとの回答は回答者数の半数以上に上っている。そのため、少なくとも本研究の目的に沿った情報は得られていると判断できよう。

　以下では、中小製造業側の認識の特徴と中小企業支援の受け皿として期待されている専門職業家や地域金融機関側の事情等の検討を踏まえて、筆者なりに有効な支援をなしうる機能・仕組みについて展望する。

(1) 中小製造業側の認識の特徴について
①　事業用資産の利活用について

　本研究で実施したアンケート調査の回答者は、創業後50年以上経過している中小製造業が多いこともあり、現在の事業用資産を利活用したいという意向が基本的に強い。具体的には、現在の土地・建物を同規模、または、基盤に拡張あるいは有効利用したいとする回答者は[60]、都市別等では京都市・繊維工業以外では80％弱であるものの他は80％以上、従業者規模別ではいずれも80％以上である。そのため、自らの側の事情に変化が生じればともかく、そうでない場合には外部からの何らかの働きかけで主たる事業所の移

転を促すことは容易でないことが推察される。これに関連して、伝統産業が多い京都市では主たる事業所の用途として事務所が相対的に多い背景には、既に現在の場所で用途転換が図られてきていることも窺える。

今後も、社会・経済環境は変化し流動化していくとすれば、事業所の移転を否定的に捉える必要はない。しかし、中小製造業側の認識を考え合わせると、支援の視点は現在の場所で用途転換を含む適切な投資が円滑に行われるように促していくことを主軸に据えることが現実的であるように思われる。

② リスクの認知について[61]

リスク認知上の問題点やリスク・コミュニケーションの難しさに関しては前章までに何度か言及してきている。本研究では、主に自然災害リスク、事業所の操業にかかわるリスク、事業用資産への追加投資にかかわるリスクを念頭に中小製造業側の認識や対応状況を探った。その結果、いずれについてもリスク認知あるいはリスク・コミュニケーション上の課題を再認識せざるを得ない結果となった。

まず、自然災害リスクに関しては、既に前記で示したように、将来、相当の確率で起こるとされている巨大地震に関しては、3市ともに市街地の広域な範囲で最大震度6強となることが予測されている。他方、自然的条件として付近の断層の存在や地盤の弱さを挙げる回答は少ない。これに起因する問題点等に関しても、尼崎市を除くと、意識は低く、そもそも自然災害発生の危険性は低く特に心配事はないと認識する回答が多くなっている。その結果、問題点等への対応状況は、一部を除きあまり考えていないとか対策を考える必要はないとする回答が多くなっている。つまり、絶対的なリスク水準と中小製造業側が認知するリスク水準との乖離が大きいと言わざるを得ない。おそらく、発生間隔が長期となる巨大地震に対するリスク認知問題がその本質を示しているように思うが、程度の差こそあれ、集中豪雨などによる水害に対するリスクの認知状況に関しても懸念をもたざるを得ない。

事業所の操業にかかわるリスクに関しても、絶対的なリスク水準と中小製造業側が認知するリスク水準との乖離を懸念せざるを得ない。その理由は、

そもそも周辺は住宅が混在しているとする回答者が多く、少なからず住宅系土地利用の増加が認識されているからである。しかし、このような事実は、もうひとつの創業後長期間経過している回答者が多いという事実もあって、問題の顕在化が抑えられ、潜在的なリスクの認知に影響を及ぼしているように思われる。

　また、事業用資産への追加投資にかかわるリスクについても、前記と同様の構造があるように思われる。つまり、準工業地域や住居系・商業系の用途地域のように住宅利用を許容する地域に事業所を有する回答者が多いにもかかわらず、特に心配ないやあまり意識していないとする回答者が多いからである。おそらく、都市計画制度による規制に先行して建築された事業所建物を所有する回答者が多いためではないかと思われるが、増築や建替えの際には潜在的なリスクの顕在化は避けられない。

　繰り返しになるが、近年の自然災害の発生状況を見る限り、起こりそうにないと思われていたものが現実になっている。また、ある地域で先行して長年にわたり操業を行ってきたとしても、事業承継が起これば周辺住民との人間関係は変化するかもしれない。さらに、社会経済環境の変化に応じて事業所の用途転換や有効活用を円滑に進めようとする場合には、都市計画・建築関連法規を遵守せざるを得ない。そのため、現状での中小製造業者のリスク認知水準がどのようであれ、自然災害リスクや事業所の操業にかかわるリスク、事業用資産への追加投資にかかわるリスクへの対応を支援する機能は必要不可欠と考える。

　③　外部の支援者層に対する認識について
　主たる事業所についての土地利用上の課題への対応に関して、現状での相談相手候補として思い浮かぶのは誰かという質問に対しては、顧問等である公認会計士・税理士を挙げる回答が多くなっている。これは、事業者に対する納税システムを考えると、最も依存度が高く結果として身近に感じられる専門職業家という意味で当然の結果と言えよう。そのような意味では、取引等のある金融機関の役職員や商工会議所・工業会等の役職員を挙げる回答が

第4章　中小製造業における認識と土地利用上の課題

多いことも理解できる。

　しかし、このような選択結果は、少なくとも次の2つを示唆しているように思える。ひとつは、これまでの指摘からも容易に推察できることであるが、本アンケートで提示したような土地利用上の課題に関しては、差し迫ったものとして認識されていないのではないかということである。その理由は、少なくとも顧問税理士等について回答者の事業の実態を相当深く知る立場にあるが、金融機関の役職員については取引内容・親密度によって知りうる内容には相当違いがある。商工会議所・工業会等の役職員に至っては、通常、回答者が内情を詳細に開示できる相手方とは考えられず、一般論の相談相手でしかないように考えられるからである。加えて、税理士等や信託銀行を除く金融機関の役職員は、通常、事業所の立地環境や土地・建物にかかわる課題について直接的に専門性を発揮できる立場ではないと考えられるからである。そして、もうひとつは、前記とも密接に関連するが、回答者層がこのような課題に関して相談できそうな相手方は、実は相当限られているのではないかということである。理由としては、前記に加え、例えば、支援を求めたい相手の条件に豊富な経験や高い専門性を挙げる回答者が多いことがある。また、安価な費用を挙げる回答者が少ない中で、東大阪市及び従業者数10人未満では、支援を求めたい相手はないとする回答者が多い背景には、一種の先入観だけでなく接点の少なさがあるのではないか。さらに、支援を求めたい相手方のイメージで東大阪では地域密着型の金融機関を挙げる回答者が目立って少ない背景には、東大阪市内に本拠を置く地域金融機関がないという事情があるように思われる。

　事実を形式的に捉えれば、少なくとも政令指定都市または中核市である3市には、少なからず土地利用上の課題に対応しうる各種専門職業家や地域密着型金融を掲げる地域金融機関の営業拠点が存在する。しかし、本アンケート調査の結果による限り、各種専門職業家や地域密着型金融を掲げる地域金融機関の営業拠点が存在するだけでは問題解決には十分ではないように思える。その点を明らかにするためにも、次では専門職業家や地域金融機関側の事情等について考察する。

(2) 専門職業家や地域金融機関側の事情等について

① 専門職業家側の事情

本研究で念頭に置く中小製造業の土地利用上の課題は、自然災害リスク、事業所の操業にかかわるリスク、事業用資産への追加投資にかかわるリスクに関連するものである。このようなリスクに対応しうる専門職業家としては、すべての構造・規模・用途の建築物の設計・工事監理を行うことができる点では一級建築士が、すべての法律事務に関して代理人資格を有する点では弁護士が挙げられよう。しかし、例えば、企業買収・事業譲渡や相続が絡む場合、税務代理・税務書類の作成・税務相談業務の領域については税理士[62]及び税理法人の独占業務となる。また、製造業の事業所が不動産であるという観点では、他人の求めに応じ報酬を得て不動産の鑑定評価を行う領域では不動産鑑定士の独占業務となる。不動産鑑定士については、独占業務ではないものの、不動産鑑定士の名称を用いて不動産の価値に関する調査・分析や不動産の利用・取引・投資に関する相談に応じることも業務領域としている[63]。他にも、法律事務の領域では司法書士や行政書士、土地境界確定の領域では土地家屋調査士の専門領域があり、取引が絡む場合には宅地建物取引業者に所属する宅地建物取引士も関与する可能性がある。さらに、まちづくりという視点では、コンサルタント会社等の技術士（建設部門）も関与することがあろう。

わが国には、このような様々な立場の専門職業家が存在する中で、中小製造業者との関係において専門職業家側の事情として最も重要なことは、継続的に関係をもちうる専門職業家が事実上、限られるということである。この点では中小製造業側の認識と一致し、最も可能性が高いのは経常的な税務書類の作成等にかかわる税理士であり、比較的事業規模の大きい中小製造業者については顧問としての弁護士、公認会計士や税理士であろう。本来、事業所建物にかかわる課題については建築士が担うべき領域が大きいはずであるが、中小製造業側の認識の中では現状での相談相手候補として取引等のある建築士は大きなウエイトをもっていない。これは、現状では継続的な接点を十分もちえていないという証であろう。また、不動産鑑定士についても、独

占業務が停滞気味の中で、活動範囲を広げる趣旨で法改正により業務領域として明確化された不動産の利用等に関する相談業務などが未だ低迷していることも裏づけのひとつとなろう[64]。他方、中小製造業の土地利用上の課題に関しては、弁護士、税理士や公認会計士が報酬を得て行う専門業務領域はそれほど大きなものではないかもしれない。

そして、もうひとつ重要な専門職業家側の事情としては、報酬を得て行うコンサルティング業務については、実際には様々な法律が絡む点で弁護士法との関係に神経質にならざるを得ないということである。他方、サービスの需要者側が利用しやすいように複数の専門職業家の業務を総合化する取り組みは、各専門職業の報酬体系が異なり職業倫理も一様ではない中で、現状では未だ途上にあると言わざるを得ない。

② 地域金融機関側の事情

前章でも言及したように、地域金融機関には地域の利用者の利便性向上などさらなる地域密着型金融の機能強化が求められている。一方で、厳しさを増す競争環境の中、リスク管理態勢の高度化など経営力の一層の強化に取り組むことも求められている。そのような中、地域金融機関による地域密着型金融の取り組みについては、利用者側の評価を把握するため、金融庁により毎年調査が行われ、結果が公表されている。2014年度については、地域密着型金融の取り組み姿勢の全体評価や顧客企業への訪問等の姿勢については、積極的・やや積極的との評価が過半を占めている。しかし、経営改善支援、事業再生・業種転換支援、事業承継支援、外部専門家・外部機関等との連携姿勢については、積極的・やや積極的との評価は50％に満たない。特に外部専門家・外部機関等との連携姿勢に関しては、利用者等側から金融機関の担当者と税理士が情報交換してほしい旨の意見も出ている[65]。

優良な中小製造業に対しては都市銀行なども積極的に取引関係を深めている中で、相対的に体力の弱い地域金融機関については、地域密着型金融のあり方を未だ模索しているのが現状のように思われる。

(3) 望まれる機能・仕組み

　わが国には、実は企業向けに不動産の利活用を促す取り組みがないわけではない。国土交通省では、2006年度に企業不動産の合理的な所有・利用に関する研究会（CRE研究会）が設置されCRE戦略が打ち出された。CRE戦略の特徴は、企業価値を最大限向上させるための経営資源として不動産を捉え企業価値にとって最適な選択を行おうということにある。しかし、これを推進するために提唱されたのは、不動産にかかわる経営形態の見直しや組織再編を視野に入れた全社的視点に立つガバナンスやマネジメントの重視である。期待される効果としても、コスト削減にとどまらず、経営リスク軽減、コーポレート・ブランド確立等、間接的には企業価値の向上も挙げられている[66]。このようなアイデアは、観念的には望ましいもののように思う。大手・中堅製造業や事業用資産の規模が大きく従業者数も多い一部の中小製造業では受け入れられるかもしれない。しかし、その特性を考えると、大多数の中小製造業には馴染まないように思える。それは、未だBCPを策定していない中小製造業が少なくないことからも容易に推察することが可能であろう。

　では、中小製造業向きで現実的な機能・仕組みとしてどのようなものが考えられるのか。結論から言うと、地域金融機関が中小製造業に対する窓口となり、地域金融機関の顧客にもなりうる中小企業等としての各種専門職業家と連携を深めることが現実的であるように考えている。以下では主な理由を示す。まず、第1に、地域金融機関には地域の中小製造業者や各種専門職業家を含む利用者向けに地域密着型金融の機能強化が求められており、その取り組みは未だ途上にあるということである。この場合の機能強化に収益面での改善が含まれていることは言うまでもない。中小製造業者と各種専門職業家をつなぐ取り組みはビジネスマッチングであり、双方の探索コストを低下させ、地域金融機関に求められているいくつかの課題に応えることにもなろう。第2に、中小製造者側の選好にも合致し、結果的に支援を求めたい相手の条件、つまり、総合的な視点で物事が見られる、豊富な経験、高い専門性を確保することが可能であるからである。適切な相手方と出会うためには、

中小製造者側も専門職業家側もそれなりの努力が必要であろうが、これは市場競争機構を機能させるためには必要不可欠であろう。そして第3に、都市部の中小製造業の集積地や住工混在地域での中小製造業における土地利用上の課題の緩和は、結果的に地域における減災の取り組みに寄与することにつながり広義の地域貢献と考えられるからである。地域金融機関による地域貢献に関しては、収益面で過剰な負担となる可能性も指摘されているが、第1の理由と一体的に捉えることで、このような懸念に応えることが可能である。

なお、仮に、地域金融機関が中立的なまちづくり支援機関とも連携できるのであれば、情報交流とともに本来、立場の異なる専門職業家側とまちづくり支援機関側との間の相互理解を進めることも可能になるかもしれない。

6　おわりに

本研究は、家計や企業の行動は原則、自由であり、これらを取り巻く環境の変化によって産業も経済も、そして都市も変化することを前提とせざるを得ないとの基本認識に基づいて取り組んだ。その場合、同じ空間内でものづくりと居住との調整の実効性を高めていくためには、土地利用の規制・誘導だけでなく、土地利用の適正化を促す機能・仕組みの整備も進める必要があると考えた。具体的には、先行研究のリ・ベイなどにより中小製造業の集積地や住工混在地域における今日の課題を再認識し、近畿を中心に製造業の状況も概観した。これらを念頭に、京都市・東大阪市・尼崎市の中小製造業を対象に実施したアンケート調査結果を活用して中小製造業における土地利用上の諸問題について有効な支援をなしうる機能・仕組みを検討した。その結果導き出されたのは、地域金融機関が窓口になり中小製造業と中小企業等でもある各種専門職業家を結びつけて、コスト低下と外部経済効果の内部化を図りながらそれぞれの課題に応えていく取り組みであった。それは、中小製造業の特性を前提に、社会の潜在能力の観点から公平性を高めるためのアイデアでもある。

ところで、本研究でこのような機能・仕組みの検討を進めた背景のひとつ

には、巨大地震などによる自然災害に関する絶対的なリスク水準と中小製造業側が認知するリスク水準との乖離が大きいことがある。現在、大都市を中心に耐震改修促進計画の見直しが進められているが、対象は住宅、防災拠点や避難路沿道の民間建築物と公共建築物である。また、改正後の建築物の耐震改修の促進に関する法律では工場も特定既存耐震不適格建築物に含まれているが、その所有者には努力義務しか課せられていないこともあり公的支援の面では重視されていないように思う。しかし、都市部における住工混在地域の実態を考えると、住宅のみの耐震化を進めるだけでは期待される効果は得られないのではなかろうか。人と企業の適切な集積と意味ある多様化を進めていくためには、このような面でも産業振興関連施策と都市計画関連施策等の連携が図られることを期待したい。

注
（1） 瀧澤（1996）、6-12ページ参照。
（2） 瀧澤、前掲書、15ページ参照。
（3） 高田（2011）、3-4ページ参照。
（4） 金融庁（2015）「金融検査マニュアル別冊〔中小企業融資編〕」、3-19ページの「2. 検証のポイント」欄参照。
（5） 大西（2011）、15-19ページ参照。なお、当時の用途地域制では、危険物、有害物を扱う工業に対して特別地区の指定ができることとされていた。
（6） 大西、前掲書、25-28ページ参照。
（7） 具体的には、第一種低層住居専用地域、第二種低層住居専用地域、第一種中高層住居専用地域、第二種中高層住居専用地域、第一種住居地域、第二種住居地域、準住居地域の7種類。
（8） 大阪府都市整備部（2013）「用途地域の指定のガイドライン」参照。
（9） 大阪府都市整備部、前掲資料参照。
（10） 例えば、兵庫県（2010）「兵庫県用途地域等見直し基本方針」参照。
（11） 例えば、国土交通省近畿地方整備局建政部ウェブページ「用途地域」参照。
（12） 工業系の土地利用にかかわる特別用途地区の指定例としては、兵庫県尼崎市の工業保全型特別工業地区（扶桑町：2007年3月）、住工共存型特

第 4 章　中小製造業における認識と土地利用上の課題

別工業地区（工業地域及び準工業地域の各一部：2010 年 1 月）などがある。
(13) 内海（2014）、109 ページに掲載された建設事務次官通達「都市計画法及び建築基準法の一部改正について」（都計発第 109 号・1981 年 8 月 5 日）の抜粋参照。
(14) 内海、前掲書、112 ページ参照。
(15) 阿部（1996）、83-84 ページ参照。
(16) 鎌倉（2005）、183-192 ページ参照。
(17) 中村（2005）、3-8 ページ参照。
(18) 木村（2015）、118-128 ページ参照。なお、この場合の認知的近接性は、企業それぞれが知識を吸収する基盤を指している。
(19) 庄谷（1977）、40 ページ及び 52 ページ参照。
(20) 和田（1995）、174-179 ページ参照。
(21) 徳増・瀧口・村橋（2005）、957-960 ページ参照。
(22) 梅村（2014）、134-139 ページ参照。
(23) Glaeser, Kallal, Scheinkman and Shleifer（1992）、pp.1127-1131 参照。
(24) 児玉（2010）、10 ページ参照。
(25) 和田、前掲書、150 ページ及び徳増・瀧口・村橋、前掲書、959 ページ参照。
(26) 庄谷、前掲書、43 ページ及び梅村、前掲書、139 ページ参照。なお、庄谷の執筆時点は地区計画制度の創設前であるため、特別用途地区の指定は必ずしも否定されているわけではない。詳細は、庄谷、前掲書、40 ページ参照。
(27) 序章参照。詳細は、西嶋（2004）、61-66 ページ・50-51 ページ・92-93 ページも参照されたい。
(28) 前田（2012）、8 ページ参照。
(29) この研究は、津波が想定される沿岸地域という限定された環境を前提とするものであるが、土地市場、財市場、労働市場についての前提条件を変えることで、職住近接とそうでない場合の違いを表現することも可能であると思われる。その場合に各市場が均衡するまでの時間の違いを考慮できれば、ひとつの視点による立地規制の要否とその根拠を導くことも可能かもしれない。詳細は、横松（2015）、2-4 ページ等参照。
(30) 京都市では「らくなん進都」の一部でものづくり機能のさらなる集積と高度利用化を図ることを目的に、ものづくり機能に資する建築物を対象

に容積率を割り増す特別用途地区(らくなん進都鴨川以北産業集積地区)が指定された。

(31) 前田、前掲書、4ページ参照。

(32) 村本(2015)、192-193ページ参照。

(33) 例えば、通商産業省(1986)「昭和61年版通商白書」等参照。

(34) 京都府・大阪府・兵庫県下の政令指定都市・中核市のうち、商・工業における工業の比率が相対的に高く、絶対的にも製造業の売上額が多く、さらに小規模(従業者数4～9人)事業所比率が高いことを指標として抽出している。

(35) 経済産業省・厚生労働省・文部科学省編(2015)「2015年版ものづくり白書」、3ページ参照。

(36) 経済産業省・厚生労働省・文部科学省編、前掲資料、26ページ参照。

(37) 経済産業省・厚生労働省・文部科学省編、前掲資料、26-27ページ参照。

(38) 経済産業省「工業統計調査」(都道府県別)を用いて国土交通省地域区分に基づき筆者が作成。

(39) 経済産業省「工業統計調査」(都道府県別)を用いて国土交通省地域区分に基づき筆者が作成。

(40) 例えば、田中(2006)、2ページ参照。

(41) 経済産業省「工業統計調査」(都道府県別)及び内閣府「県民経済計算」(経済活動別・名目)を用いて国土交通省地域区分に基づき筆者が作成。

(42) 経済産業省「工業統計調査」(都道府県別)及び内閣府「県民経済計算」(経済活動別・名目)を用いて国土交通省地域区分に基づき筆者が作成。

(43) 滋賀県・京都府・大阪府・兵庫県・奈良県・和歌山県の「平成25年工業統計調査結果」に基づき筆者が作成。

(44) ここでの記述は、京都市(1974)『京都市政小史－明治篇－』、30－46ページ、角川日本地名大辞典編纂委員会編(1982)『角川日本地名大辞典 京都府』上巻、40-54ページ・下巻125-126ページ、京都市地域活性化懇談会(1995)「京都市産業振興ビジョン」、63-65ページに拠っている。

(45) ここでの記述は、東大阪市経済部(2014)「モノづくりの最適環境 東大阪」及び東大阪市ウェブページ「東大阪市の"いまむかし"」(2015年8月31日時点)に拠っている。

(46) ここでの記述は、尼崎市ウェブページ「尼崎の歴史」(2015年8月31日時点)に拠っている。

(47) 「京都市第3次地震被害想定」（2014年6月）、京都府建設交通部ウェブページの「淀川水系鴨川浸水想定区域図」（2015年9月11日時点）による。

(48) 大阪府危機管理室ウェブページ（2015年9月11日時点）、東大阪市洪水・土砂災害ハザードマップウェブページの「大和川及び淀川浸水想定区域図」（2008年3月）による。

(49) 尼崎市地震ハザードマップのウェブページ・兵庫県CGハザードマップのウェブページ（2015年9月11日時点）による。

(50) 京都市ウェブページ「都市計画総括表」（2014年11月26日時点）、東大阪市「用途地域の変更計画書」（2014年8月）、尼崎市ウェブページ「用途地域」（2015年9月10日時点）に基づき筆者が作成。

(51) 例えば、京都市では中小工場地区はさらに中小工場地区Ⅰ・中小工場地区Ⅱに細分化されている。このうち、住宅の混在が前提となっている地区は中小工場地区Ⅱである。詳細は、京都市「平成27年度京都市固定資産評価要領（土地編）」、34ページ参照。

(52) 京都市・東大阪市・尼崎市の「平成26年度土地に関する概要調書報告書」に基づき筆者が作成。

(53) 京都市・東大阪市・尼崎市の「平成26年度家屋に関する概要調書等報告書」に基づき筆者が作成。なお、木造以外の建物については、工場・倉庫に加えて市場も同一区分として取り扱われている。

(54) 京都市・大阪府・尼崎市の「平成25年工業統計調査結果」に基づき筆者が作成。なお、従業者4人以上の事業所数は京都市が2,364、東大阪市が2,709、尼崎市が824となっている。

(55) 京都市・大阪府・尼崎市の「平成25年工業統計調査結果」に基づき筆者が作成。なお、従業者4人以上の事業所数の製造品出荷額等は京都市が約2兆140億円、東大阪市が約1兆40億円、尼崎市が約1兆3,150億円となっている。ただし、東大阪市については、従業者規模200〜299人及び500〜999人の区分の内訳額は公表されていない。そのため、公表されている区分の内訳額を集計対象とし、その合計額約9,640億円に占める割合を表示している。

(56) 京都市・大阪府・尼崎市の「平成25年工業統計調査結果」に基づき筆者が作成。

(57) 京都市・大阪府・尼崎市の「平成25年工業統計調査結果」に基づき筆

(58) このアンケート調査においては、「主たる事業所」を「本社、製造拠点である工場等」と定義して回答を求めている。
(59) 調査内容の秘匿を前提に、相手先への訪問による対面調査形式により2014年2月～3月に実施した。対象企業は、食料品、繊維工業、プラスチック製品、金属製品、生産用機械器具、業務用機械器具などの業種8社である。
(60) 「現在の土地・建物を同規模で継続利用したい」、「現在の土地・建物を基盤としつつ規模を拡張したい」、「現在の土地・建物を基盤としつつ土地の有効利用を図りたい」のいずれかを選択した回答者である。
(61) 前章までと同様、ここでのリスクの定義は「主観的確率を含む利得・損失を生じる確率」である。
(62) 弁護士（弁護士となる資格を有する者を含む）及び公認会計士（公認会計士となる資格を有する者を含む）は税理士となる資格を有する。また、国税局長に対して通知を行った弁護士・弁護士法人は、一定の条件のもとで税理士業務を行うことができる。
(63) 不動産の鑑定評価に関する法律第3条第2項参照。
(64) 西嶋（2015）、100-101ページ参照。
(65) 金融庁（2015）「地域金融機関の地域密着型取組み等に対する利用者等の評価に関するアンケート調査結果等の概要」6-8ページ及び3ページ参照。
(66) CRE戦略の定義は、企業不動産について企業価値向上の観点から経営戦略的視点に立って見直しを行い、不動産投資の効率性を最大限向上させていこうという考え方である。詳細は、合理的なCRE戦略の推進に関する研究会（2010）「CRE戦略実践のためのガイドライン」（2010年改訂版）、3-4ページ等参照。

第5章　市街地課税についての一考察

1　はじめに

　わが国においても市街地課税は決して新しいものではない。市街地に対する全国統一の課税は、明治政府による地租改正以降である。しかし、豊臣秀吉が政策上、京都における地子銭を免除したように、概念上、必ずしも地代との区分は明確ではないにせよ、租税が徴収されていたことを示す史実がある。わが国の時々の統治機構において、租税は都市づくり、産業振興と一体のものとして取り扱われてきた歴史がある。また、元和年間より見られる地之口割や軒役のように、建物敷地の間口に着目して自治組織の運営経費負担を求めた史料も残っている。土地は移動しない、短期には増えないという特徴をもつ。農地のような直接的な収穫をもたらさない市街地についても、その実態上の所有者に共同の利益をもたらしうるサービスの対価を求めるための客体として用いられてきた歴史もある。

　一方、現在の地方税である土地に対する固定資産税は、一般的には応益課税原則に基づく財産税と認識されている。移動せず短期には増えない土地は、課税対象を捕捉しやすいという利点以外にも、経済活動による便益の有力な帰着先という利点を併せもつ。そのため、本来、ハード整備のための公共投資の比重が高い従来型の都市政策とは相性のよい税である。しかし、少子・高齢化の進行、人口減少期への移行など社会環境が大きく変化する中、厳しい財政状況を背景に都市政策が民間投資への依存度を高めるにつれ、込み入った説明を要する局面も増えつつある。また、不動産市場がグローバル化の進む金融市場との結びつきを強めるにつれ、特に都市圏の固定資産税収は

実体経済だけでなく基礎自治体の活動領域を超える資産（金融）経済の動きにも大きな影響を受けるようになった。そのため、都市経済の活性化を図りながら税収を伸ばすという構図は単純には描きにくい状況になっている。

このような背景を踏まえ、近年、改めて固定資産税の位置づけや課税コストに関して議論されるようになっているが、税収面、歳出面の視点が中心である。しかし、都市政策が都市をとりまく経済環境の変化を背景に民間投資への依存度を高める中で、このような狭い視点のみで固定資産税の問題を捉えてよいのであろうか。固定資産税が土地・建物等に対する保有税という性格をもつ以上、このような議論に際しては、経済活動を通して今後の土地利用のあり方にも少なからず影響を与えることを十分認識しておく必要があろう。たとえ、課税コストについて議論するにしても、今後の固定資産税のあり方を踏まえたものとすることが必要であるように考える。

以上のような問題意識により、本研究では、現実には租税法律主義の制約下にある固定資産税の枠組みにとらわれず、これまでの市街地課税に関する議論の延長線上において現在の固定資産税の課題について検討する。念頭にあるのは、社会経済環境の変化に応じた都市機能の更新及び土地利用の更新の円滑化であり、地方財政の効率化の観点から望ましい地方税体系を検討する中で固定資産税について言及しようとするものではない。具体的には、これまでの租税論及び市街地課税論並びに地方公共財理論を含む固定資産税に関する議論を概観した上で、宅地を中心に現状の固定資産税の課題を整理する。次に近年における典型的な都市政策のひとつである景観政策を取り上げ、想定条件に基づき便益・費用を計測し結果をもとに土地の固定資産税の課題を定量的に検証する。その上で、社会経済環境の変化に応じた都市機能の更新及び土地利用の更新の円滑化の観点から、今後目指しうる固定資産税の方向性について筆者なりの見解を示す。

2 租税論と市街地課税に関する議論

租税論については、主として財政学、公共経済学分野において、過去様々

な議論が展開されているが、これらのすべてを網羅することは相当な困難を伴う。また、市街地課税に関しては英国を中心に多くの経済学者等により議論されてきており、わが国の固定資産税についても様々な分野で議論されてきている。そのため、ここでは、まず代表的な租税論と現代のわが国における租税原則について概観する。次に、Smith以降の市街地課税の歴史及び公共経済学分野における地方公共財理論と固定資産税に関する議論を概観する。その上で、現在の固定資産税の経済学的な位置づけについて整理する。

(1) 租税論について
① 伝統的な租税論

池田・大川（1982）によると、財政学体系の原型は、ドイツの後期官房学説に求められるとされている[1]。しかし、統治機構が異なればその要としての課税根拠も異なることになろう。そのような位置づけの中で、伝統的な課税の根拠として知られているのは利益説と義務説である。小西（1997）[2]によると、利益説は、利己的個人による市場での消費行動を公共財供給とその財源としての税の負担にも拡張することにより論理構成されている。一方、義務説は、個人の価値観を超える存在として絶対的な政府を位置づけ、政府が強制力をもって個人に課税するという論理構成になっているとされている。そのため、公共財は、その性質あるいは制度的な理由により、政府が一般的利益を追求するために供給する義務を負うことになると指摘されている。よって、課税ルールの指標として市場競争原理による資源配分の効率性が用いられることはないとされている。

また、租税負担配分の根拠として知られているのは応益課税原則と応能課税原則であろう。前掲の小西によると、課税の根拠と租税負担配分の根拠との違いは、前者が「どのような理由でその税負担を求めるのか」であるのに対し、後者は「何に基づいて政府が税負担額を決めるのか」であるとされている。ただし、利益説が応益課税原則と同義に解釈されている場合があるなど、必ずしも両者は明確に区別されて取り扱われているわけではないという。義務説は応能課税原則を志向するが、利益説は応益課税原則だけでなく応能

課税原則も志向することがあるとされている。その例としては、課税の根拠は公共サービスによる受益であるが、租税負担配分は負担能力に着目するケースが挙げられている[3]。

② 最適課税論

前掲の小西では、最適課税論のモデルは、課税が経済の効率性に重大な影響を与えることを前提に税負担配分の公平との間のトレード・オフの中で最も適切な税率構造を決定しようとするものだと説明されている。個人の効用を広い意味で集計した Bergson-Samuelson 型の社会的厚生関数に規範を求め、その最大化を政策目的とする。また、最適課税論はセカンド・ベストの理論であり、超過負担を最小化してファースト・ベストに近づけるため複数課税ベースを支持し、租税特別措置にも一律に反対することはないとされている。そのため、最適課税論の分析は、必ずしも同様の結論が導かれるとは限らない。論理の組み立ては利益説と類似点が見られるが、他方で導き出される課税ルールは義務説に類似する部分ももち合わせているとの指摘もある。理論構成は明確であるものの、具体的な税制の姿が把握しにくく納税者に対する説得の論理にはなりにくいという現実もあり、現実適応性がないとの批判など政策理論として改善の余地は少なくないことが指摘されている[4]。

(2) 課税原則について

① 課税原則の系譜

Smith の著書『国富論』第 5 編第 2 章においては、租税論のために第 2 節が設けられている。その中では、税一般についての 4 原則として知られている、公平の原則、確実の原則、便宜の原則、最小徴税費が示されている[5]。Musgrave and Musgrave（1980）では、Smith 以来、多くの経済学者や社会思想家によって提案されてきた望ましい税構造の条件・目標が整理され、重要なものとして次の 5 項目が挙げられている[6]。

- 税負担の配分は公平でなければならない。
- 効率的な市場における経済的決定に対してできるだけ干渉を小さくする

ような税が選ばれるべきである。
- 投資意欲を促すといった目的のために租税政策が用いられる時、できるだけ税体系の公平に対して干渉が加わらないようにすべきである。
- 税構造は、安定と成長の目的のための財政政策の適用が容易になるようなものでなければならない。
- 徴税側及び納税者側の負担する費用は、他の目的と両立する範囲で、できるだけ低くなければならない。

留意すべきことは、これらの目標は必ずしも調和するとは限らず相互に矛盾する場合はトレード・オフが必要となることが指摘されていることである。

② わが国における課税原則

多くの経済学者や社会思想家による租税論の存在を前提に、これまでの課税原則に関する議論を踏まえて、わが国では一般的な課税原則として公平性、中立性、簡素の3つの基準が導き出されている。以下では、その概要について加藤（1997）を参考に再確認をしておく[7]。まず、公平性は、税負担の配分の公平を指し、次のように視点の違いにより水平的公平、垂直的公平、世代間の公平の3つに分けて議論されることが多い。
- 水平的公平
  課税上等しい状況にある人々は等しく取り扱うべき
- 垂直的公平
  異なる状況にある人々を課税上異なったように取り扱うべき
- 世代間の公平
  高齢世代であっても負担能力がある場合には見合った税負担を求め、現役世代の税負担があまり大きくならないように配慮すべき

水平的公平と垂直的公平は一般的な租税論から導き出されるが、世代間の公平は、主として公債の世代間の所得移転効果などの議論に際して導き出されている。異なる世代間での所得と資産保有のアンバランスをも考慮することが必要と考えられている。

次に、中立性とは、民間部門から政府部門への資源移転に伴う民間部門の

直接的な負担である機会費用以外に、超過負担が生じないことが望ましいとするもので、最適課税論から導き出される。租税政策上は、超過負担をいかに最小にするかが目標となり、特に租税特別措置や各種税額控除項目がもたらす歪みが問題とされている。

最後に、簡素とは、納税者にとって税制がわかりやすく、透明性が高いこと、コストが安価であること等が望ましいとするものである。納税者の視点からは、課税ベースが少ない方が自己の負担額が把握しやすく、痛みも感じやすいと考えられている。

③ 地方税原則

地方税については、税全般にわたる一般的な課税原則に加えて、その性格に応じた課税の条件・目標についても議論されることが多い。以下では、その概要について伊多波（1995）を参考に再確認をしておく[8]。

- 安定性：地方政府はそのサービスの性質により経常的支出が多いため、税収が一般の景気変動に左右されないことが望ましい。
- 伸長性：財政支出の継続的な上昇に耐えうることが望ましい。
- 普遍性：地方政府が自主的に財政活動を行うためには税収が特定の地域に偏らないことが望ましい。
- 応益性：各経済主体は地方政府が供給する公共財サービスから受けとる便益に応じて租税を負担することが望ましい。
- 負担分任：地域住民の多くが当該地域の公共財支出を負担することが望ましい。

(3) 市街地課税に関する議論について

① Smith による敷地地代に対する税

Smith にとっての家賃の概念は、建物部分に照応する賃料（建物賃料）と敷地部分に照応する賃料（敷地地代）に区分される。そして、建物賃料部分と敷地地代部分を区別・確定することは可能であるとの認識のもとに検討が行われ、その結果、敷地地代は家賃よりも適切な課税対象であると主張され

ている。その根拠は、税負担が敷地地代の受領者に帰着し、建物賃料にほとんど影響しないことに求められている[9]。Smithにとっての敷地地代は、「特定の地点に対する好みを満足させるために出しうる費用の大小による」。それは、農地地代の水準を上回る限り、主権者の統治が「国民全体またはある特定地の住民の勤労を保護することによって、彼らが自分たちの家屋を建てた敷地に対して、それだけその実質価値よりも多くを支払うことができる」[10]のだと考えられている。

敷地地代に対する税についての考察は、それが応益の視点による公平の原則を満たし、中立性にも適うことが示唆されている。同時に、現代の簡素に通じる確実の原則、最小徴税費の原則についても強く意識されていたことは興味深い。

② **Smith以降の市街地課税論に関する議論**

古典派経済学・新古典派経済学は英国を中心に発展したこともあり、Smith以降の市街地課税に関する議論においても、地代への課税を前提に行われているものがあることに留意する必要がある。言うまでもなく、地代はその算定の期間における土地の経済価値を基礎として支払われるものである。そのため、将来にわたる期待効用（利益）の現在価値の合計である土地価格とは異なり、経常的な土地の利益に限定するのか非経常的な土地の利益を含むのか。経常的な土地の利益であっても、土地資本の本来の価値に限定するのか資産価値の変動部分を含むのかについて詳細な議論が行われている。

Prest（1981）では、Smith以降、1914年以前のJ.Mill、J.S.Mill、Marshall、Pigouなどの経済学者によって提案されてきた市街地課税に関する議論のエッセンスが整理されている。以下では、その要点のみを簡潔に示す。まず、J.Millの見解は、地代への突然の課税は望ましくないが予期しない地代の増価への課税に限定されるのであれば反論しないというものであったとされている[11]。そのため、経常的な土地の利益への課税には否定的で非経常的な土地の利益への課税について肯定的であったと考えられる。一方、J.S.Millの見解は、環境変化による土地増価への課税を支持するが、それを個人の努

力による部分と区別することは容易でないことから高率での課税には反対するものであったとされている。その見解には、そのような課税のない将来地代水準を前提とした市場価値で購入した土地所有者への配慮も含まれていた[12]。そのため、経常的な土地の利益の課税には消極的で非経常的な土地の利益への課税について肯定的であったと考えられる。また、Marshallの見解は、敷地価値税（公共的価値税）は地主の超過利潤を減少させるだけであり、敷地資本価値税は将来賃貸価値も考慮されているため経常収入課税よりも適切だというものであったとされている[13]。そのため、資産価値の変動部分を含む経常的な土地の利益への課税について肯定的であったと考えられる。最後に、Pigouの見解は、敷地価値税（公共的価値税）と偶発的な土地増価に対する税とを明確に区別した上で、前者については中立的であることを根拠に後者については地主側の努力と無関係であることから支持したとされている。期待価値の増価益に関しては、その大半は予期せざる増価益だという見解であったとされている[14]。そのため、資産価値の変動部分を含む経常的な土地の利益の課税ついても非経常的な土地の利益への課税について肯定的であったと考えられる。

(4) 地方公共財理論と固定資産税に関する議論について
① 地方公共財理論

道路や公園などその便益の及ぶ範囲が地域、空間的に限定される準公共財は、地域公共財あるいは地方公共財（Local public goods）と呼ばれている。このような地方公共財の効率的供給に関してTieboutが提示した「足による投票」の仮説に基づくモデルは、住民移動による自発的選択行動と地方政府間競争を基礎とする地方公共財理論の草分けと言える。その後のOatesの研究ではTiebout仮説の実証なども先駆的に行われ[15]、公共経済学的アプローチによる分権的地方財政理論の古典として評価されている。堀場（1999）によると、このようなTiebout流の地方公共財理論はBuchananによるクラブ財理論系のものと地域数を固定化する狭義の地方公共財理論に大別できるとされている[16]。

わが国における狭義の地方公共財理論に関する代表的な研究としては金本（1983）が挙げられよう。この研究では、地方公共財による限界便益の地代への完全帰着のための条件と、これが成立する場合のディベロッパーによる最適な地方公共財の供給システムが提示されている。地方政府がこの研究でのディベロッパーのように振る舞う場合には、地代に対する税を財源に効率的な地方公共財供給をなしうる可能性があることが示されている[17]。

② 地方公共財理論と固定資産税

地方公共財理論の展開により、1990年代以降、地方分権推進の流れもあり地方財政分野では効率的な地方公共財供給を達成するための望ましい地方税体系を探るための研究が数多く行われている。中でも、固定資産税を取り上げた研究としては、土居（2000）や伊多波（2002）などがある。

土居（2000）では、地方公共財の便益がスピルオーバーせず中央政府による移転がない前提で、地域間移住が完全か不完全か、地方政府の意思決定と移住の関係が短期か長期かによって3つのケースにわけて検討されている。その結果、望ましい仕組みとして、便益の及ぶ範囲をできる限り行政区域内に対応させるよう各行政体が機能分担を行い、地方公共財供給のための支出負担に応じて地方税の税源を配分することが導かれている。また地方税目としては、課税資産評価が適切に行われる場合には、土地に対する固定資産税を中心に用いることが効率性の観点から望ましいとされている[18]。一方、伊多波（2002）では、民間資本がないケースと民間資本を含むケースにわけて、特に資源配分の効率性の観点から地方分権にふさわしい最適な地方税制度が検討されている。ある条件下では、地方政府が地価を最大にするように行動する時、混雑費用の内部化のための税と同時に政府予算を満たすよう家計と企業に共通の土地固定資産税を課すとパレート最適が達成されるとの結果が導かれている[19]。

③ 固定資産税の転嫁

わが国の固定資産税は、土地だけではなく建物（家屋）のほか事業用資産

である償却資産も課税客体とされている。前掲の堀場では、固定資産税の伝統的転嫁論が紹介されている。これによると、賃貸住宅の例では土地部分の固定資産税の負担者は土地所有者となるが建物部分（資本財部分）の固定資産税の負担者は建物所有者とはならない。その理由は、供給に関して土地は非弾力的であるのに対し、資本財である建物は弾力的であるからである。伝統的転嫁論では、資本財に対する固定資産税は資本財投資の他地域への流出・当地域での建物供給量減少とこれに伴う市場資本収益率の上昇を通じて住宅サービスの消費者である賃借人に転嫁されることになる[20]。なお、佐藤（2012）では、賃借人だけでなく土地所有者にも転嫁されることが指摘されている[21]。

　このような伝統的転嫁論は部分均衡分析に基づいているが、前掲の堀場や佐藤では、一般均衡分析による新たな転嫁論（the new view）と呼ばれる考え方についても紹介されている。新たな転嫁論によると、資本財に対する固定資産税は、課税地域の市場資本収益率を上昇させるだけでなく、資本流入した地域では市場資本収益率の低下をもたらす。最終的には、流入地域の市場資本収益率と課税地域の税引後資本収益率が一致する点で資本収益率は均衡することになるが、その時の資本収益率は両地域において課税前より低くなっている（利潤税効果）。また、このように資本収益率が均衡する時、両地域の市場資本収益率には格差が生じることになる。均衡資本収益率と市場資本収益率との乖離部分に関しては、生産物価格に転嫁される効果（物品税効果）と土地所有者に地代の下落を通じて転嫁される効果が考えられる。また、課税地域内においては、資本財への課税に伴う他の生産要素である土地、労働への代替（代替効果）と資本財の市場資本収益率の上昇による高い生産費用がもたらす生産量の減少（産出効果）をもたらしうると説明されている[22]。なお、伝統的転嫁論でも新たな転嫁論でも、資本財に対する固定資産税は資源配分に歪みを生じさせることに変わりはない。

(5) まとめ

　増えない、動かないという他の財と異なる基本性質をもつ土地は、供給面

で価格弾力性が小さい・非弾力的であるために、古くから超過負担を生じさせにくいという観点で望ましい課税ベースとして認識されていた。現在も中立性は重要な課税原則であり、その点で土地の固定資産税は望ましい税のひとつと位置づけられよう。また、土地が供給面で非弾力的であることは、小・開放地域などの条件が満たされる場合には、移住均衡を通じた地方公共財供給による便益の地価への帰着（資本化）を導くことになる。その場合、少なくとも土地の固定資産税については資源配分の効率性の観点からも一定、支持されることになろう。ただし、現実には、地方公共財供給による便益の資本化の成立要件をすべて満たすことは難しいと考えられ、その評価は土地市場の状況にも大きく左右されると考えられる。他方、資本財である建物や償却資産に対する固定資産税については、少なくとも Smith 以来の古典派経済学・新古典派経済学、厚生経済学及びその流れを汲む公共経済学分野の考え方によれば積極的に支持することは難しいと言わざるを得ない。

　なお、Marshall や Pigou による経常的な土地の利益に対する課税の議論では、予期せざる資産価値の変動の取り扱いについて検討がなされていた。そのような資産価値の変動は、現在ではグローバル金融市場の影響により増・減の両方が起こりうる経済環境下にあり、検討される必要があるように思う。

3　固定資産税の課題——宅地を中心に——

　本研究は、これまでの市街地課税に関する議論を踏まえて現在の固定資産税の課題を把握し、今後の都市機能の更新及び土地利用の更新の円滑化を念頭に、そのあり方の方向性を模索することを目的としている。そのため、ここでは、まず、経済全般・金融事情・建物投資・地価に着目して地域経済を取り巻く環境変化を概観する。次に、経済指標と固定資産税評価額との関係、固定資産税評価額と課税標準額との関係、市税全体と固定資産税等との関係から固定資産税評価及び固定資産税収の現状を概観する。その上で、課税原則及び地方税原則との関係を中心に現在の固定資産税の課題を整理する。

（1）地域経済を取り巻く環境変化

① 経済全般

ある地域の経済的な豊かさは、提供される財・サービスの大きさで表すことが可能である。県内総生産は、このような視点による代表的な指標であり、域内で1年間に生産された財・サービス（中間財を除く）の総額として表されるが、その額は人口規模・全要素生産性・物価水準が大きく影響する。近年、わが国ではデフレ傾向が続いていたため、物価変動分が除外されていない名目値はその影響を受けることになる。図5-3-1は、47都道府県における2012年度の県内総生産（名目）について、2002年度及び2007年度と比較した値の分布状況を示したものである。2002年度との比較で拡大したのは9団体だけで、他は縮小しており、そのうち0.90未満も6団体ある。また、2007年度との比較で拡大したのは2団体にとどまり、0.90未満は9団体ある。2008年度後半から2009年度にかけては世界的に金融不安が蔓延し、わが国の実体経済にも少なからず影響を及ぼしていた。全般的に景気低迷が続いていた中でも地域差が生じていたことがわかるが、都道府県別の値を見ると必ずしも地方別、あるいは大都市圏とそれ以外で一定の傾向が認められるわけではない。

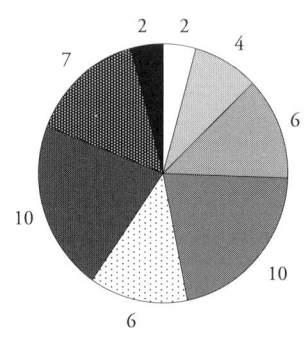

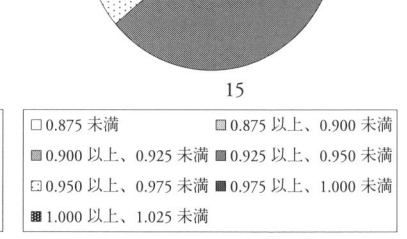

図5-3-1　県内総生産（名目）の変化[23]

② 金融事情

　わが国は、資金の供給者と資金の需要者の間に銀行等が介在する間接金融のウエイトが他の先進国と比べて高い。相対的に資金調達力の弱い中小・零細企業は間接金融への依存度が高く、一般的な住宅ローンも同様である。そのため、域内における資金循環の状況を知ることは地域経済の状況を把握する際に有益である。このような視点で用いられる指標のひとつに銀行等の預貸率がある。預貸率は、預金残高に対する貸出金の割合を指す[24]。預貸率は、銀行等の健全性を考えると 1.00 を下回ることが望ましい。しかし、1.00 を下回ると貸出の代わりに有価証券の運用などで利益を得ることが必要となる。銀行等経営の健全性だけを考えると、貸出と有価証券運用のバランスは直接問題にはならない。しかし、域内の中小・零細企業や住宅取得者層の存在を考えると、預貸率があまりに低い場合には、域内における資金需給のギャップが懸念されることになる。また、国債や地方債だけでなく不動産投資信託でも運用されると、資産市場の影響をより受けやすくなる。

　図 5-3-2 は、47 都道府県における域内国内銀行の 2005 年 3 月末時点及び 2015 年 3 月末時点の預貸率の分布状況を示したものである。2005 年 3 月末時点では 0.70 以上は 6 団体だけで、0.60 未満が過半を占めている。2015 年

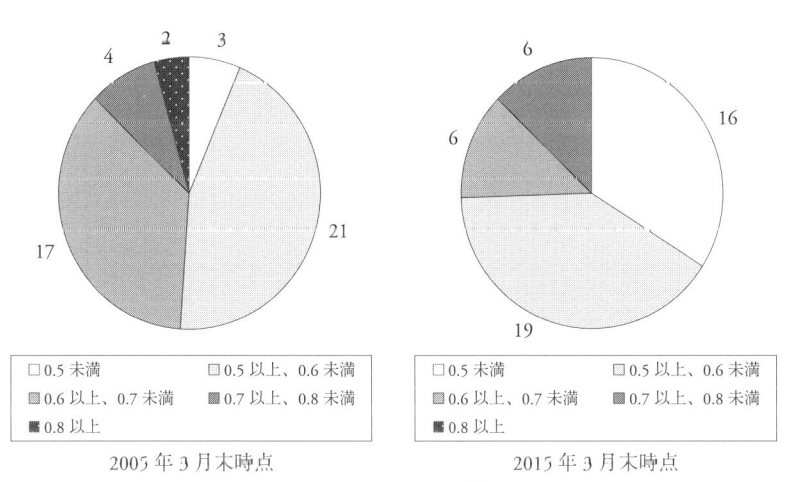

図 5-3-2　預貸率[25]

3月末時点でも0.70以上は6団体であるが0.8以上はなくなり、0.60未満が全体の7割以上を占めるに至っている。金融サービスの拠点である東京都の預貸率が高いのは当然であるが、規模は大きくなくても独自の経済圏域を形成している団体のいくつかでは比較的預貸率が高い。

③ 建物投資

建物は居住面においても生産面においても重要な資本財として位置づけられるため、その投資状況は地域経済の実像を推察する際には有益である。投資の実額を把握することは困難であるが、建築着工時における工事費予定額は居住用、非居住用の別に月次で把握することができる。ただし、現実の建築着工は時期によって変動が激しいため、一定の平準化を施したデータを用いないと趨勢が掴みづらい。図5-3-3は、首都圏・中部圏・近畿圏・その他地域別に工事費予定額の前3ヶ月移動平均データを作成し、建物用途に対応する建設工事費デフレーターと人口推計による総人口の指数とを比較したものである。居住用については、首都圏とその他地域では緩やかな回復傾向が見受けられるが、中部圏と近畿圏は横ばい傾向が続いている。しかし、建設工事費が2013年以降は緩やかな上昇傾向にあることを考慮すると、中部圏と近畿圏については実質ベースでの住宅建物投資はやや弱含みにあるように見受けられる。一方、非居住用については、首都圏、近畿圏とその他地域では回復傾向が見受けられるが、中部圏は回復が鈍いように見受けられる。非居住用についても建設工事費が2013年以降は緩やかな上昇傾向にあることを考慮すると、中部圏については実質ベースでの住宅以外の建物投資は横ばい状態にあるように見受けられる。

④ 地価

前記の地方公共財理論での説明のとおり、小・開放地域などの条件が成立する場合には地方公共財の便益は地価に帰着する。実際には、公共投資による社会資本整備以外でも民間投資による交通施設や大型商業施設などの外部経済をもたらす施設の整備によっても地価は変化することがある。しかし、

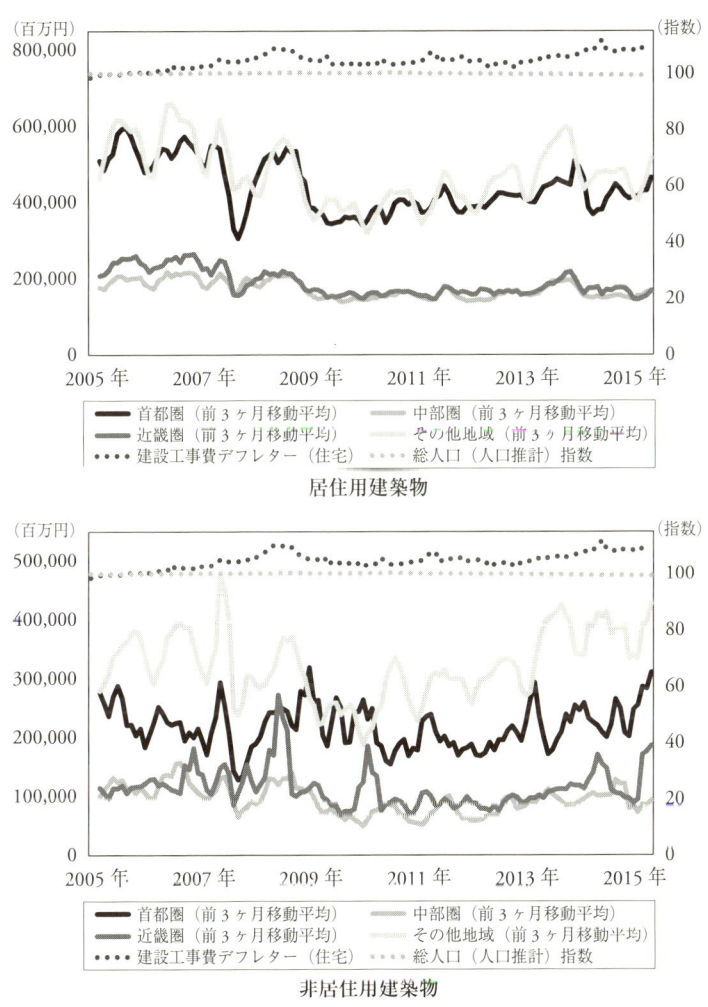

第5章 市街地課税についての一考察

居住用建築物

非居住用建築物

図 5-3-3 工事費予定額の推移[26]

近年、金融市場と不動産市場が緊密化したことによって、不動産証券化などの対象となるような大都市圏の地価については、不動産投資市場における環境変化の影響を受けやすくなっている。**図 5-3-4** は、毎年1月1日を価格基準日として公表されている地価公示の変動率を用いて圏域別に住宅地と商業地について地価指数を作成したものである。これを見ると、2000年以降、下落傾向にある中で、東京圏・名古屋圏・大阪圏の大都市圏の商業地では

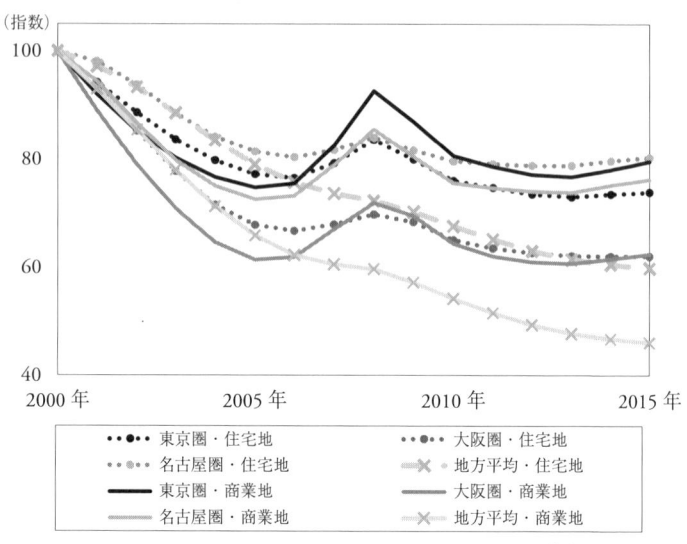

図 5-3-4　圏域別の地価指数（2000 年：100）[27]

2008 年に一時的な地価回復のピークが顕著に認められる。これらの大都市圏では、住宅地についても 2006 年頃から 2008 年にかけて回復の兆しが認められる。東京圏を中心とする大都市圏でのこのような地価変化が、世間でプチバブルとかファンドバブルなどと呼ばれていた現象である。しかし、米国のサブプライム・モーゲージ問題に端を発する世界的な金融不安の影響により、このような地価上昇は終焉を迎え、大都市圏では 2013 年にかけて再び地価下落が続いていた。このような現象は地方平均について見るとほとんど認められず、地価下落が続いている。最近、大都市圏では再び緩やかな地価上昇が見られるようになり、大都市圏と地方圏での地価の格差がさらに広がる傾向を見せている。ただし、大都市圏でも東京圏・名古屋圏と大阪圏では格差が生じており、その格差はまだ縮小する動きが認められない状況下にある。大都市圏での民間投資は決して停滞しているわけではないが、地価を本格的に回復させるには至っていないのが現状である。

(2) 固定資産税評価及び固定資産税収の現状
① 経済指標と固定資産税評価額との関係

　通常、家計は予算制約のもとで居住生活にかかわる満足（効用）を最大化させるように立地を選択しつつ住宅建物に対して適切な投資を行う。他方、企業はそれぞれの業種の特性を考えながら生産・販売活動による利潤を最大化させるように、立地を選択しつつ建物、償却資産に対して適切な投資を行う。その結果、期待どおりの付加価値が得られるとすると、用いられた労働、土地、建物・償却資産などの資本財及び公共部門の活動の貢献度が評価され一定のルールに基づいて分配されることになる。理論上、フローである付加価値の合計額とストックである生産要素としての土地の価格とは一定の関係が認められることになる。この関係を時系列方向で眺めると、両者の関係が希薄になる時期が何度か認められる。これがファンダメンタルズからの乖離、つまり経済学上のバブルと呼ばれている現象である。しかし、ある時点において地域比較を行う場合には、国内での土地の収益率に大きな違いがなければ比例関係が認められるはずである。図5-3-5は、都道府県別で宅地の固定資産税評価額と第2次・3次産業の生産額との関係を表したものである。一部の道府県で不揃いは見られるものの、ほぼ線形関係が認められる。

　一方、図5-3-6は、都道府県別で1m²当たりの宅地の固定資産税評価額と宅地1m²当たりの家屋の固定資産税評価額との関係を表したものである。固定資産税評価の対象となる家屋は必ずしも十分な稼働状態にあるものばかりではないが、合理的な家計の効用最大化行動及び企業の利潤最大化行動を前提とすると、ある時点においても比例関係が認められるはずである。実際にも、一部の都府県で不揃いは見られるものの、概ね線形関係が認められる。この場合の不揃いの原因としては、地域によって中心となる家屋の構造、用途、タイプが異なり建物価格水準やその経済的な耐用年数が同一ではないことのほか、家屋の固定資産税評価の特性の影響などが考えられる。しかし、ここで用いたデータのみではその原因を明らかにすることはできない。

(単位：10億円)

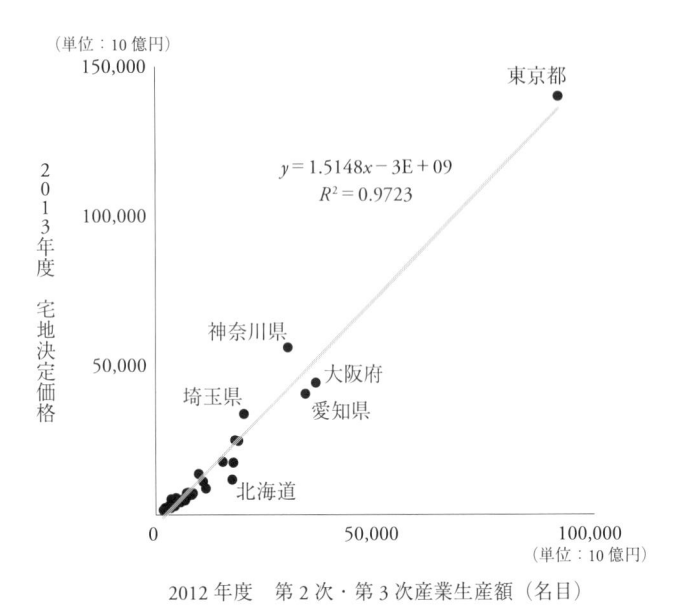

$y = 1.5148x - 3\mathrm{E}+09$
$R^2 = 0.9723$

2013年度 宅地決定価格

2012年度 第2次・第3次産業生産額（名目）

図 5-3-5　産業生産額と宅地の固定資産税評価額（都道府県別）[28]

$y = 3.5808x - 22466$
$R^2 = 0.945$

1 ㎡当たり宅地決定価格

宅地1㎡当たり家屋決定価格

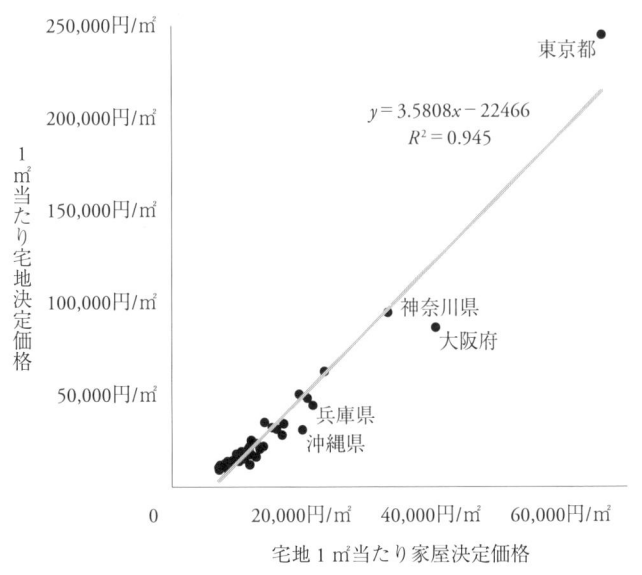

図 5-3-6　宅地と家屋の固定資産税評価額（都道府県別）[29]

② 固定資産税評価額と課税標準額との関係

わが国の固定資産税制度では、固定資産税評価額と課税標準額は必ずしも同一ではない。特に宅地や宅地並み評価を行う土地（以下、「宅地等」という。）については、前記でも指摘したとおり、特例措置や課税標準額の上限（負担水準）などが講じられることにより評価額に比べて課税標準額が低く抑えられている[30]。他方、宅地の評価を行う場合には、その過程では地域単位での実際の利用状況に着目して商業地区・住宅地区、工業地区などの用途地区に区分する手順が設けられている。ただし、個別の宅地の利用状況は、必ずしもその用途地区の判定の際に指標とされた土地利用と同一とは限らない。例えば、商業地区内でも小規模住宅用地の軽減特例の対象となる宅地が存在することがある。表 5-3-1 は、都道府県別に用途地区等ごとに課税標準額総額を評価額総額で除した数値を集計したものである。程度の差こそあれ、すべての用途地区等に関して都道府県レベルでも課税標準額に不揃いがあることが確認されよう。

③ 市税全体と固定資産税等との関係

固定資産税は、基本的には市町村税であるが、市町村単位で市町村税全体における位置づけを見るとすると、地理的条件の差異、地域経済の状況や産業構造の違いにより相当不揃いであることが予測される。この位置づけは、都道府県単位で集約しても、大都市圏に位置するか否か、どの大都市圏に位

表 5-3-1　課税標準額／評価額（都道府県別）[31]

	サンプル数	平均値	最小値	最大値	標準偏差
商業地区	47	0.549	0.483	0.588	0.023
住宅地区	47	0.312	0.241	0.363	0.029
工業地区	47	0.661	0.576	0.691	0.026
村落地区	47	0.364	0.289	0.462	0.027
観光地区	44	0.550	0.289	0.697	0.087
農業用施設の用に供する宅地	47	0.660	0.605	0.695	0.020
生産緑地区内の宅地	13	0.654	0.617	0.700	0.032
宅地合計	47	0.373	0.303	0.423	0.026

表 5-3-2 市町村税における固定資産税の位置づけ（都道府県別）[32]

		サンプル数	平均値	最小値	最大値	標準偏差
市町村税合計に占める割合（国民健康保険税等除く）	純固定資産税・都市計画税	47	0.482	0.435	0.531	0.019
	土地の固定資産税・都市計画税	47	0.176	0.124	0.236	0.024
	家屋の固定資産税・都市計画税	47	0.215	0.168	0.268	0.018
	償却資産の固定資産税	47	0.091	0.044	0.143	0.022
	家屋・償却資産の固定資産税及び家屋の都市計画税	47	0.306	0.212	0.359	0.029
純固定資産税・都市計画税に占める割合	土地の固定資産税・都市計画税	47	0.366	0.266	0.527	0.051
	家屋の固定資産税・都市計画税	47	0.446	0.375	0.576	0.037
	償却資産の固定資産税	47	0.188	0.098	0.304	0.043

置するかで違いは生じうるであろう。表5-3-2は、そのような認識の下に現状を検証するために集計したものである。内容は、固定資産税等合計及び課税客体ごとの固定資産税等の市町村税合計に占める割合、課税客体ごとの固定資産税等の固定資産税等合計に占める割合から構成されている。これを見ると、市町村税合計に占める割合でも、固定資産税等合計に占める割合でも、土地は家屋に比べて不揃いであることがわかる。また、図5-3-7は、政令指定都市を対象に、2009年度と2013年度の2時点で、市税総額に占める固定資産税の割合と固定資産税合計に占める土地の固定資産税の割合を交差させたものである。都道府県単位での集計に比べて大都市では市税総額に占める固定資産税の割合は全般に低くなっているが、傾向に大きな違いはないことがわかる。なお、時点の違いで、一部の都市で位置は変化している。

(3) 課税原則及び地方税原則との関係

① 課税原則との関係

一般的な課税原則である、公平性、中立性、簡素の3つ観点から、現在の固定資産税について検討し、その課題を整理する。ただし、これらの課税原則は必ずしも調和するとは限らず相互に矛盾する場合もある。そのため、あ

第5章 市街地課税についての一考察

縦軸：土地固定資産税／純固定資産税
横軸：純固定資産税／市税総額

2009年度

縦軸：土地固定資産税／純固定資産税
横軸：純固定資産税／市税総額

2013年度

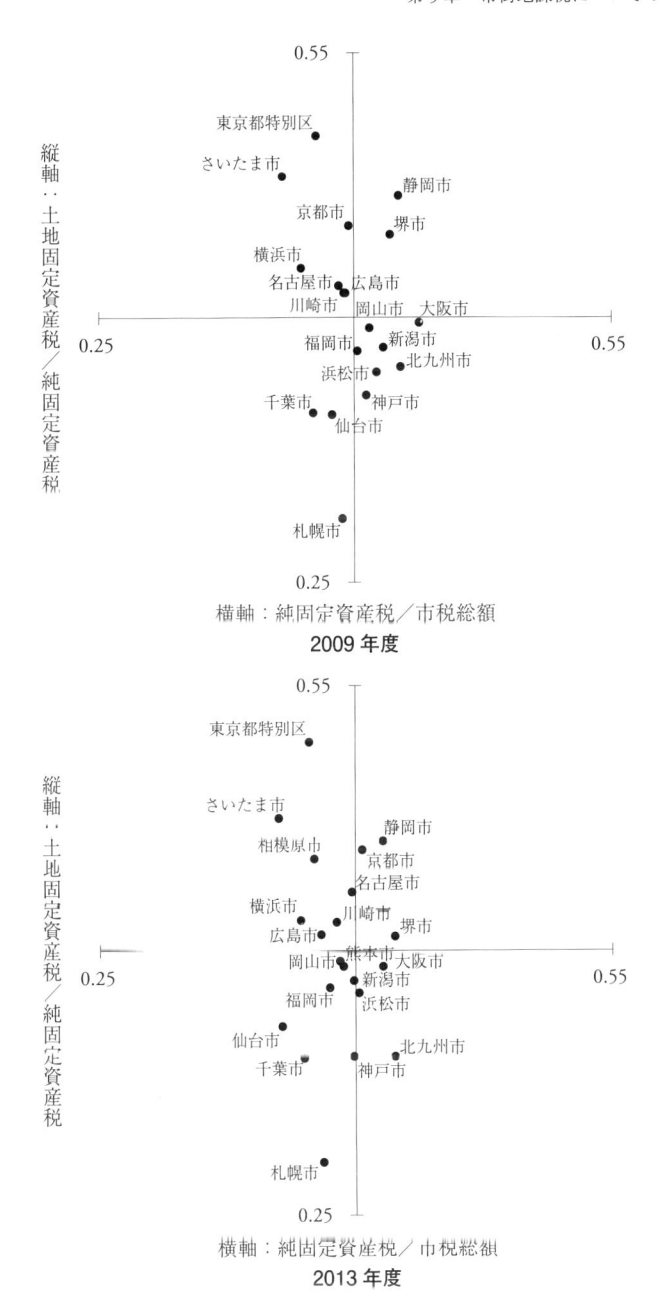

図 5-3-7　市税における固定資産税の位置づけ（政令指定都市）[33]

る原則に関して望ましいと位置づけた事象が他の原則に関しては課題として位置づける可能性があることを最初に指摘しておく。

- 公平性との関係

宅地に対する固定資産税の評価に関しては、価格指標となる標準宅地の適正な時価が評定される際に、市場価値概念の正常価格による地価公示価格・鑑定評価価格が活用されている。そのため、課税側での個々の土地に対する情報把握に限界はあるにせよ、評価額について一応の公平性は確保されていると言えよう。また、課税標準額に関しては、負担水準のばらつきは収斂する傾向にあり、その面でも公平性は向上しつつあると言えよう。さらに、住宅用地の課税標準額については、規模に応じて軽減特例措置が適用されるため、一般的傾向に基づく負担能力という観点での公平性が確保されているといえる。

よって、今後も公平性が確保され続けるかどうかは、現在の評価体系が維持される限り、標準宅地の鑑定評価を含め評価法が適切に適用されるかどうかに懸っていると言えよう。

- 中立性との関係

土地に対する固定資産税は資本化し、土地所有者がそのすべてを負担することになり全く転嫁されないため、超過負担が生じないので中立性の観点では望ましい税とされてきた。その根拠としては、増えない、動かないという他の財と異なる基本性質をもつ土地は、供給面で極めて非弾力的であることが挙げられている。そのため、中立性の観点からは、主に住宅用地の課税標準額の軽減特例措置や商業地等の負担調整措置（据置特例）が課題として挙げられていた。

確かに土地（陸地）の絶対量は埋め立てなどを除くとほとんど変化しない。しかし、一方で土地は用途の多様性という性質をもっており、現実の土地市場はどのような用途でも、どのような地域でも同一であるとは言い難い。つまり、供給面での弾力性は小さいとは言えるが、直立する供給曲線を描くほ

どではないとすると、課税により超過負担が生じないとまでは言えないであろう。また、今後の人口・世帯数の減少により、一部の土地については需要が著しく減少する可能性もあり、その場合には地価の下落にとどまらず競争的な土地市場を前提とすることも難しくなるかもしれない。過去の歴史においても、土地需要が著しく減少した場合には、税負担を回避するために地方政府に寄付・無償譲渡するケースが見られる。すべての土地に対して固定資産税が支持され続けることができるのかについては、今後の動向を注視する必要があるように思う。

・簡素との関係

　宅地に対する固定資産税の評価は、多数の画地を特定の期間で大量に評価しなければならない。その際、全国的に評価の適正と負担の均衡が維持されることを保証するために統一的な基準として固定資産評価基準が規定されている。近年、基礎情報の整備を含む継続的な評価の精度向上の取り組みによって、市町村側でも一定の成果が上がっているとの認識が広まりつつあるように思われる。しかし、宅地の評価額を求めるに当たっては、分析と判断の介在が本質的に避けられず、市町村における評価担当職員は土地評価に関する一定の専門性を有することが必要となる。この点について、一般的な納税者からすると、たとえ透明性を高めるための努力が継続的に行われたとしても、残念ながらわかりやすい税と感じるケースは決して多くはないであろう。

　そもそも賦課課税である固定資産税の課税コストは低いとは言い難い。水平的公平の確保の観点から行われる評価の精度向上に関する取り組みは、評価コストを上昇させる傾向がある。また、標準税率を採用する限り今後の固定資産税収の伸びがあまり期待できない市町村も少なくない。そのため、厳しい財政事情を背景に、評価事務にかかわる費用が削減対象に位置づけられている市町村少なくはないと思われる。しかし、経済は常に変化の過程にあり、その変化の規模、質、方向は一様ではない。市町村の状況に応じて構築されている職員、機械・道具、各種情報からなる宅地評価のシステムは、一

定水準を維持するだけでも断続的に見直しが必要である。加えて、宅地評価のシステムは、積極的に標準化を進めたとしても分析・判断の介在をすべて無くすことは難しい。よって、本来は評価のノウハウを蓄積・継承していくためのコストを考慮しておくべきである。

現在の宅地評価の精度向上に関する取り組みは、評価コストが決して低くない割には納税者側のわかりやすさの改善にあまり寄与しているようには思えない。より適切な納税者説明を行おうとすると、より一層専門的な視点での評価説明をしなければならなくなり、納税者側の感覚との乖離が広がるようにさえ思える。この点は検討の余地があるように考える。

② 地方税原則との関係

ここでは、後記での固定資産税評価にかかわる議論と深い地方税原則に関する課題に絞って示しておく。

まず、安定性については、近年の宅地に対する固定資産税収は実体経済だけでなく資産経済の動きにも大きな影響を受けるようになっており、安定性は低下していると言わざるを得ない。次に、伸長性については、標準税率を採用し、現在の負担水準の考え方を採用し続ける限り、そもそも評価額が上昇しない限り財政支出の継続的な上昇に応えることができない。また、普遍性については、宅地の固定資産税収は現在でも商業地等の多い都心部に偏りがちであるが、今後はさらに周辺部との格差が拡大する可能性がある。

応益性に関しては、宅地の評価額は市場価値概念による適正な時価を求めることが基本となっているが、それは将来にわたる包括的な期待効用（利潤）の現在価値の合計として把握されるものである。そして、対象となる効用（利潤）は、公共投資によるものか民間投資によるものかを問わない。また地方公共財供給による便益の多くが地価に帰着するとしても、その帰着は瞬時に起こるのではなく、帰着に要する期間も地方公共財の内容によって異なりうる。そのため、地方公共財供給による受益と固定資産税の負担との直接的な関係は明確であるとは言えず、厳密な意味での応益性は十分とは言えない。

(4) まとめ

　現在の固定資産税制度では、宅地に対する固定資産税の評価に関しては、価格指標となる標準宅地の適正な時価の評定において市場価値概念の正常価格による地価公示価格・鑑定評価価格が活用されるようになっている。1992年度にこのような評価手順が導入された背景には、事実上固定された税率を念頭に財政需要見込みから逆算するような考え方で各年度の課税標準額が算出されるように評価額で調整されていた実態がある。その結果、全国の市町村で評価額の不揃いが顕著になった。1989年に土地基本法が制定されたこともあり、固定資産税評価への信頼回復を図る観点から、それまで地方税法の枠組みにはなかった地価公示価格・鑑定評価価格が具体的な価格指標として採用されるようになっている。

　このような、わが国の公的な土地価格体系の中心に位置する地価公示が価格指標に位置づけられることは、公平性の観点から望ましいことは既に指摘したとおりである。それだけでなく、市場価値概念で統一的に評価されることは、市場経済における一連の価格秩序の中に固定資産税評価額も組み込まれることを意味し、超過負担に着目する中立性の議論の前提を整えていくことでもある。しかし、そのような方法での評価の精緻化は、不動産鑑定士であることを前提としない評価担当職員の配置では納税者側のわかりやすさの点では難があり、評価コストも低くないという点でも簡素の観点で問題がある。また、安定性、伸長性、普遍性及び応益性などの地方税原則の観点からも問題を指摘することができる。近年、改めて固定資産税の位置づけや課税・評価コストに関して議論されるようになっているが、税収面、歳出面の視点が中心である。現在のような土地の評価方法による評価精度の維持・確保の意義を議論するものは少ない。そのため、次項では景観施策を題材に用いて、現在の固定資産税制度の課題を検証する。

4　検証　　景観施策が固定資産税収に及ぼす影響[34]

　持続発展可能な経済社会の実現という観点では、既存の都市資源の価値を

適切に評価して将来に向けて活用していくという姿勢が極めて重要な意味をもつ。自然景観を含む都市景観はこのような都市資源の代表格と言え、2004年に制定された景観法の後押しもあって建物等の形態・意匠や高さの規制強化を実施している地方自治体も多い。しかし、土地利用規制の強化を伴う景観施策に関しては、税収を含め都市経済に正だけでなく負の効果をも生じさせることが指摘されていた。そこで、ここでは景観施策を土地資源の配分に大きな影響を与える要因の変化と捉え、土地に対する固定資産税の課題等を検討する。このような試みは、現行の土地に対する課税制度が近年の都市計画手法の流れにも適合するものであるかを見極めるためのひとつの検討材料を提供することになろう。具体的には、想定条件に基づき景観施策にかかわる便益・費用を測定し、これを基に便益帰着構成表を作成して便益と税収変化との基本的な関係を明らかにする。その上で、景観施策のような最近の都市計画手法との関係における現在の土地課税制度の課題を抽出する。

(1) 景観施策がもたらしうる経済効果
① 近年の景観施策

通常、環境とは、あるもののまわりを取り巻く周囲の状態や世界を指し、自然的なものにとどまらず社会的なものまでを含む幅広い概念である。一方、景観の概念については「人間をとりまく環境のながめにほかならない」という考え方があり、それは「単なるながめではなく、環境に対する人間の評価と本質的なかかわりがある」とされている[35]。都市景観はその都市が所在する自然環境の下にあるため自然景観をも含む概念と考えられるが、前記の景観概念を拡張すると社会システムの機能状態のながめと解釈することも可能である。その場合、都市ごとに歴史、文化、産業構造等が異なることから、景観の価値に対する人々の認識は個別性が強いであろうことが推察される。

このような特徴をもつ景観を取り扱う景観施策は、広い意味では景観法の制定以前から行われている。例えば、京都市・奈良市・鎌倉市を対象とした古都における歴史的風土の保存に関する特別措置法の制定は1966年である。しかし、近年の景観施策はダウンゾーニング的な色彩が一段と濃くなってい

る。例えば、京都市で 2007 年 9 月に実施された新景観政策では、広域的に建物の高さの最高限度の大幅引き下げ、屋外広告物の規制強化、建物の形態・意匠基準の詳細化、眺望景観・借景の保全措置が講じられている。

② 景観施策がもたらしうる便益

景観施策の本質は、良好な景観形成の促進にある。京都市のように、建物の高さの最高限度の制限だけでなく、同時に建物の形態・意匠も誘導されるのが一般的である。これを参考に、景観規制・誘導の影響及びこれに基づく便益とその地価への帰着関係を整理すると**図 5-4-1** のとおりである。

建物の高さの最高限度の制限強化に関しては、対象区域の土地において許容されている使用可能な容積率が制限を受ける場合、2 種類の便益が考えられる。ひとつは、制限された高さ以上の生活環境(留保空間)が確保されることによる正の便益である。その結果、施策前の効用水準が維持される可能性は高まる。この観点による便益については、規制前の土地利用状況と制限内容との関係によっては維持するだけでなく改善に結びつく場合もあり、地価への帰着も相応するものになる。そして、もうひとつは、収益性等が低下することによる負の便益である。当然、その大きさは規制前の土地利用状況

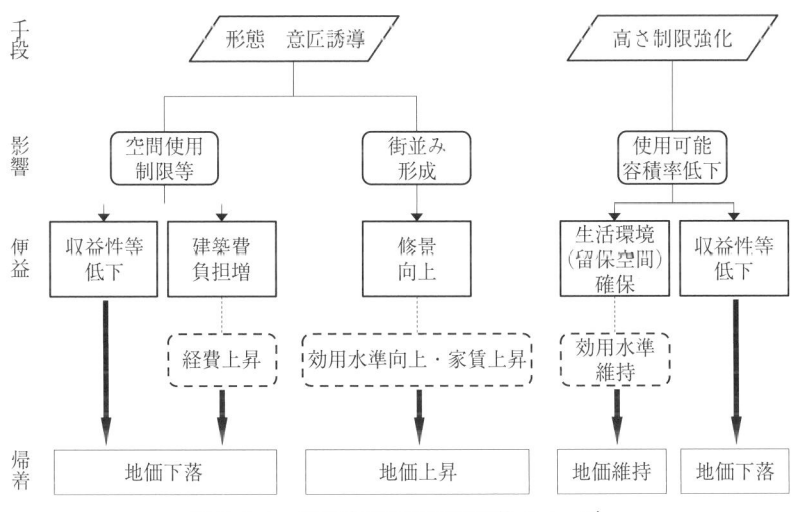

図 5-4-1　景観施策の便益の帰着イメージ

と制限内容との関係によって決まるが、区域として考えると制限を受ける容積率に見合う建物需要が当該区域の内外のいずれで満たされるかによって結果は大きく異なる。基本的には、収益性等の低下により地価は下落するが、反面、区域内で建物需要が吸収される場合はその程度に応じた地価上昇が起こる。

　一方、建物の形態・意匠の誘導に関しては、まず、街並み形成と空間使用制限等の2つの影響が考えられる。街並み形成に関しては、形態・意匠の統一感確保等に基づく修景向上による便益が考えられる。その際、効用水準の向上及び家賃の上昇が伴うと地価上昇が起こる。空間使用制限等に関しては、2種類の便益が考えられる。ひとつは、誘導される建物の形態・意匠の質に起因する建築費負担増（負の便益）であり、もうひとつは誘導された建物の形態・意匠が許容されている使用可能な容積率の制限に結びつく場合の収益性等低下よる負の便益である。これらの便益は、いずれも地価下落に結びつく。

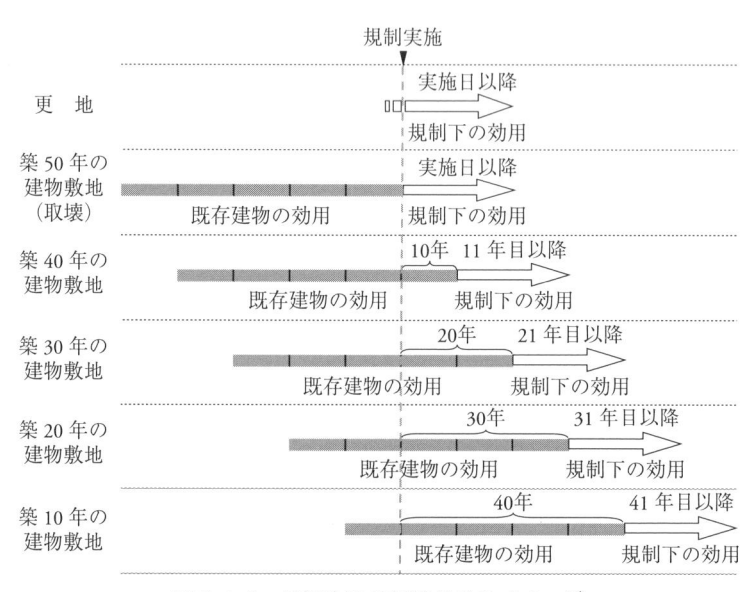

図 5-4-2　景観施策の経済効果のイメージ

③ 景観施策による便益の特徴

　景観施策は、正だけでなく負の便益も生じさせる可能性が高いが、その発現過程については特徴がある。それは、未利用地（更地）を除き、建物の建築・建替え時に発現するという部分である（**図 5-4-2** 参照）。理由は、建物建築・投資が不可逆性を有し、投資額が相対的に大きいため、規制前に建築された合法的な建物には既得権が認められるからである（既存不適格建物）。これにより、既存建物が存する期間中は当該建物の効用に基づき価値が把握されることになる。既存建物が除去された後に、ようやく景観規制のもとで実現する効用に基づき価値が把握されることになるのである。

(2) 想定景観施策に基づく便益帰着構成表の作成

① 分析に当たっての基本的事項

　便益・費用の測定に当たっては、実際の景観施策の実施前である 2007 年 1 月 1 日を基準日とし、事業対象区域及び景観施策の内容については**表 5-4-1・5-4-2** のように想定上の条件を設定した。事業対象区域は、京都市都心部の中高層のマンションと低層一般住宅が混在している状況を想定した。また、シミュレーション・モデルの簡単化のため次の前提条件を設定した[36]。

- 対象区域内は世帯のみが立地
- 測定期間中の人口は一定
- 世帯は概ね同質的
- 測定期間中の世帯の需要選好は不変
- 規制により制限を受けた建物需要は区域内で優先的に代替需要される
- 期間中の地価・物価水準は一定

　費用項目については、補助金考慮後の景観施策関連事業費のみを設定した。便益項目については、高度規制の影響（実質的容積率制限、需要増による容積率の増加）、建築費負担増、留保空間の確保の 3 項目を設定した。また、景観施策の想定条件とした建築費負担増以外の項目については、西嶋 (2008a) で推定した地価関数に基づきヘドニックアプローチを適用して測定した（**表 5-4-3** 参照）[37]。

表 5-4-1　事業対象地域の想定条件

Ⅰ 都市計画等	
A 用途地域	商業地域　注）固定資産評価上：併用住宅地区
B 基準容積率	400%　（指定　400%：道路幅員　6.7 m）
C 高さの最高限度	31 m
Ⅱ 建物条件	
A 平均階高	3.3 m
B 建物平均経済的耐用年数（共通）	50 年
C 建ぺい率（上限値）	
a）高層マンション	60%　注）指定建ぺい率：80%
b）中層マンション	65%　注）指定建ぺい率：80%
c）一般中低層住宅	75%　注）指定建ぺい率：80%
Ⅲ 土地利用等	
A 宅地面積	100,000㎡
a）高層マンション適地	40,000㎡　（構成比　40.0%）
b）一般建物適地（中小規模宅地）	60,000㎡　（構成比　60.0%）
B 利用状況	
a）高層マンション適地	
・階層	9 階　（高さ　29.7 m）
・使用容積率	480%　（法対象外　80%：対法容積比　0.20）
・法対象容積率	400%
・使用容積率充足に必要な階層	8.0 階　（高さ　26.4 m）
b）一般建物適地（中小規模宅地）	
・階層	3 階　（高さ　9.9 m）
・使用容積率	180%　（法対象外　16%：対法容積比　0.10）
・法対象容積率	164%
・使用可能容積率（法対象外比率一定）	440%
・使用可能容積率充足に必要な階層	5.9 階　（最高高さ　19.8 m）
c）区域内新築建物平均容積率	300.0%
C 新築建物敷地比率（建替率）等	
a）経常的な更地率	4.0%　注）更地：建替えのため物理的に必要な土地
b）新築建物敷地比率（共通）	2.0%

さらに、金銭的な移転項目については、土地（地代）の変化、固定資産税等（土地・家屋）の変化を設定した。一方、経済主体については、国・自治体、及び事業区域に世帯、土地所有者を設定した。測定期間については、景観施策の目的・性格等を考慮して50年とした。また、割引率については、長期国債等の市場利子率の推移・動向並びに当該事業にかかる費用・便益の内容及び事業リスク等を総合的に検討して3%を採用した。

② 便益測定の手順と便益帰着構成表の作成

高度規制の影響については、使用可能な容積率が実質的に制限を受けるこ

第 5 章　市街地課税についての一考察

表 5-4-2　景観施策に関する想定条件

Ⅰ 景観施策の内容	
A 高さの最高限度の変更	20 m　（最高限度の変化 -11 m：最高階層 6 階）
B 建物の形態・意匠の制限	原則和風
Ⅱ 景観施策の影響	
A 高さの最高限度の変更	
a) 高層マンション適地	〔構成比 40.0%〕
・建ぺい率上限×最高階層	390%　注）合法的な範囲については使用可能容積率に相当
・上記のうち法対象容積率	325%　（法対象外 対法容積比 0.20）
・実質的な容積率制限	-75.0%　（法対象容積率－基準容積率）
・実質的な容積率制限×構成比	-30.0%
・留保空間の変化	11.0 m
・留保空間の変化×構成比	4.4 m
b) 一般建物適地（中小規模宅地）	〔構成比 60.0%〕
・建ぺい率上限×最高階層	450%　注）合法的な範囲については使用可能容積率に相当
・上記のうち法対象容積率	400%　（法対象外 対法容積比 0.10）注）上限：基準容積率
実質的な容積率制限	0.0%　（法対象容積率－基準容積率）
・区域内需要増加分基準容積率	30%
・区域内需要増加分使用容積率	36%
・同上　当該宅地換算値	60.0%　（法対象容積率基準　対法容積比　50.0%）
・需要増加後使用容積率	240.0%　（増加前使用容積率＋増加分使用容積率）
・需要増加後法対象容積率	214.0%
・需要増加後の階層	3.7 階　（高さ 12.2 m：最高高さ 13.2 m）
・留保空間の変化（喪失）	2.3 m　（増加後高さ－増加前高さ）
・留保空間の変化（喪失）×構成比	1.4 m
B 建物の形態・意匠の制限	
建築費負担増額	
・新築建物床面積 1 ㎡当たり	2,000 円
・宅地（敷地）面積 1 ㎡当たり	6,000 円　（a）×区域内新築建物平均容積率）

とに基づく収益性低下による負の便益が考えられるが、これは用途・タイプ等により異なる。そのため、制限値は法対象容積率に換算して基準容積率と比較する必要がある。また、この便益は、経常的な更地においては実施日に、既存建物の敷地においては建物の建築・建替え時に具体化すると考えられるため、個別に測定する必要がある。一方、高度規制の影響により実質的に制限される容積率部分は、前提条件及び想定条件により当該事業区域内で需要されることになるため、これにかかる便益額も考慮している。建築費負担増については、誘導される建物に起因する負の便益であり、建物の建築・建替え時に発生する。留保空間の確保については、高度地区変更に伴い制限された高さ以上の生活環境（留保空間）が安定的に確保されることによる正の便益である。当該便益は土地利用及び空間需要の実態に着目する必要があり、

229

表 5-4-3　採用した地価関数

説明変数 (X_i)	偏回帰係数 (α, β_i) (※ 3.0)		
1　前面道路幅員 (m)	2,457.3	(6.434)	*
2　市中心道路距離 (m)	−7.3	(−10.012)	*
3　最寄駅道路距離 (m)	−16.9	(−7.980)	*
4　基準容積率 (%) × 1 低専調整係数※	181.2	(4.757)	*
5　準工業地域ダミー	−28,752.0	(−4.723)	*
6　宅造規制ダミー	−19,110.8	(−3.972)	*
7　南区・山科区ダミー	−59,924.8	(−13.030)	*
8　伏見区ダミー	−39,580.6	(−7.789)	*
9　京福沿線ダミー	−35,667.3	(−5.260)	*
10　叡電沿線ダミー	−26,705.3	(−3.944)	*
11　阪急嵐山線沿線ダミー	−34,813.4	(−4.430)	*
12　国道 1・9 号等沿いダミー	−51,574.0	(−3.874)	*
13　ターミナル駅近接商業地ダミー	138,795.5	(7.677)	*
14　大型百貨店近接ダミー	198,585.3	(6.431)	*
15　岡崎文化ゾーン近接ダミー	51,138.8	(2.394)	*
16　京都御苑・二条城近接ダミー	63,386.3	(6.672)	*
17　鴨川沿いダミー	178,662.2	(5.870)	*
18　昭和初期区画整理・低層住宅誘導型地区ダミー	51,132.5	(6.425)	*
19　A・B 学区ダミー	29,595.9	(2.951)	*
20　C 学区ダミー	55,830.4	(3.204)	*
21　D 学区ダミー	43,058.4	(3.159)	*
22　E・F 学区ダミー	64,969.3	(6.585)	*
23　G・H・I 学区ダミー × 留保空間 (m)	4,319.8	(8.362)	*
24　文化財建造物等近接 (中心 5 区) ダミー	24,117.3	(3.607)	*
25　三条通界わい景観整備地区ダミー	344,653.5	(11.000)	*
定数項	244,656.8	(26.175)	*
サンプル数	438		
自由度修正済み決定係数 ($adjR^2$)	0.880		

注1)　( ) 内の数値は t 値
注2)　*印は 95％信頼区間で有意な値を示している

　中層マンション適地と一般建物適地は区別して測定している。同時に前提条件及び想定条件により当該事業区域内での代替需要も考慮する必要がある。また、定義上、測定期間中は事業区域内のいずれかで存在することになる更地については当該便益測定の対象外としている。

　土地（地代）の変化については、世帯に帰着する便益額から便益享受に当

第5章 市街地課税についての一考察

表 5-4-4 測定結果を整理した便益帰着構成表

	A. 国・自治体	事業区域		周辺地域		F. 合　計 (A+B+C+D+E)
		B. 世帯	C. 土地所有者	D. 世帯	E. 土地所有者	
(1)景観施策関連事業費	▲213,824					▲213,824
(2)建築費等		▲296,387				▲296,387
(3)土地(地代)		▲308,384	308,384			0
(4)固定資産税等　(i)土地	▲23,465		23,465			0
(ii)建物(家屋)	35,394	▲35,394				0
(5)留保空間の確保		640,165				640,165
(6)実質的容積率制限		▲290,270				▲290,270
(7)需要増加による使用容積率増加		290,270				290,270
合　計	▲201,895	0	331,849	0	0	129,954

注1：表中の数値の単位は千円。
注2：費用・便益の算出に当たっては、割引率3%を採用。

たっての経費と考えられる家屋の固定資産税を控除した額を世帯から土地所有者が受領する額と定義してより算出した。固定資産税等の変化については、負担増となる建築費はすべてが家屋分と仮定し、鉄筋コンクリート造中高層耐火住宅で新築住宅の軽減措置（固定資産税のみ）の適用があるものとして税額の変化額を算出した。土地は、固定資産税評価では建物及び使用制限がない土地としての評価額が基準となるため、実施日にすべてが発現すると考えて地価の変化額を算出している。

　以上の手順により測定した費用・便益等の額について、負担・帰着先の経済主体の該当項目のセルに整理して便益帰着構成表を作成した（**表 5-4-4 参照**）[38]・[39]。このシミュレーションの結果によると、景観施策の便益の帰着により変化する、土地所有者が受領することとなる地代の変化額の現在価値の合計は符号が正となった。しかし、自治体が受領することになる土地・固定資産税等の変化額の現在価値の合計は符号が負となった。

　なお、純便益額の符号も正となっているが、採用したモデルの設定条件のもとでは、純便益額の大きさは景観施策関連事業費の額に依存する構造となっており、このシミュレーションの目的において積極的な意味はもたない。

(3) まとめ

　前記のシミュレーションで土地固定資産税収の変化額の符号が負となった根本原因は、現在の固定資産課税制度が土地・建物の分離評価を採用し、土地については更地として評価した額を課税の基準としていることにある。本シミュレーションに関しては、建物経済的耐用年数（建替率）、更地率等の設定を一定範囲で変化させて簡単な感度分析を行っている。結果は、誘導される建物への建替えが急速に進む一方でその耐用年数は長期に及ぶという極めて理想的な設定以外では、各項目の設定の単純な変化のみでは土地・固定資産税収の変化額の符号に変化は生じていない。

　近年の景観施策は、長期にわたる景観形成シナリオを踏まえ、当初から思い切った規制・誘導策が提示されている。ただし、実際は見かけとは異なり、少数の更地を除くと負の効果の発現は個々の建物の更新時期まで先延ばしされる。発現のタイミングが遅れる正の効果とのバランスが巧妙に調整される仕組みとなっている。このような最近の都市計画手法の流れに、現在の固定資産課税における土地評価方法は十分適合できていないように思える。実は、これまでにも土地評価の分野では、土地・建物の分離評価がもたらす問題は指摘されている。ただし、その指摘の背景には、土地・建物が分離評価されることにより求められる積算価格的な評価額が、土地・建物一体の収益価格を上回るという暗黙の認識がある。そのため、現況の利用用途を重視する固定資産評価実務では保守的な価格形成要因の把握等によって問題解決が図られ、これらは単なる評価技術上の課題のように扱われてきたきらいがある。一方、ここで取り扱った問題の本質は、現行の土地評価方法が景観施策の特性により意図せざる減収をもたらしうる部分にあるのではないと考えている。建物課税が併用されている中で、分離評価の原則の下、土地・建物が個別に評価の精緻化が図られる一方で、評価結果と現実との乖離を許容していることに対して課税原則に照らして問題があると考えている。

5　固定資産税の展望

　前項では、課税原則及び地方税原則の観点による固定資産税の課題についての検討結果を踏まえ、現在のような土地の評価方法による評価精度の維持・確保の意義を具体的に議論するために景観施策を題材に用いて検証した。その結果、建物課税が併用されている中で、分離評価の原則の下、土地・建物が個別に評価の精緻化が図られる一方で、評価結果と現実との乖離を許容していることにひとつの問題を見出した。そのため、まず、更地として評価することを含む固定資産税評価における不動産鑑定評価手法の活用上の課題を整理する。その上で、今後の都市機能の更新及び土地利用の更新の円滑化を図る観点から、筆者なりに固定資産税のあり方の方向性を示す。

(1) 固定資産税評価における鑑定評価手法の活用上の課題
①　更地としての標準宅地の評価に関して

　宅地等の評価において価格指標となる標準宅地の適正な時価が評定される際には、更地としての地価公示価格・鑑定評価価格が活用されている。この場合の更地とは、建物等の定着物がなくかつ使用収益を制約する権利の付着していない宅地（土地）を指す。ただし、特に都市においては土地だけの状態で有効に活用されているものは例外的である。そのため、現実に建物等の定着物が存在する土地については、その土地のみを建物等が存しない独立のもの（更地）とする旨の条件が設定されて鑑定評価が行われることになる。

　しかし、土地と建物等が一体となって有機的に機能している状態にあるならば、一般的にはそのような状態が望ましい土地利用の姿と考えられるので、その状態を与件として市場価値を評価することが適切であろう。当然、市場価値の把握を基本とする不動産の鑑定評価の考え方も同様で、現状を所与として評価することが基本とされてきた。実は、現実の建物等の定着物が存在する土地については、その状態を所与として構成部分である土地のみを対象とする旨の条件のもとで評価することもできる。いわゆる建付地の評価であ

り、使用収益を制約する権利が付着している場合には、これを除外する条件を設定すれば更地として評価するよりも現実の状態に近づけることは可能である。では、なぜ建付地として評価されていないのかというと、現実の土地利用にはその土地の潜在能力を十分に引き出していない、つまり経済合理性に反するようなものも存在するというのが主たる理由である。確かに、このようなケースでは、土地の高度利用化を選好する需要がある限り資源配分の効率性の観点から建付地としての評価は適切ではないであろう[40]。いわゆる建付減価の取り扱いに関する議論であるが、前項の景観施策の例はいわば建付増価に関するものである。このようなケースでは、更地として低く評価された価格をもとに固定資産税が課税されても既存不適格建物の更新を促すためのインセンティブになるとは思えない。今後、建付増価が生じているような土地利用は建物の更新に応じて徐々に減少していくだけかというと、それは今後どのような土地利用規制が行われるかに依存しており、一概には言えない。

　更地としての標準宅地の評価に関しては、他にも問題がないわけではない。例えば、伝統的建造物群保存地区内の伝統的建造物の敷地を更地として評価する場合、どのような状態が考慮されることになるのか。また、特定都市再生緊急整備地域内の都市開発事業地で事業地区外の公共施設整備・維持管理などを条件に容積率等が緩和された敷地などはどのように扱われることになるのか。前者は特殊な建物の存在がその敷地に負担と利益をもたらしうるケースであり、後者は建物とその敷地以外に不動産事業対象が広がっているケースである。いずれも、第1章で言及した効用の定義域の明瞭性と密接なかかわりがあるが、多くは土地評価上の技術的な問題であり、本研究の目的から逸れるためこれ以上の言及は避けたいと思う。しかし、更地として標準宅地が評価されることに起因する問題の影響は、宅地評価における価格指標に用いられているため小さなものとは言い難いことに留意する必要がある。

② 標準宅地にかかる鑑定評価価格に関して
　本来、不動産の鑑定評価は、対象である不動産の経済価値を判定しこれを

貨幣額で表示する行為であり、その表示額は当然、総額である。しかし、宅地等の評価において価格指標とされる標準宅地の適正な時価はいわゆる単価（1㎡当たりの価格）である。さらに、市街地の宅地等の評価において通常、採用されている市街地宅地評価法[41]の場合、価格指標とされるのは鑑定評価の過程において便宜的に設定される想定上の標準的画地についての標準価格（1㎡当たりの価格）である。市町村における固定資産税評価事務では、この価格が鑑定評価価格と位置づけられている。この場合の標準的画地は、対象となる標準宅地が存する地域（近隣地域）における一般的な土地利用（標準的使用）を参考に設定されるため根拠がないものではない。しかし、土地評価の専門家である不動産鑑定士が行った定性分析の結果に基づいて、自らが定量分析を実施する過程で想定するものであるため、その設定の妥当性は鑑定評価手続き全体で説明されることになる。ところが、市町村における固定資産税評価事務において実質的に採用されるのは鑑定評価価格のみである。もちろん、固定資産税評価において価格指標として採用した限り、その判断に関して市町村は説明責任を負うが、不動産鑑定士が行った鑑定評価全体の妥当性についての説明責任までは負わないと解釈されている。

　このような仕組みであるために、固定資産税評価において鑑定評価価格を活用し評価額の精度を維持していく上では市町村側と外部の不動産鑑定士側の緊密な連携が極めて重要であることがわかる。そして、経済が常に変化の過程にあることを考慮すると、緊密な連携は継続される必要があろう。しかし、現在の固定資産税の評価替えのサイクルは3年ごとであり、不動産鑑定士側はともかく、市町村側で評価事務を担当する職員を複数の評価替えにわたって固定化させることには人事上、問題があるかもしれない。以上を考え合わせると、現在の宅地の評価の方法は、標準宅地の鑑定評価についての外部委託費用だけでなく、思いの外、コスト負担が大きいように思われる。

　③　収益価格に関して
　古典的な地代理論は、資金移動が自由な債権市場と土地市場の2つの資産市場を想定した場合の債権と土地の裁定取引から導き出される次のような関

係に基づいている。

期間中の債権利子率×期首の地価＝期間中の地代＋期間中の地価の変化分

このような関係において、仮に毎期の利子率と地代が一定であるとすると次のような単純な関係式が近似的に導き出される。

$$地価 = \frac{地代}{利子率}$$

現代の収益還元法による土地の収益価格も、このような関係式を基礎にした計算式により求められている。ただし、わが国は土地賃貸市場が発達していない。そのため、土地の収益価格は、土地と建物が一体となって生み出す家賃による純収益から建物の寄与部分を除いたものを資本還元することによって求められている。しかし、ここでの興味は、土地の収益価格の算出方法にあるのではなく、金融市場の影響を強く受けるようになっている投資用不動産の理論的な市場価値について構成上の特徴を見極めることにある。以下では、簡単化のために次のような土地・建物一体の不動産価格を単年度収益から求める単純な関係式を用いて収益価格の検証を進めることにする。

$$不動産価格 = \frac{単年度純収益}{(利子率＋運用リスク－収益の変動予測＋処分費の変動予測)}$$

土地・建物一体の不動産は、国債などの債権と異なりその資産運用に当たって管理面などでリスクを伴う。また、不動産賃貸市場は債券市場のように効率的ではなく他方で金融政策の影響を直接的には受けないため独自の変動予測が成立すると考えられる。さらに、建設市場[42]や不動産取引市場[43]も不動産賃貸市場や債券市場とは効率性が異なるため、将来における資産処分費も独自の変動予測が成立すると考えられる。このような考え方は関係式の分母に表されている。

一方、**図 5-5-1** は、地方圏における大都市の典型例として広島市の商業地を取り上げ、地価指数、賃料指数、事務所ビルの取引利回り[44]、長期国

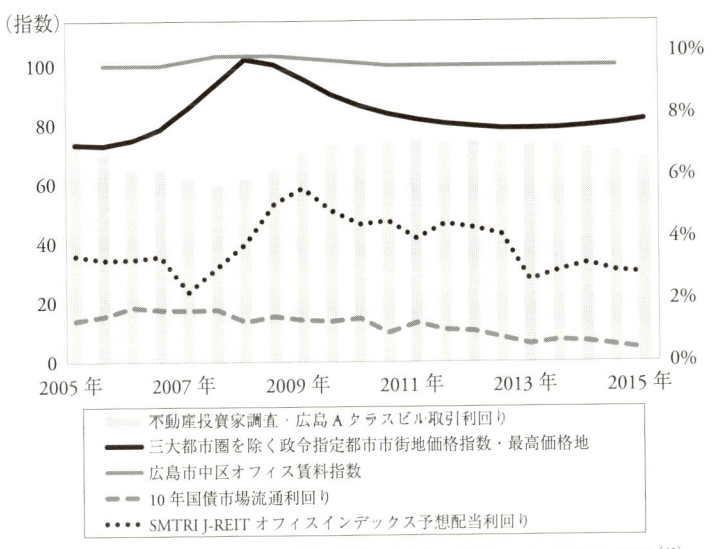

第 5 章　市街地課税についての一考察

図 5-5-1　地価・賃料と不動産投資・価格に関連する指標の推移[45]

凡例：
- 不動産投資家調査・広島 A クラスビル取引利回り
- 三大都市圏を除く政令指定都市市街地価格指数・最高価格地
- 広島市中区オフィス賃料指数
- 10 年国債市場流通利回り
- SMTRI J-REIT オフィスインデックス予想配当利回り

債利回り、不動産投資信託の予想配当利回りの推移を比較したものである。この場合の取引利回りは、前記の関係式における分子の単年度純収益を不動産価格で除した概念である。建物のみが単独で取引されることは考えにくいので地価の動きと不動産価格の動きは近似すると仮定すると、賃料が概ね横ばいである場合、地価が上昇している時期には取引利回りは低下することになる。逆に地価が下落している時期には取引利回りは上昇することになる。商業地の地価が収益価格を重視して求められているとすると、単年度収益を資本還元するための利回り（還元利回り）は取引利回りを参考に把握されることになろう。図 5-5-1 において地価指数、賃料指数、取引利回りの推移はこのような考え方に見合う動きを見せている。

ここでの検証の要点は、2005 年頃から 2009 年頃にかけての比較的急激な取引利回りの変化は何に影響を受けているかにある。長期国債利回りは前記の関係式における利子率に相当するが、期間中大きな変化を見せていない。また、賃料の動きは鈍く収益の変動予測も大きなものではないと考えられる。残るのは処分費の変動予測であるが、対象が投資用オフィスビルであることから、これを対象とする不動産投資信託の予想配当利回りが手掛かりになろ

237

う。その理由は、一般的な傾向として不動産投資信託の予想配当利回りは実物不動産の動きにある程度連動するからである。つまり、前記の取引利回りの動きのうち期間前半は、不動産証券化の対象となるオフィスビルの潜在需要が何らかの理由で増加して価格上昇が見込まれたことから処分費の変動予測がマイナスに振れたためと推察できる。問題は、どのような理由でオフィスビルの潜在需要が増加したかということであるが、今では金融緩和が続いたことによる不動産投資の過熱化が主な原因であることが知られている。期間後半の処分費の変動予測の急激な反転については、世界的な金融不安の影響による極端なリスク回避行動の影響であることも広く知られている。

ここで例示したような不動産価格、地価の急激な変化は、金融・証券市場から見るとさほど特別な動きではないかもしれない。現に株式市場はより変化に富んでいる。しかし、実物不動産の収益の源泉となる賃料を扱う不動産賃貸市場の動きから見ると急激と言わざるを得ない。また、不動産証券化には相当なコストを伴うため、一定額以上の不動産でないと採算が確保できないことが知られている。そのため、不動産証券化の対象となるような土地とそれ以外の土地は、仮に隣接していたとしても市場特性が異なることを理由に本来、別の扱いをする必要がある。しかし、多数の画地を特定の期間で大量に評価しなければならない宅地の固定資産税評価において、そのようなことが現実的に可能かというと難しいと考えざるを得ない。

(2) 今後の固定資産税のあり方

① 基本的な考え方

本研究では、課税原則及び地方税原則の観点による固定資産税の課題の整理に加え、理論面で土地の固定資産税を支持する上での基盤となっている適正な固定資産税評価を維持する上での課題についても検討した。これらを踏まえて、今後の都市機能の更新及び土地利用の更新の円滑化を図る観点から、わが国の固定資産税制度の見直しの方向性として次の3点を提示したい。第1は資本財である建物、償却資産への民間投資を歪めない、第2は税収の安定性・伸長性を十分確保できるような現実的で合理的な評価・課税の仕組み

第5章　市街地課税についての一考察

に変えていく、第3は都市政策との一層の連携を図ることである。以下には、その理由を簡単に示す。

まず、第1については、今後の都市機能の更新及び土地利用の更新は民間投資に負うところがますます増大すると考えられることから当然のことと言えよう。対応方法としては、固定資産税の転嫁に関する議論からも容易に推察されるように、土地とは異なる税率の採用などにより家屋や償却資産に対する固定資産税の負担レベルをできるだけ下げていくことが考えられる。償却資産については、事業による利益は課税されるにもかかわらず事業用資産のみが課税対象になっていることを考えると、課税対象外とすることも検討すべきであろう。また、現在の住宅の充足状況と今後の住宅市場を考えると、さらに住宅用地を増やす必要はないと考えられることから住宅用地の軽減特例も軽減を縮小していくことを考えるべきであろう。

第2については、公平性の観点から決して小さいとは言えない評価コストを負担して固定資産税評価の精度の維持・向上を図っても、すべての市町村で税収の安定性が得られているとは言い難い現状に基づいている。伸長性に関しては、税率変更という方法があるが、現在の宅地評価の精度の維持・向上への取り組みは、納税者側のわかりやすさの改善にあまり寄与しているようには思えないことからすると実現性が高いとは考えにくい。加えて、適正な固定資産税評価のために導入されている鑑定評価手法については、活用の上でいくつかの問題を抱えている。そもそも不動産の鑑定評価は、個別の不動産について市場価値概念の適正な価額を求めることが目的であり、その究極の活用方法はすべての課税土地の個別評価ということになってしまう。このような活用方法は、技術面でも評価コスト面でも実現不可能と考えられるが、現実に固定資産税評価において鑑定評価手法の活用に関して問題があるのであれば、これを放置しておくわけにはいかないであろう。

この点に関しては、地方政府による地方公共財供給による受益と土地の固定資産税の負担との直接的な関係は明確ではなく厳密な意味での応益性は十分とは言えない状況にあることが対応方法を考える上で示唆を与えている。つまり、現在のわが国の固定資産税は、市町村による行政サービスがもたら

す全般的な利益について財産価値を指標として財産価値に比例して課税しているという意味での応益性を満たしているにすぎない。よって、土地の固定資産税評価に対しては、ある社会資本整備についての開発利益の還元システムの中でその供給による便益を評価する際に求められるような精度や厳密性が求められているわけではない。それであれば、市場価値を規範としつつも市町村による行政サービスの対価の負担ルールとして納税者側に納得してもらえる程度の評価精度を確保すれば足りるという考え方も成り立つであろう。仮に、家屋や償却資産に対する固定資産税の負担レベルを下げていくとすれば土地の固定資産税の負担レベルを上げていくことも考えなければならない。現在の地方自治制度の枠組み中で、税率変更手続きをより実現性の高いものにする上では納税者側のわかりやすさは重要な要素である。現時点で具体的な評価方法について明確なアイデアを示すことはできない、しかし、公平性と簡素のトレード・オフへの対応という観点からも、土地の課税標準額をより安定的でよりシンプルな構造のものに変えた方がよいと考えている。

第3については、わが国の歴史において、租税は時々の統治機構において都市づくり、産業振興と一体のものとして取り扱われてきたことからすれば、今さら言及すべきことではないのかもしれない。そのため、次では具体例を挙げてひとつの考え方を提示する。

② 都市づくりとの連携強化に向けて

地価に帰着しうる便益は、地方公共財の供給主体が誰であるかを問わない。特に宅地の市場価値は、様々な価値要素を包括して把握されている可能性が高いが、通常、固定資産税評価や不動産の鑑定評価で要素ごとの内訳価値が表示されることはない。一方、都市開発事業の計画段階等で実施される事業評価（費用便益分析等）では便益項目ごと、研究レベルでは利害関係者別の便益・費用額（固定資産税額を含む）が求められるケースもある。その理由は、事業マネジメントにおいては利害関係者間の調整が極めて重要であり、それぞれの受益と負担の状況を把握する必要があるからである。とはいえ、厳密な市場価値概念の評価が行われて公共投資による開発利益のみが受益者

(土地所有者)から徴収されるケースは少ないと推察される[46]。その理由は、固定資産税などは、公共投資による開発利益をも含めて行政サービスがもたらす利益に対応する負担分を、事後的に時間をかけて回収する機能を有すると考えられているからである。

　検討の余地があると考えられるのは、都市開発事業費の大半が民間投資で賄われる場合や公共施設整備費・管理費を民間が負担する場合の、宅地に対する固定資産税と負担費用との関係である。仮に、このような事業が成功したとすると、整備・改善による便益が相当程度、事業地区内の宅地に帰着する可能性が高いであろう。合理的な民間事業者であれば、当然そのような結果も予測の上で事業費の回収の仕組み、つまり開発利益の還元を図ると考えられる。しかし、現在の固定資産税制度のもとでは、当然のようにこのような帰着便益部分に対して区別することなく評価の対象とし課税を行う。そうすると、事業地区内の宅地の所有者は、帰着便益部分に関して事業費負担と固定資産税の両方を強いられることになる。このようなダブルカウントが行われるのであれば、事業計画の対象となる地区内の宅地の所有者は、このような民間投資による都市開発事業に協力しないのではないだろうか。

　このような民間投資事業は全くの絵空事ではない。例えば、近年、わが国でも注目されているまちづくり制度のひとつに米国や英国で活用されているBID（ビジネス改善地区）制度がある。米国でのBIDは、一般的には民間によって直接的に管理されている擬似公共組織体を指すことが多い。それは、地区内の不動産所有者とビジネスに対して強制的な負担金（mandatory assessment）を課し、それを資源に地区内で公共サービスを補給することに組織の目的があるとされている[47]。しかし、矢作（2012）[48]、南方（2013）[49]によると、BIDに関する規定は州によって異なり、同じ市内にあるBIDでも規模の大小によって実相に大きな隔たりがあり一義的に定義することは難しいのと指摘がある。

　典型的なBIDは、地区内の不動産所有者等から一定額の負担金を自治体の課す財産税に上乗せして徴収し、これを直接地区の改善に充てるものである。このような仕組みは、わが国のタウン・マネジメント制度の見本とも言

われているが、強制的な負担金部分に着目するならば、これはまさに市街地課税の応用である。わが国で BID 制度がどのようなかたちで活用されていくのかは現時点では不明である。しかし、仮に官民で推進していくというのであれば、負担金の徴収に関してのみ固定資産税の課税部門と連携を図るのではなく、土地の固定資産税と負担金の調整も図っていくべきではないかと考える。

一例として、地区計画制度を活用して公共サービス供給事業の基盤となる施設について地区整備計画に定めることをもって形式面での担保とする。実質面では、費用負担を含む公共サービス供給に関する事業計画書を市長等が承認することを条件に、事業開始時点以降の固定資産税評価額の変動（上昇）は実質的に周辺の宅地並みに抑えるような仕組みが考えられよう。

6　おわりに

本研究では、今後の都市機能の更新及び土地利用の更新の円滑化を図ることを念頭に、現実には租税法律主義の制約下にある固定資産税の枠組みにとらわれることなく現在の固定資産税の課題について検討した。具体的には、まず、これまでの租税論及び市街地課税論並びに地方公共財理論を含む固定資産税に関する議論を概観した。次に、地域経済を取り巻く環境変化を踏まえて固定資産税評価及び固定資産税収の現状を概観し、課税原則及び地方税原則との関係を中心に現在の固定資産税の課題を整理した。その上で、特徴的な都市政策として景観政策を取り上げ、想定条件に基づく便益・費用の計測結果をもとに土地の固定資産税の課題を定量的に検証した。さらに、検証結果から見出された固定資産税評価における不動産鑑定評価手法の活用上の課題についても検討を加えた後に、今後目指しうる固定資産税の方向性について筆者の私見を述べた。

わが国の固定資産税制度の見直し方向性としてあげた 3 点のうち、家屋や償却資産に対する固定資産税負担を下げることや住宅用地の軽減特例も軽減を縮小していくことは、既に多くの研究者が提案していることである。筆者

としては、2番目に挙げた税収の安定性・伸長性を十分確保できるような現実的で合理的な評価・課税の仕組みに変えていくこととの関連で、蛇足ながら提示することにした。仮に、提案したような市場価値を規範としつつも市町村による行政サービスの対価の負担ルールとして納税者側に納得してもらえるような固定資産税評価とすることができれば、3番目の提案は案外容易に進むかもしれない。筆者は、課税に際して納税者に納得してもらえるように努めることは地方自治の基本だと認識しているが、同じことが住民主体のまちづくりにも求められていることも忘れてはならないと自戒している次第である。

注

（1） 池田・大川（1982）、136-138ページ参照。
（2） 小西（1997）、33-35ページ参照。ここでの租税論についての記述の多くは同書によっている。
（3） 小西、前掲書、35-36ページ参照。
（4） 小西、前掲書、6ページ・28ページ・37ページ・44ページ等参照。
（5） Smith（1789）（水田監訳・杉山訳〔2001〕、（4）、132-136ページ）参照。
（6） Musgrave and Musgrave（1980）（木下監修・大阪大学財政研究会訳〔1983〕、286ページ）参照。
（7） 加藤（1997）、21-26ページ参照。なお、同書では国際的整合性についても課税原則のひとつとして位置づけられている。
（8） 伊多波（1995）、71ページ参照。
（9） 水田監訳・杉山訳、前掲書、（4）、137-173ページ参照。
（10） 同書、（4）、168ページ参照。
（11） Prest（1981）（田中監訳〔1995〕、17ページ）参照。
（12） 田中監訳、前掲書、18-19ページ参照。ここでの市街地課税論についての記述の多くは同書によっている。
（13） 同書、21-23ページ参照。
（14） 同書、24-26ページ参照。
（15） Oates（1972）（米原・岸・長峯訳〔1997〕、174-185ページ）参照。
（16） 堀場（1999）、65-69ページ参照。
（17） 金本（1983）、36-37ページ・40-42ページ参照。なお、地方公共財によ

る便益の地代・地価への帰着に関する仮説は、今日では資本化仮説（capitalization hypothesis）と呼ばれている。詳細は、金本（1997）、242-244ページ参照。

(18)　土居（2000）、237ページ・240ページ参照。
(19)　伊多波（2002）、182-183ページ参照。
(20)　堀場、前掲書、185-187ページ参照。
(21)　佐藤（2012）、160-162ページ参照。
(22)　堀場、前掲書、187-189ページ、佐藤、前掲書、160-163ページ参照。
(23)　内閣府「県民経済計算」（2001～2012年度）により筆者が作成。
(24)　通常、貸出金を預金と譲渡性預金の合計で除して求めることが多い。
(25)　日本銀行「都道府県別預金・現金・貸出金」（2015年3月末）及びその時系列統計データにより筆者が作成。
(26)　国土交通省「建築着工統計調査報告」・「建設工事費デフレター」（2005年度基準）及び総務省統計局「人口推計」により筆者が作成。
(27)　国土交通省・土地総合情報ライブラリーウェブページ「地価公示」の公表資料（2001～2015年地価公示）により筆者が作成。
(28)　内閣府「県民経済計算」（2001～2012年度）、総務省「平成25年度　固定資産の価格等の概要調書（土地 都道府県別表）」（第4表 宅地に関する調）により筆者が作成。
(29)　総務省「平成25年度　固定資産の価格等の概要調書（土地 都道府県別表）」（第4表 宅地に関する調）・「平成25年度　固定資産の価格等の概要調書（家屋 都道府県別表）」（納税義務者数、棟数、決定価格及び単位当たり価格に関する調）により筆者が作成。
(30)　小規模住宅用地（1戸当たり200㎡以下または200㎡までの部分）については、原則、価格の1/6、一般住宅用地（200㎡を超える部分）については価格の1/3に軽減した課税標準額が採用される。また、商業地等（住宅用地以外）については、原則、負担水準は評価額の70％に制限されている。さらに、2015年度では前年度の課税標準額が当該年度の評価額の60％～70％の水準にある時は前年度の課税標準額が採用される（据置）。
(31)　総務省「平成25年度　固定資産の価格等の概要調書（土地 都道府県別表）」（第4表 宅地に関する調）により筆者が作成。
(32)　総務省「平成25年度　市町村税徴収実績調」により筆者が作成。
(33)　総務省「平成21年度　市町村税徴収実績調」・「平成25年度　市町村税徴収実績調」により筆者が作成。

第 5 章 市街地課税についての一考察

(34) この項の記述は、西嶋（2008b）、42-51 ページを加除修正したものである。
(35) 中村（1977）、2 ページ参照。
(36) 基本的な社会経済モデルは、大野（1997）、42-52 ページを参考とした。
(37) 2007 年地価公示の標準価格を採用したもの。西嶋（2008a）、71-75 ページ参照。
(38) 便益帰着構成表の詳細については、上田・髙木（1999）、59 ページ参照。
(39) 費用・便益等の額についての具体的な測定方法については、西嶋（2008b）、付録、53-56 ページを参照されたい。
(40) 建付地として低く評価された価格をもとに課税されると租税回避的な行動を許容することになる。他方、更地として評価された価格をもとに課税すれば土地の有効利用を促すインセンティブになるという考え方がある。
(41) 第 1 章の図 1-5-1 を参照されたい。
(42) この場合の建設市場は解体除去工事等に関するものである。
(43) この場合の不動産取引市場は再販に関するものである。
(44) 「不動産投資家調査」における取引利回りは、不動産投資家に対するアンケート調査の結果に基づいて集計されたものであり実績値ではない。
(45) 日本不動産研究所「市街地価格指数」・「全国賃料統計」・「不動産投資家調査」、財務省「国債金利情報」、三井住友トラスト基礎研究所「SMTRI J-REIT Index」により筆者が作成。
(46) 例えば、土地区画整理事業では区画整理前・後の土地の等価による換地が基本であり、清算金は技術的な制約等により過不足が生じた場合や換地を定められなかった場合にのみ是正する目的で授受されるものである。
(47) Wheeland（2010）, p357 及び矢作（2012）、273 ページ参照。
(48) 矢作、前掲書、273 ページ参照。なお、ニューヨーク市では州法によって BID は地域内の不動産所有者から擬似不動産税を強制的に徴収することができる。さらに市当局が市税としての不動産税と合算して代理徴収し、BID に相当額の配分をする仕組みになっており徴収率は高いとされる。フィラデルフィア市でも同じく州法によって BID が擬似不動産税を強制的に徴収することができるようになっているが、市が代理徴収することはせず、BID が自己責任で徴収しているため、相当額の未徴収が生じているとされる。詳細は、矢作、前掲書、290-292 ページ参照。
(49) 南方（2013）、189 ページ参照。

終章　都市の継承の課題

1　土地利用の課題の本質

　本書では、人々を都市の主人公に据え、Smithによる社会経済観、Senによる潜在能力アプローチによる平等観を前提に、土地利用にかかわる諸課題についての検討を中心に都市の継承のあり方を模索した。その意図は、常に変化の過程にある都市において、土地利用の課題に直面している人々が自主的に行動する場合に、人々の努力が報われやすいように支援する仕組みを検討することにあった。具体的には、自然災害への備えという視点をも導入しつつ、都市づくりと産業振興にかかわる土地利用及び土地を客体とする租税にかかわる分野を対象として、重要と思われる課題をいくつか取り上げて検討した。ところで、これまでの検討の過程を振り返ってみると、いくつか共通する事項が浮き彫りになっている。以下では、本書での検討事項について、今後の展開に期待する意味を込めて簡単に整理しておきたい。

　まず、1点目は、自然災害リスクの認知及び自然災害リスクにかかわるリスク・コミュニケーションに関するものである。人々の自然災害リスクの認知に関しては、第2章での既存マンションの管理組合対象のアンケート調査及び第4章での中小製造業対象のアンケート調査の結果から、多くの問題が残されていることを再認識せざるを得ない。人々は損失に関してはかなりのリスクも辞さない傾向があることは知られているが、自然災害リスクに関しては非日常的な事象であることゆえの危険度の認識や被害想定の甘さが存在しているように感じられてならない。このような懸念がある中で、現状の自然災害リスクにかかわるリスク・コミュニケーションの状況を考えると、相

対的に精度の高い情報を有している地元行政側のアプローチの仕方にはまだまだ改善の余地があるように思われる。しかし、地域を含む民間側のアプローチについても決して十分とは思えない。例えば、地縁団体における避難訓練が形式的な区域区分を意識しすぎたものであったり、マンション管理組合における防災マニュアルが整然と記述されてはいるが実践性に乏しいものであったりすることがある。自然災害リスクにかかわるリスク・コミュニケーションのあり方に関しては、地域の特性などを踏まえつつ実践的な検討が進められることに期待したい。

　2点目は、既存建物への追加投資及び中古住宅・工場などの流通の円滑化に関するものである。建物の耐震化や空き家対策の推進は、結局は既存建物への追加投資の円滑化にとどまらず、既存建物と敷地からなる不動産の流通の円滑化も視野に入れて取り組まざるを得ないと考えられる。既に、そのような発想で取り組まれている空き家活用の枠組みや耐震化推進計画の見直しの動きもあり、行政と民間部門とのより一層の連携に期待したい[1]。加えて、今後の人口動向等を背景とするコンパクトシティ推進などの政策を支える観点から固定資産税制面の見直しにも期待したい。

　そして3点目は、土地利用にかかわる制度及び取り組みの形骸化に関するものである。これは、前記の2点とも密接に関係するが、公共部門、民間部門あるいは組織・団体、個人を問わず感じられることである。法令・制度に基づく各種施策や事業、規約や慣例に基づく各種の取り組み、これらに対する人々の反応や行動のいずれにも、形式的には問題はないものの関連する事項とのつながりが希薄に感じられる部分が多い。この点に関しては次項の検討結果を踏まえて、改めて考えて見たい。

2　今後に向けて ——ある地区を参考に——

　歴史都市京都には、往時の中央あるいは関西政財界の実力者や著名人によって造られた別業・別宅（以下、「別荘」という。）に由来する土地・建物等が随所に存在している。中でも左京区南禅寺地区周辺には、優れた借景や

清らかな流水などの存在を背景として、7代目小川治兵衛により手がけられた名庭をもつ著名な別荘も複数現存している。他方、建造主の縁者によって引き続き維持・保全されている別荘は決して多くはなく、社会経済環境の変化に伴い新たな形態の利用に供されるものも見られるようになっている。また、近年、このような地区に積極的に注目するマスメディアも見られるようになっている[2]。筆者は、このような動きの真意については全く承知していないが、優れた都市景観を観光資源と捉えて利用しようという風潮と全く無関係ではないように感じられる。しかし、一部には国の重要文化財に指定されている建造物があるにせよ、私有財産である別荘の性格や厳しい土地利用規制下にあることを考えると、地域的な土地利用環境の維持・保全という観点から懸念をもたざるを得ない[3]。筆者は、ここには都市における土地利用の中でも特に複雑な利害が存在していると推察しており本研究で何らかの答えを示すことは困難と考えているが、都市の継承に向けての問題提起という趣旨でひとつの問題の所在を示す。

(1) 別荘群供給の経緯
① 時代背景

現在の左京区南禅寺地区は、明治期となってから1888年頃迄は愛宕郡南禅寺村と呼ばれていた。南禅寺門前・禅林寺門前・光雲寺門前が合併して成立し、寺院は臨済宗南禅寺派大本山南禅寺・南禅寺末寺光雲寺、浄土宗西山禅林寺派禅林寺（永観堂）・西福寺などが、陵墓は亀山天皇分骨陵・尊良親王墓が存在していた。地誌によると、1872年（明治5年）当時には、田5町余、畑8反余、戸数82、人数365で、物産は菜種と記されている[4]。

明治期に入ると、当時の政府により神道昂揚、仏教抑圧の政策が採用され、1871年（明治4年）の社寺領上知令や1872年（明治5年）の無檀無住ノ寺院廃止ノ件[5]により寺院領地の上知、民有化が進められていた。他方、京都では、第3代京都府知事の北垣国道により、主に産業復興の観点から琵琶湖疏水建設が進められており、1890年（明治23年）に大津から鴨川合流点までの区間が完成している。琵琶湖疏水は、当初の計画では交通・運搬の利便

が主眼で、付随して田畑の灌漑・水車運転・飲料・清掃・消火等に役立てられる予定であった。しかし、水力発電が採用されるようになるとこれが主眼となり、他の使い道も京都御所用水と灌漑などにとどまった[6]。尼﨑（2012）によると、南禅寺山門から銀閣寺門前に至る山麓部については風景に優れることが認識されていた。しかし、水力発電所の建設が決定されるまでは、鴨川以東の南禅寺、岡崎などの範囲は工業用地として利用される予定であったとされている[7]。

② 琵琶湖疏水の水を利用する別荘地供給

南禅寺付近の疏水からの引水を利用した別荘の草分けは、1894年（明治27年）から1896年（明治29年）頃にかけて造営された山県有朋による無鄰菴であるとされている。尼﨑（2012）によると、京都市初代市長の内貴甚三郎は、東山山麓部の風致保存と名勝旧跡の保存の意向をもち、京都市は南禅寺界隈での別荘分譲を目論んでいたとされている[8]。他方、1887年（明治20年）頃、綿問屋であった塚本家の角星合資会社が南禅寺塔頭楞厳院の跡地の払い下げを受け、1906年（明治39年）頃から塚本与三次が塔頭跡を広く入手し別荘地開発事業を行っていたとされている（**図 6-2-1 参照**）[9]。また、前掲の尼﨑によると、塚本与三次は、水力発電の登場で不要となった水車の権利を京都市から買い取り、庭園付き別荘地への琵琶湖疏水の水供給にも関与したとされている[10]。このような庭園の作庭において活躍したのが植治こと、7代目小川治兵衛であった[11]。

③ 近代財界人による別荘所有

前掲の尼﨑によると、無鄰菴の作庭以降、南禅寺地区において7代目小川治兵衛がかかわったとされる庭園には、對龍山荘、和楽庵、旧塚本与三次邸、怡園、碧雲荘、有芳園などがあるとされる[12]。このような庭園付の別荘は、当時の著名な関西財界人により所有されることになったが、特徴的なことは数寄者といわれる人々による茶会を中心とする交流の舞台として用いられたことであろう。数寄者として名を連ねたのは、男爵であり住友銀行頭取で

終章　都市の継承の課題

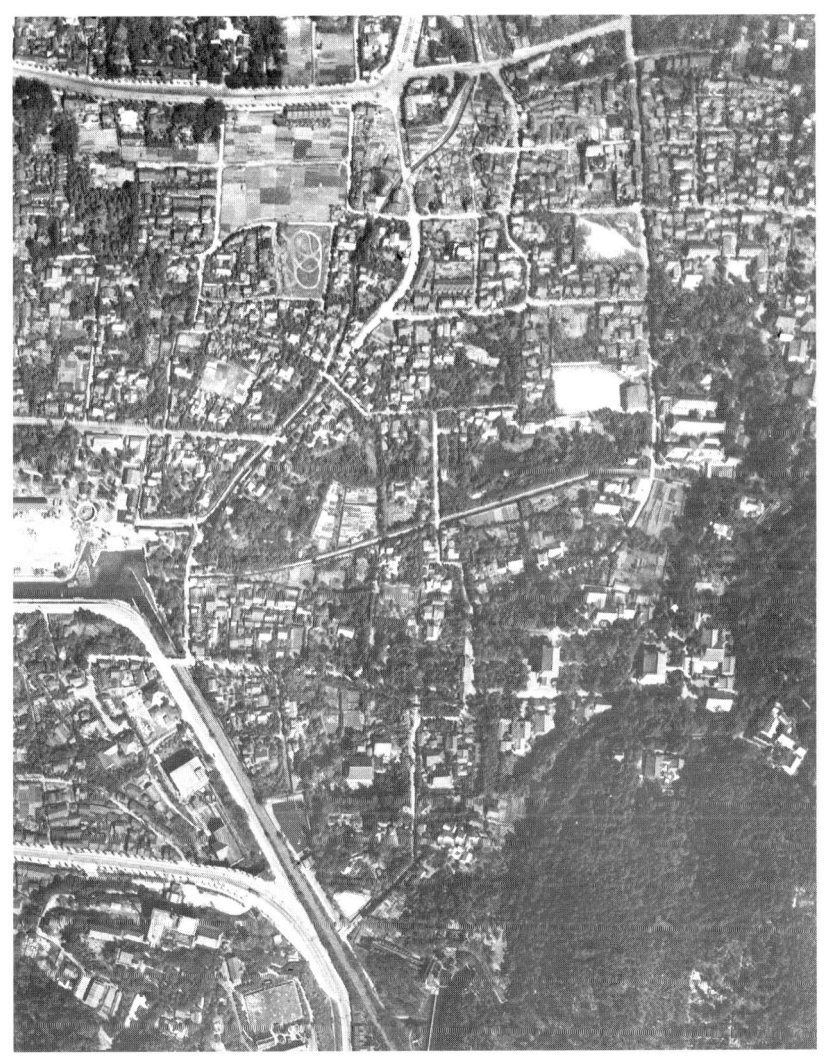

図6-2-1　京都市左京区南禅寺地区の空中写真（第2次世界大戦直後）[13]

あった住友吉左衛門（春翠）、貴族院議員であり野村銀行取締役であった野村徳七（得庵）や道具商の山中定次郎や春海敏、そして塚本与三次などである。また、その晩年はともかく、これらの財界人の事業面での拠点は、言うまでもなく西日本における商業中心地である大阪であった。齋藤（2012）に

よると、大正期における関西での茶会亭主として特に名を馳せたのは住友春翠と野村得庵である[14]。前掲の尼﨑では、住友春翠は煎茶を好んだが、煎茶席の重要な空間的特徴には中国的意匠のほかにも眺望のよい優れた景観と一体となった開放的空間構成であることが指摘されている[15]。南禅寺地区の優れた空間は、当時の所有者の並外れた財力だけでなく、そのスケールの大きな趣味があってこそ創出されたものと言えよう。

(2) 所有の変遷とその特徴
① 形式上の所有者の把握方法

前掲の尼﨑や鈴木（2013）では、南禅寺地区の7代目小川治兵衛がかかわったとされる別荘は、時とともに所有者層が変化していることが指摘されている[16]。実際の所有者の変遷を知るためには、関係者へのヒアリング調査などを重ねるしか方法はない。しかし、形式上の所有者であれば、不動産登記情報を遡ることで把握することが可能である[17]。そのため、本研究では、1889年に制定された土地台帳規則に基づく土地台帳と、1951年に改正された不動産登記法に基づく登記簿及び登記事項証明書を調査することにより形式上の所有者の変遷を把握することにした。具体的には、南禅寺地区等において7代目小川治兵衛が庭園作庭にかかわったとされるものを中心に、このような別荘には一定規模以上の敷地規模が必要との認識の下、敷地規模の大きな13の別荘を対象とした[18]。

② 所有者の変遷

所有者の属性を、個人、一般法人等（株式会社、有限会社、合資会社、合名会社、財団法人など）、宗教法人、公共団体等（行政機関、共済組合）に区分した。さらに、個人と一般法人等については、住所地に基づき京都、大阪、東京及びその他に細分し、それぞれ年単位で集計してその変遷を表示したものが**図 6-2-2** である。また、その特徴を把握するため、人口割合（都道府県別：1920年〜）と1人当たり県内総生産比（都道府県／全国平均：1955年〜）の推移も併記している。

これを見ると、1945年以前は大半が個人所有であったが、その後は一般法人等所有が増加し1980年頃から過半を占めるようになっている。また、明治期には京都在住の個人が中心であったが、大正中期以降は大阪在住の個人が多くなり、1945年前後は東京在住の個人が他を上回るようになっている。1950年代に入ると東京在住の個人は徐々に減少する中で、住所地に関する特徴も薄れている。一般法人等については、2000年頃までは京都に所在するものが多かったが、その後、東京に所在するものの増加と裏腹に減少し、2005年頃から逆転が続いている。近年の一般法人等による所有の特徴としては、グループ企業による共有が挙げられる。加えて、宗教法人への所有権の移動も見られるようになっている。このような一連の動きは、世界経済におけるわが国経済の相対的位置の変動や産業構造の変化及び東京と大阪、京都との経済面での地域間格差の拡大などと決して無関係ではないように思われる。

(3) 広範な視野をもつ必要性

　第160回文化審議会文化財分科会（2015年6月）では、南禅寺地区を含む「京都岡崎の文化的景観」について重要文化的景観に選定する答申がなされた。優れた東山の借景と文化的成熟度の高い庭園付の別荘群が織りなす空間は京都の中でも際立ったものと言えるが、これは別荘創建当時の所有者の並外れた財力とスケールの大きな趣味が相まって創出されたものである。その意味で、形式的な名義はともかく、別荘は本質的に創造性豊かな個人の私物であるべきものであり外部が干渉すべきものではないと考える。しかし、このような空間にかかわる人も社会経済環境も往時とは大きく変化している。洗練された職人技の供給により適切に維持管理がなされている別荘が多いとはいえ、並外れた財力や強い趣味への思い入れが存在しなければ、その空間の意味合いが変化していても不思議ではない。その点では、南禅寺地区での別荘の所有者は、このような要件さえ満たせば例えば外国人であってもよいと思われる。ただし、都市文化のストーリーへの深い理解は、知識の習得だけで得られるものではないように思う。その点で、このようなストーリーの

人口割合

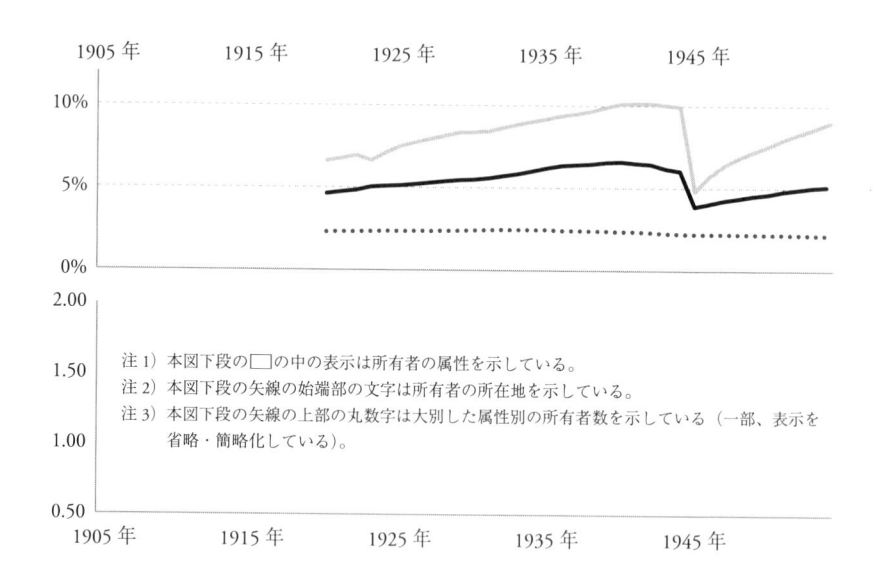

1905年　1915年　1925年　1935年　1945年

注1）本図下段の□の中の表示は所有者の属性を示している。
注2）本図下段の矢線の始端部の文字は所有者の所在地を示している。
注3）本図下段の矢線の上部の丸数字は大別した属性別の所有者数を示している（一部、表示を省略・簡略化している）。

1人当たり県内総生産比

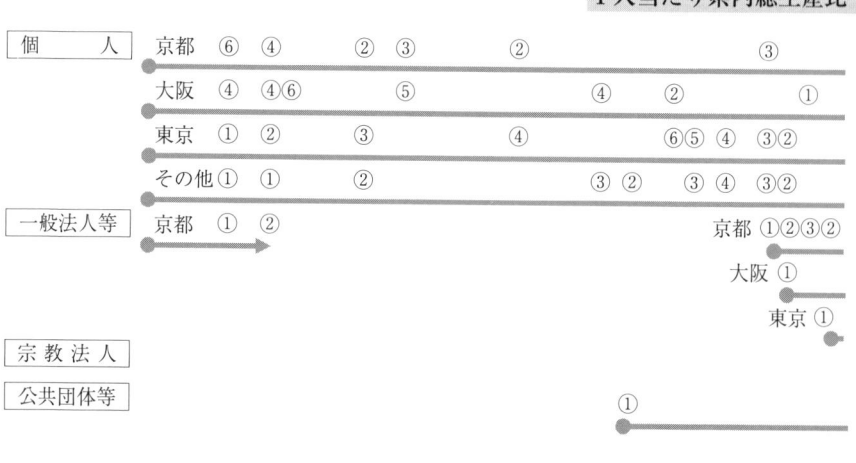

個　　　人	京都 ⑥ ④ ② ③ ② ③
	大阪 ④ ④⑥ ⑤ ④ ② ①
	東京 ① ② ③ ④ ⑥⑤ ④ ③②
	その他① ① ② ③② ③ ④ ③②
一般法人等	京都 ① ② 　 京都 ①②③②
	大阪 ①
	東京 ①
宗 教 法 人	
公共団体等	①

図6-2-2　社会経済指標の

終章　都市の継承の課題

(都道府県別)

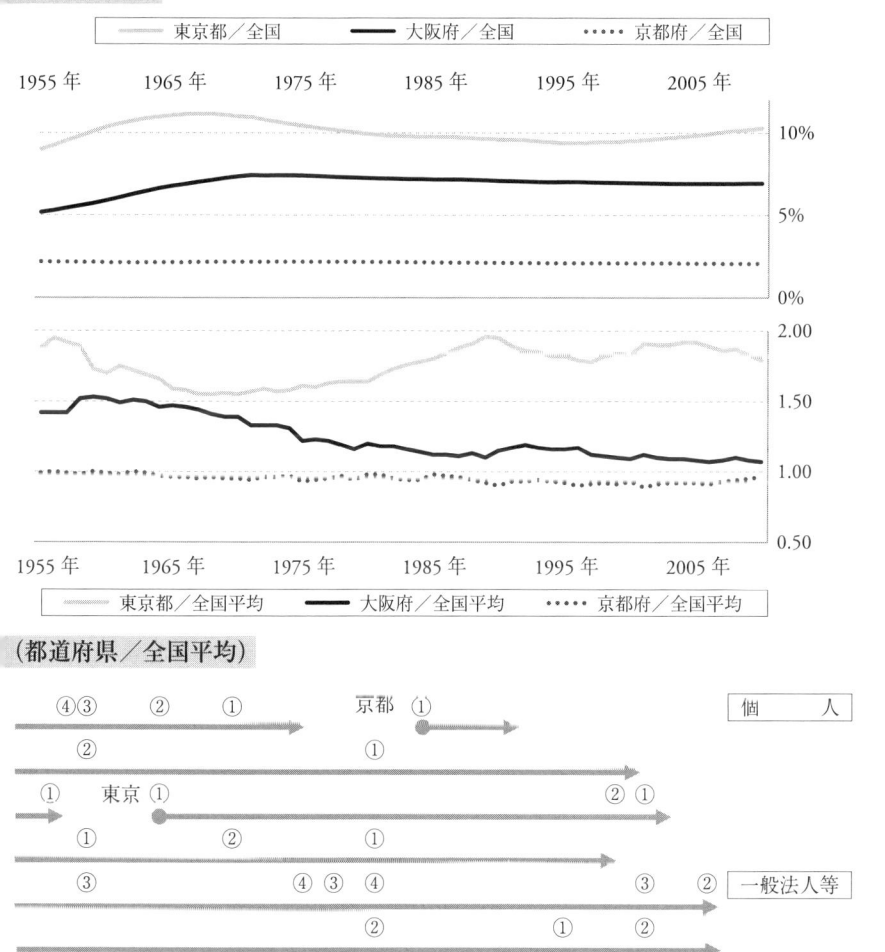

(都道府県／全国平均)

※所有権の年表の最後の動きの位置は2006年頃です。

変化と所有者の変遷[19]

実体験と際立った財力を併せもつ潜在的需要者層の有無が、このような優れた都市空間を継承する上での要点になろう。都市における多様な産業の発展は、都市景観に関しても重要な意味をもつことになると考えている。

3 おわりにかえて

この終章では、まず、本書における検討の過程で浮き彫りなった3つの共通する事項について、関連研究分野における今後の展開に期待する意味を込めて整理を行った。1点目は、自然災害リスクの認知及び自然災害リスクにかかわるリスク・コミュニケーションに関するもので、今後、リスク・コミュニケーションについては地域の特性などを踏まえた実践的な検討が望まれる。2点目は、既存建物への追加投資及び中古住宅・工場などの流通の円滑化に関するもので、今後、行政と民間部門とのより一層の連携が望まれるとともに、諸政策を支える観点から固定資産税制面の検討も望まれる。そして3点目は、土地利用にかかわる制度及び取り組みの形骸化に関するもので、公共部門、民間部門あるいは組織・団体、個人を問わず感じられることである。筆者としては、問題の大きさと重要性に鑑み、前項において、南禅寺地区の東山の借景と文化的成熟度の高い庭園付の別荘群が織りなす空間を題材に取り上げて都市の継承に向けてのひとつの問題提起を行ったのである。

前項での検討結果については、誤解が生じることのないように少し補足しておきたい。重要な論点は、文化的成熟度の高い別荘の維持や継承及び優れた周辺景観の保全は、土地利用にかかわる課題のひとつであるが、それは既に1都市の範疇を超え変化の激しいグローバル経済の渦中にあるということである。そもそも南禅寺地区における別荘の供給については、注目された需要者層は京都の範囲を超え、より経済力の優る中央や大阪の並外れた財力をもつ実力者であった。優れた東山の借景、つまり正の外部経済効果が期待できるにせよ、一定以上の敷地規模を有することで確保される大きな閉鎖的空間は、文化的に価値の高い庭園や建造物への多額の投資の効用を内部にとど

めるのに十分である。これらの条件が満たされ、事業とは直接関係のない多額の投資について単独で自由に意思決定できる立場の数寄者が存在したからこそ、経済面でも合理的にこのような優れた文化的空間が創出されてきたと考えられる。そして、これらの条件を満たすことはその維持、継承の段階でも必要であろう。このような認識のもとで、筆者が懸念していることは、いくつかの要素が重なり合い導き出されることであるため、以下では順を追って説明したいと思う。

まず、背景については、近年における所有者層の属性や所有形態などから推察されることであるが、社会経済環境が大きく変化した結果、国内だけで需要者層を見出しにくくなっている様子が垣間見える。優れた都市空間を維持、継承していくことで都市の優位性を保持することを考える場合、南禅寺地区の別荘に関しては前記のような条件を満たすPorterも指摘する洗練された需要者の存在こそが重要なのである[20]。需要者の国籍自体が問われることはない。他方、南禅寺地区の別荘の需要者層の立場では、このような別荘が創出された優れた都市文化のストーリーを含む空間に魅力を感じ、これから体験するために取得するのであろう。もちろん、実際に行動に移すことができるような需要者層は、際立った財力を既に有しているという点で、経済観念に極めて優れていることは疑いようがなく、都市文化に対する造詣が深いであろうことも想像できる。しかし、このような需要者層は、これから優れた都市文化を体験しようという立場にあるのであり、もしこのような需要者が大勢を占めるようになれば、その行く末は一体どのようなことになるのであろうか。似て非なるものになる心配もないではないが、むしろ筆者は住友家本邸が茶口山から住吉へ移っていった歴史[21]の再来の方を危惧する。

筆者の考えでは、洗練された職人技の供給者は、結局は洗練された需要者の役割のすべてを代替することはできない。そして、事業面で文化的成熟度の高い別荘や優れた周辺景観にかかわりをもつ者は、たとえ相応の資力があろうとも現実的に考えると洗練された需要者にはなり得ないのではないかと考える。その理由をひとつだけあげるとすれば、事業から離れて純粋にこのような都市文化とかかわり合いを続けることは非常に難しいと考えられるから

である。それゆえ、都市内で多様な産業が発展していけるように関係者が努力し、優れた都市文化のストーリーの実体験と際立った財力を併せもつ他の文化に動じない需要者層を育んでいけるような環境づくりがより重要と考えた。

　最後に本書の締めくくりとして、土地利用を含む都市文化の継承について言及しておきたい。広い意味での文化の一般的概念は、「人間の生活様式の全体」あるいは「人類がみずからの手で築き上げてきた有形・無形の成果の総体」[22]である。それは、社会科学、人文科学の領域にとどまらず技術の領域でさえも含まれるとの考え方もある。Hall（1959）では、多様な文化の存在を念頭に、文化が公式的（フォーマル）、非公式的（インフォーマル）、技術的（テクニカル）の3つの次元[23]で捉えられている。この場合の公式的は正しいあるいは当然あるべきものとしての形式的基準に基づく領域、技術的は口述、文字などで明確に伝達できる最も意識的な領域である。そして、非公式的は無意識あるいは行為を知覚しない領域を指している（図6-3-1参照）。

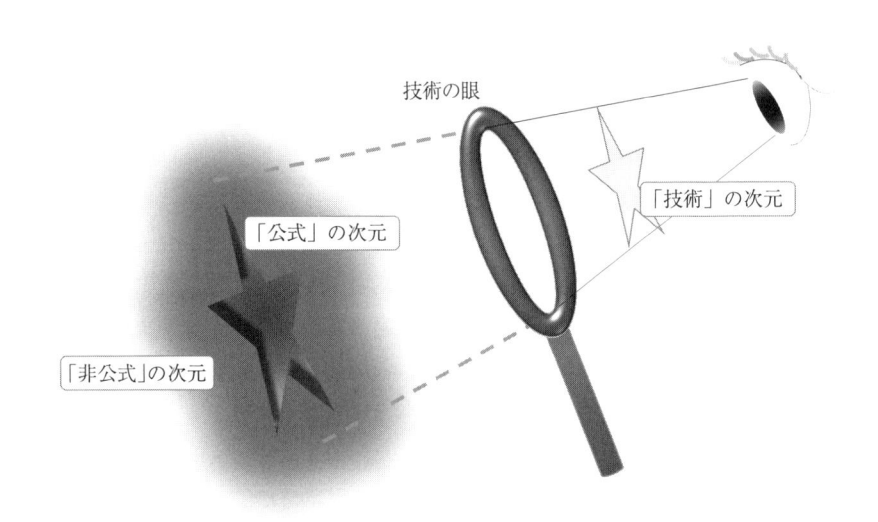

図6-3-1　Hall による文化における「三本の柱」の概念図[24]

終章　都市の継承の課題

　通常、知識として習得しやすいのは、文化の公式的な次元と技術的な次元のものである。しかし文化の非公式な次元に関するものは、それが「無意識」の領域にあったり「隠在」したりしている可能性が高いために、その習得は専ら模倣のための手本に拠ることになるとの指摘がある[25]。他方、これらの文化の次元は固定的なものではなく複雑な循環的プロセスにあるという。そして、もしこのような特性をもつ文化に対して変化を意図する場合には、諸々の変化の端緒となる知覚不可能な性格をもつ非公式な次元に着目する必要があることが指摘されている[26]。このような指摘は、文化の変化を意図しないまでも、文化の継承を意図してその本質に迫ろうとする取り組みにおいても有用な示唆を与えているように思う。

　このような観点では、わが国では、近年、興味深い取り組みがいくつか進められており、最後に紹介しておきたい。ひとつは、いわゆる「おもてなし」に代表されるような日本型のクリエイティブ・サービスの本質の理解に向けて実践科学の枠組みを用いて接近しようという研究である[27]。この分野での研究が進むと、非公式的な次元をも含む文化の継承に関して有益な知見が得られるように思われる。そして、もうひとつは、人間の協力行動を促す仕組みを模索することを目的とする、人間利己的とは言い難い行動動機への理解を深めるための行動経済学・実験経済学分野における公共財供給実験による実証研究である[28]。この分野での研究が進むと、これまで観察による知見が中心であった地域固有資源の活用のあり方に関する議論に科学的手法による知見が加えられる可能性があるように思われる。

　なお、都市文化としての土地利用について、これにかかわる多くの人々の理解を深めるためには、公的ルールや技術知識の習得も重要であるが、よい手本により模倣を促すことについても再評価が必要かもしれない。このような領域に関しては、今後の教育現場に課せられた宿題のように感じている。

注

（1）　例えば、2014年度の神戸市における、空き家ストックを活用した「中古住宅市場活性化」プロジェクトチームでの取り組みがある。また、耐震

化推進計画については、近畿圏では 2015 年度中に各府県や京都市、神戸市などの政令指定都市において総合的な視点で見直しが進められている。

（2） 例えば、NHK BS プレミアム『京都別荘「はなやぎの春　すずやかに夏」』（2014 年 7 月 19 日放送）参照。

（3） 左京区南禅寺地区周辺で別荘の多い地域は、第一種低層住居専用地域・風致地区第 3 種地域（岡崎・南禅寺風致地区特別修景地域）、または、市街化調整区域・風致地区第 1 種地域・歴史的風土特別保存地区に指定されている。

（4） 角川日本地名大辞典編纂委員会編（1982）『角川日本地名大辞典　26　京都府 上巻（総説・地名編）』、1063 ページ参照。

（5） 太政官布告第 334 号。田中（2011）、89 ページの脚注参照。

（6） 寺尾（1975）、163 ページ参照。

（7） 尼﨑（2012）、8-9 ページ参照。

（8） 尼﨑、前掲書、9 ページ・42-44 ページ参照。

（9） 駒（1992）、221-223 ページ及び尼﨑、前掲書、100-101 ページ参照。

（10） 尼﨑、前掲書、10-14 ページ参照。

（11） 飛鳥井・赤井・熊倉・中村（1975）、263 ページ参照。

（12） 尼﨑、前掲書、11 ページ・14 ページ及び出村・川崎・樋口（2005）、399-400 ページ及び中村（1992）、121-122 ページ参照。

（13） 国土地理院所有の第 2 次世界大戦直後の米軍撮影による京都東北部地区の空中写真（空中写真整理番号 UR275A-7・撮影地区：京都東北部地区・コース番号 CD・写真番号 102）の一部を掲載。

（14） 齋藤（2012）、41-44 ページ・64 ページ・80 ページ・86-91 ページ参照。

（15） 尼﨑、前掲書、171-172 ページ参照。

（16） 尼﨑、前掲書、83-84 ページ・203-208 ページ及び鈴木（2013）、133-144 ページ参照。

（17） わが国の不動産登記には公信力はない。

（18） 敷地規模は概ね 3,000㎡以上で 10,000㎡を超えるものも含む。

（19） 総務省統計局「人口推計」（長期時系列データ、わが国の推計人口等）、内閣府「県民経済計算」（昭和 30 年度－昭和 49 年度等）も用いて作成。

（20） Porter（1990）及び Armstrong and Taylor（2000）（佐々木監訳・計量計画研究所地域経済学研究会訳〔2005〕、172 ページ）における「洗練された市場消費者」に関する記述を参照。

(21) 鈴木、前掲書、111-112 ページ参照。
(22) 小学館『デジタル大辞泉』参照（2015.6.14）。
(23) Hall（1959）（國弘・長井・斎藤訳〔1966〕、84-129 ページ）参照。
(24) 國弘・長井・斎藤訳、前掲書、84-129 ページの記述を参考に作成。
(25) 國弘・長井・斎藤訳、前掲書、95-96 ページ参照。
(26) 國弘・長井・斎藤訳、前掲書、128-129 ページ参照。
(27) 例えば、小林・山内（2014）、62-69 ページ参照。
(28) 例えば、中野・二本杉（2015）、5-24 ページ参照。

参考文献

【序章】

加藤晃（2000）『都市計画概論』（第5版）共立出版．

櫛田光男（1966）『不動産の鑑定評価に関する基本的考察』住宅新報社．

西嶋淳（2004）『都市再生における効率性と公平性』晃洋書房．

Aristotle (1957), *Aristotelis Politica*, recognovit brevique adnotatione critica instruxit W.D.Ross, Oxonii.（牛田徳子訳〔2001〕『政治学』京都大学学術出版会）．

Arrow, K. J. (1963), *Social Choice and Individual Values*, New York: John Wiley & Sons, 2nd edition.（長名寛明訳〔1977〕『社会的選択と個人的評価』日本経済新聞社）．

Geddes, P. (1968), *Cities in Evolution*, Ernest Benn Limited.（西村一朗他訳〔1982〕『進化する都市』鹿島出版会）．

Jacobs, J. (1984), *Cities and the Wealth of Nations: Principles of Economic Life*, Random House.（中村達也・谷口文子訳〔1986〕『都市の経済学——発展と衰退のダイナミクス』TBSブリタニカ）．

Jacobs, J. (1969), *The Economy of Cities*, Random House.（中江利忠・加賀谷洋一訳〔1971〕『都市の原理』鹿島出版会）．

Mumford, L. (1938), *The Culture of Cities*, Harcourt Brace Javanovich.（生田勉訳〔1974〕『都市の文化』鹿島出版会）．

Sen, A. K. (1999), *Development as Freedom*, Alfred A.Knopf.（石塚雅彦訳〔2000〕『自由と経済開発』日本経済新聞社）．

Sen, A. K. (1993), "Capability and Well-Being," *The Quality of Life*, by M. Nussbaum and A. K. Sen, Oxford: Clarendon Press, pp.30-53.

Sen, A. K. (1992), *Inequality Reexamined*, Oxford University Press.（池本幸生・野上裕生・佐藤仁訳〔1999〕『不平等の再検討——潜在能力と自由』岩波書店）．

Sen, A. K. (1970), *Collective Choice and Social Welfare*, Holden-Day (Republished North-Holland).（志田基与師監訳〔2000〕『集合的選択と社会的厚生』勁草書房）．

Smith, A. (1790), *The Theory of Moral Sentiments*: 6th edition, Raphael and Macfie, Oxford.（水田洋訳〔1973〕『道徳感情論』筑摩書房）．

【第1章】

伊藤史子（2006）「不動産情報におけるネガティブ要因の扱い」、『日本不動産学会誌』日本不動産学会、第19巻第4号、40-45ページ．

大野栄治・髙木朗義（2000）「ヘドニック価格法」、大野栄治編著『環境経済評価の実務』勁草書房、61-82ページ．

小川豊（1995）『崩壊地名』山海堂．

金本良嗣（1997）『都市経済学』東洋経済新報社．
顧濤・中川雅之・齊藤誠・山鹿久木（2012）「活断層リスクの社会的認知と活断層帯周辺の地価形成の関係について：上町断層帯のケース」，『応用地域学研究』応用地域学会，第 16 号，27-41 ページ．
多々納裕一（2005）「リスク情報とリスク認知：認知リスクバイアスが存在する状況での土地利用」，多々納裕一・髙木朗義編著『防災の経済分析』勁草書房，151-172 ページ．
中川雅之（2011）「市場保険を活用した地震リスクの総合的な管理方法」，『日本不動産学会誌』日本不動産学会，第 25 巻第 2 号、141-146 ページ．
西嶋淳（2011）「土砂災害防止対策の取り組みの円滑化に関する一考察──資産価格への影響懸念に対する方策──」，『日本不動産学会 平成 23 年度秋季全国大会 論文集』日本不動産学会，第 27 号、115-122 ページ．
西嶋淳（2009）「ヘドニック・アプローチ」，伊多波良雄編著『公共政策のための政策評価手法』中央経済社，159-180 ページ．
西嶋淳（2008）「知的財産の活用と価値評価」，日本不動産鑑定協会調査研究委員会鑑定評価理論研究会編著『知的財産権の適正評価システム』住宅新報社、25-38 ページ．
広田すみれ（2002a）「リスクの世界と心理学」，広田すみれ・増田真也・坂上貴之編著『心理学が描くリスクの世界』慶應義塾大学出版会，1-23 ページ．
広田すみれ（2002b）「社会的アプローチ：集団とリスク・コミュニケーション」，広田すみれ・増田真也・坂上貴之編著『心理学が描くリスクの世界』慶應義塾大学出版会，193-234 ページ．
広田すみれ・坂上貴之（2002）「認知的アプローチ：規範・記述・処方理論」，広田すみれ・増田真也・坂上貴之編著『心理学が描くリスクの世界』慶應義塾大学出版会、25-96 ページ．
藤見俊夫（2011）「自然災害リスクの経済評価手法に関する近年の研究動向 2. 不確実性下の意思決定理論の規範性」，『自然災害科学』日本自然災害学会、Vol.30、No.2、205-209 ページ．
山鹿久木・中川雅之・齊藤誠（2002）「地震危険度と地価形成：東京都の事例」、『応用地域学研究』応用地域学会、第 7 号、51-62 ページ．
横松宗太（2011）「自然災害リスクの経済評価手法に関する近年の研究動向 1. 緒言」、『自然災害科学』日本自然災害学会、Vol.30、No.2、203-205 ページ．
Kahneman, D. and A. Tversky（2000）, "Prospect Theory : An Analysis of Decision under Risk," *Choices, Values, and Frames*, by D. Kahneman and A. Tversky, Russell Sage Foundation, Cambridge University Press, pp.17-43.
Knight, F.H.（1921）, *Risk, Uncertainty and Profit*, Houghton Mifflin Company.（奥隅栄喜訳〔1959〕）『危険・不確実性および利潤』文雅堂銀行研究社）．
Stiglitz, J.E（1988）, *Economic of the Public Sector*, Second Edition, W.W. Norton & Company.

（藪下史郎訳〔1996〕『公共経済学』東洋経済新報社）．

【第2章】

齊藤広子（2009）「マンション管理の実態と問題状況」、玉田弘毅・齊藤広子・大杉麻美・冨田路易『マンション管理方式の多様化への展望』大成出版社、15-54ページ．

高村学人（2012）『コモンズからの都市再生——地域共同管理と法の新たな役割——』ミネルヴァ書房．

谷口浩司・高田光雄・齊藤広子・西嶋淳・西村孝平・高村学人（2012）「マンションの管理の質と資産向上を目指して——東日本大震災の影響を踏まえ、地方都市の現状と課題を探る——」、『日本不動産学会誌』日本不動産学会、第25巻第4号、9-29ページ．

中川雅之（2012）「不動産流通市場の新しい情報提供機能」、『日本不動産学会誌』日本不動産学会、第26巻第2号、36-41ページ．

中城康彦（2012）「不動産流通市場の将来像——今後の業規制のあり方について——」、『日本不動産学会誌』日本不動産学会、第26巻第2号、61-66ページ．

長野幸司・頼あゆみ・渡瀬友博・宇杉大介（2006）「住宅の資産価値に関する研究」、『国土交通政策研究』国土交通省国土交通政策研究所、第65号．

西嶋淳（2004）『都市再生における効率性と公平性』晃洋書房．

福井秀夫（2012）「マンションの建替え・管理の法的隘路」、浅見泰司・福井秀夫・山口幹幸編著『マンション建替え——老朽化にどう備えるか——』日本評論社、33-68ページ．

Akerlof, G.A. (1984), *An Economic Theorist's Book of Tales*, Cambridge University Press. (幸村千佳良・井上桃子訳〔1995〕『ある理論経済学者のお話の本』、ハーベスト社).

Kahneman, D. and R. Thaler (2006), "Utility Maximization and Experienced Utility," *The Journal of Economic Perspectives*, Vol.20, No1, pp.221-234. (友野典男監訳・山内あゆ子〔2011〕『ダニエル・カーネマン心理と経済を語る』楽工社、148-173ページ).

Kahneman, D. (2002), "Novel Prize Lecture : Maps of Bounded Rationality," The Novel Foundation. (友野典男監訳・山内あゆ子〔2011〕『ダニエル・カーネマン心理と経済を語る』楽工社、21-62ページ).

Kahneman, D. and A. Tversky (2000), "Prospect Theory : An Analysis of Decision under Risk," *Choices, Values, and Frames*, by D. Kahneman and A. Tversky, Russell Sage Foundation, Cambridge University Press, pp.17-43.

Stiglitz, J. E. (2000), *Economic of the Public Sector* : 3rd edition, W.W. Norton & Company. (藪下史郎訳〔2003〕『スティグリッツ公共経済学』（第2版）東洋経済新報社).

【第3章】

新井誠・神田秀樹・木南敦（2011）『信託法制の展望』日本評論社.

石田光曠（2002）「まちづくり信託」、今川嘉文・石田光曠・大貫正男・河合保弘編著『誰でも使える民事信託（第2版）』日本加除出版、69-90ページ.

岩佐代市（2009）「地域の経済と金融の役割――地域金融序論――」、『地域金融システムの分析――期待される地域経済活性化への貢献――』中央経済社、1-32ページ.

中川雅之（2012）「不動産流通市場の新しい情報提供機能」、『日本不動産学会誌』日本不動産学会、第26巻第2号、36-41ページ.

西嶋淳（2005）「地域金融機関の現状と課題――地域再生の視点から――」、『不動産研究』日本不動産研究所、第47巻第4号、9-19ページ.

本田伸孝・三森仁（2012）『住宅ローンのマネジメント力を高める――攻めと守りを実現する住宅ローンのビジネスモデル――』金融財政事情研究会.

家森信善（2007）「リレーションシップバンキング機能は強化されたか――関西地域企業アンケートに基づく分析――」、筒井義郎・植村修一編『リレーションシップバンキングと地域金融』日本経済新聞社、47-80ページ.

大垣尚司・村本孜・池田敏史子・武田敏郎・西嶋淳・宮沢孝幸（2010）「セミナー"住宅・金融"シンポジウム」、『住宅金融』住宅金融支援機構、No.12、50-75ページ.

【第4章】

阿部宏史（1996）「地方中枢・中核都市における産業特化構造と都市成長に関する研究」、『第31回日本都市計画学会学術研究論文集』日本都市計画学会、No.31、79-84ページ.

内海麻利（2014）「日本の地区計画の実態と課題」、『土地総合研究』土地総合研究所、第22巻第4号、107-131ページ.

梅村仁（2014）「工業と都市構造／政策――産業集積地域の活性化に向けて――」、近畿都市学会編『都市構造と都市政策』古今書院、132-140ページ.

大西隆編著（2011）「都市の発展と都市計画制度」、『人口減少時代の都市計画』学芸出版社、9-41ページ.

鎌倉健（2005）「中小企業振興による都市再生の課題」、湖中齊・前田啓一・粂野博行編『多様化する中小企業ネットワーク――事業連携と地域産業の再生――』ナカニシヤ出版、169-193ページ.

木村元子（2015）「産業集積の環境適応と中小企業のイノベーション」、日本中小企業学会編『多様化する社会と中小企業の果たす役割（日本中小企業学会論集34）』同友館、118-130ページ.

児玉俊洋（2010）「製品開発型中小企業を中心とする産業クラスター形成の可能性を示す実証研究」、『RIETI Policy Discussion Paper Series』経済産業研究所、10-P-

030、1-24 ページ.
庄谷邦幸（1977）「大都市経済圏における住工混在地域の整備と産業振興」、『共同研究：大阪大都市圏における地域再開発と地域福祉に関する調査研究』桃山学院大学総合研究所、共同研究プロジェクト成果、No.4、31-52 ページ（http://www.andrew.ac.jp/soken/pdf_3-1/sokenk6-2.pdf）.
高田亮爾（2011）「中小企業の定義、地位と役割」、高田亮爾・上野紘・村社隆・前田啓一編著『現代中小企業論〔増補版〕』同友館、3-17 ページ.
瀧澤菊太郎（1996）「中小企業とは何か——認識型中小企業本質論——」、小林靖雄・瀧澤菊太郎編『中小企業とは何か——中小企業研究 55 年——』有斐閣、1-34 ページ.
田中智泰（2006）「近畿における製造業の生産構造——2 府 5 県パネルデータによる全要素生産性の計測——」、『産開研論集』大阪産業経済リサーチセンター、第 18 号、1-8 ページ（http://www.pref.osaka.lg.jp/attach/1949/00103312/ronsyu18-01.pdf）.
徳増大樹・瀧口勇太・村橋正武（2005）「東大阪地域における産業構造と空間構造からみた産業活性化方策に関する研究」、『都市計画論文集』日本都市計画学会、No.40-3、955-960 ページ.
中村智彦（2005）「地域経済の格差拡大と産業振興」、『不動産研究』日本不動産研究所、第 47 巻第 4 号、3-8 ページ.
西嶋淳（2015）「不動産学の不動産鑑定への貢献と課題」、『日本不動産学会誌』日本不動産学会、Vol.28 No.4（No.111）、96-101 ページ.
西嶋淳（2004）『都市再生における効率性と公平性』晃洋書房.
前田啓一（2012）「経済グローバル化時代の産業集積」、前田啓一・町田光弘・井出憲計編『大都市型産業集積と生産ネットワーク』世界思想社、1-27 ページ.
村本孜（2015）『元気な中小企業を育てる——日本経済を切り拓く中小企業のイノベーター——』蒼天社出版.
横松宗太（2015）「防潮堤整備と土地利用に関する線形空間モデル分析」、『土木計画学研究・講演集』土木学会土木計画学研究委員会、Vol.52、CD-ROM.
和田真理子（1995）「大都市政策における住工混在地域対策の展開と展望」、『商大論集』神戸商科大学経済研究所、第 47 巻第 2 号、143-181 ページ.
Glaeser, E.L., H.D. Kallal, J.A. Scheinkman and A.Shleifer.（1992）"Growth in Cities," *Journal of Political Economy*, Vol.100, No.6, pp.1126-1152.

【第 5 章】

池田浩太郎・大川政三（1982）『近世財政思想の生成——重商主義と官房学——』十畠書房.
伊多波良雄（2002）『地方分権時代の地方財政』有斐閣.
伊多波良雄（1995）『地方財政システムと地方分権』中央経済社.

上田孝行・髙木朗義（1999）「便益帰着構成表」、伊多波良雄編著『これからの政策評価システム』中央経済社、59-82 ページ．

大野栄治（1997）「空間経済系における便益帰着構成表」、森杉壽芳編著『社会資本整備の便益評価』勁草書房、42-52 ページ．

加藤寛（1997）『これからの税制を考える——経済社会の構造変化に臨んで——』大蔵財務協会．

金本良嗣（1997）『都市経済学』東洋経済新報社．

金本良嗣（1983）「地方公共財の理論」、岡野行秀・根岸隆編『公共経済学の展開』東洋経済新報社、29-48 ページ．

小西砂千夫（1997）『日本の税制改革——最適課税論によるアプローチ——』有斐閣．

佐藤主光（2011）『地方税改革の経済学』日本経済新聞出版社．

土居丈朗（2000）『地方財政の政治経済学』東洋経済新報社．

中村良夫（1977）「景観原論」、土木工学大系編集委員会編『土木工学大系 13 景観論』彰国社、1-31 ページ．

西嶋淳（2008a）「ヘドニックアプローチによる環境価値の測定」、『資産評価政策学』資産評価政策学会、10 巻 2 号、71-75 ページ．

西嶋淳（2008b）「景観施策が固定資産税収に及ぼす影響と課題」、『同志社政策科学研究』同志社大学大学院総合政策科学会、第 10 巻第 2 号、41-56 ページ．

堀場勇夫（1999）『地方分権の経済分析』東洋経済新報社．

南方建明（2013）『流通政策と小売業の発展』中央経済社．

矢作弘（2012）「アメリカの都市再生地域で急増する BID ——その現実と争点——」、矢作弘・明石芳彦編著『アメリカのコミュニティ開発』ミネルヴァ書房、273-300 ページ．

Musgrave, R.A. and P.B.Musgrave（1980）, *Public Finance in Theory and Practice*, third edition, McGraw-Hill, New York.（木下和夫監修・大阪大学財政研究会訳〔1983〕『マスグレイブ財政学——理論・制度・政治——』有斐閣）．

Oates, W.E.（1972）, *Fiscal Federalism*, Harcourt Brace Jovanovich.（米原淳七郎・岸昌三・長峯純一訳〔1997〕『地方分権の財政理論』第一法規出版）．

Prest, A.R.（1981）, *The Taxation of Urban Land*, Manchester University Press.（田中啓一監訳〔1995〕『都市の土地課税論』住宅新報社）．

Smith, A.（1789）, *An Inquiry into the Nature and Causes of the Wealth of Nations* : fifth edition, London.（水田洋監訳・杉山忠平訳〔2000-2001〕『国富論』岩波書店）．

Wheeland, C.M.（2010）, "The Greater Cheltenham Avenue Business Inprovement District: Fostering Business and Creating Community across City and Suburb," *Drexel Law Review*, Vol.3, No.1, pp.357-372.

【終章】

飛鳥井雅道・赤井達郎・熊倉功夫・中村昌生（1975）「文化都市の興隆　芸術界の新風」，京都市編『京都の歴史　8 古都の近代』学芸書林，243-265 ページ．

尼﨑博正（2012）『七代目小川治兵衛――山紫水明の都にかへさねば――』ミネルヴァ書房．

加藤晃（2000）『都市計画概論』（第 5 版）共立出版．

小林潔司・山内裕（2014）「実践科学的サービス研究――方法論の全体像――」，小林潔司・原良憲・山内裕編『日本型クリエイティブ・サービスの時代――「おもてなし」への科学的接近――』日本評論社，61-80 ページ．

駒敏郎（1992）「碧雲緑水の荘」，『野村得庵と碧雲荘』野村碧雲会，219-232 ページ．

齋藤康彦（2012）『近代数寄者のネットワーク――茶の湯を愛した実業家たち――』思文閣出版．

鈴木博之（2013）『庭師小川治兵衛とその時代』東京大学出版会．

田中傑（2011）「関東大震災後の寺院の経営と再建」，『関東都市学会年報』関東都市学会，第 13 号，79-93 ページ．

出村嘉史・川崎雅史・樋口忠彦（2005）「南禅寺福地町における近代の景域形成に関する研究」，『土木計画学研究論文集』土木学会，Vol.22 No.2, 397-404 ページ．

寺尾宏二（1975）「よみがえる産業　疏水の建設」，京都市編『京都の歴史　8 古都の近代』学芸書林，146-165 ページ．

中野浩司・二本杉剛（2015）「選好の異質性および公共財供給実験における貢献行動に関する分析」，『公共選択』公共選択学会，第 63 号，5-24 ページ．

中村昌生（1992）「碧雲荘散策」，『野村得庵と碧雲荘』野村碧雲会，121-144 ページ．

Armstrong, H. and J. Taylor（2000），*Regional Economics and Policy*, third edition, Blackwell Publishing.（佐々木公明監訳・計量計画研究所地域経済学研究会訳〔2005〕『地域経済学と地域政策（改訂版）』流通経済大学出版会）．

Hall, E.T.（1959），*The Silent Language*, Doubleday and Company.（國弘正雄・長井善見・斎藤美津子訳〔1966〕『沈黙のことば――文化・行動・思考――』南雲堂）．

Porter, M.E.（1990），*The Competitive Advantage of Nations*, The Free Press, New York.

索　引

ア行

空き家対策　80, 84, 248
空家等対策の推進に関する特別措置法　85, 86
新たな転嫁論　208
一般均衡分析　208
一般診断法　82
イノベーション　127, 128, 130
インスペクション　72
エクスポージャー　90, 91
応益課税原則　199, 201
応能課税原則　201

カ行

買い取り・再販　72
外部経済　127, 130, 134, 193, 212, 256
外部性　4, 11, 77, 117, 119, 128, 133
外部不経済　84, 114, 119
開放地域　29
確実の原則　202, 205
確率　13, 14, 15, 18, 41, 47, 79, 99, 105, 110, 144, 187, 198
課税原則　202, 203, 204, 209, 218, 232, 233, 238, 242, 243
課税コスト　200, 221
課税ベース　202, 204, 209
過程の側面　10
簡素　203, 204, 205, 218, 221, 223, 240
鑑定評価価格　220, 223, 233
管理組合　42, 43, 44, 46, 47, 48, 49, 50, 51, 52, 53, 54, 56, 57, 70, 74, 75, 247, 248

管理費　42, 60, 61, 63, 65, 67, 77
基礎自治体　125, 200
既存耐震不適格建築物　81, 194
既存不適格　44, 167, 227, 234
期待効用　16, 205, 222
期待効用理論　16
帰宅困難者対策　54, 55, 56, 75
義務説　201, 202
客観的確率　15
急傾斜地の崩壊　20, 24, 25, 39
旧都市計画法　123
共用部分　41, 42, 61, 69
金融検査マニュアル　122, 194
区分所有権　61, 70, 71
区分所有者　41, 42, 43, 44, 50, 51, 53, 57, 68, 70, 71, 72, 74, 75
区分所有建物　42, 45, 61, 102
クリエイティブ・サービス　259
警戒避難体制　14, 19, 20, 21, 35
景観政策　200, 225, 242
景観施策　223, 224, 225, 226, 227, 228, 229, 231, 232, 233, 234
経験的確率　14, 15
軽減特例措置　220
経済学上のバブル　215
建築確認申請　59
建築自由　4
建築物の耐震改修の促進に関する法律　45, 81, 194
公共経済学　11, 100, 200, 201, 206, 209
公共財　17, 18, 117, 201, 204, 259
工業専用地域　124, 125, 143, 166, 185, 186
工業地域　123, 124, 142, 143, 166, 185,

271

186, 195
工業地区　143, 144, 217
公共的価値税　206
工業保全型特別工業地区　130, 194
厚生経済学　100, 209
厚生経済学の第 1 基本定理　17, 100
行動経済学　16, 259
行動心理学　16
公平性　31, 101, 193, 203, 218, 220, 223,
　　　239, 240
公平の原則　202, 205
効用最大化　215
効率性　101, 198, 201, 202, 207, 209,
　　　234, 236
固定資産税評価　31, 32, 33, 34, 143,
　　　159, 186, 209, 215, 222, 223, 231,
　　　233, 235, 238, 239, 240, 242, 243
古典的な地代理論　235
古典派経済学　205, 209
古都における歴史的風土の保存に関す
　　　る特別措置法　224
コミュニティ銀行　99
混合系用途地域　125
コンジョイント分析　57
コンパクトシティ　119, 248

サ行

災害危険度情報　27, 29, 30
災害時要援護者関連施設　26, 28
財産税　199, 241
最小徴税費　202, 205
財政学　200, 201
裁定取引　235
最適課税論　202, 204
在来工法　107
サブプライム・モゲージ問題　94, 214
産業クラスター　127, 131

産業構造論　121
産業集積　125, 126, 127, 128, 130, 131,
　　　134, 136
産業集積地　121, 126, 127, 134
産業集積地域　129, 130
産業の空洞化　135
散在地区　37
産出効果　208
市街化調整区域　37, 260
市街地課税論　200, 205, 242
市街地建築物法　123
市街地宅地評価法　34, 143, 235
敷地価値税　206
敷地資本価値税　206
敷地地代　204, 205
事業継続計画　163, 175, 184
事業リスク　134, 228
シグナル　72
資源配分　17, 18, 100, 201, 207, 208,
　　　209, 234
自己資本比率　90
自助　11, 79, 80, 92, 100, 101, 105, 107,
　　　112
市場価値　33, 69, 71, 73, 206, 220, 222,
　　　223, 233, 236, 239, 240, 243
市場競争原理　132, 201
市場資本収益率　208
市場の失敗　17, 100
地震動予測　141
地震防災戦略　81
地震保険　16, 45
地滑り　20, 22, 39
自然災害リスク　13, 14, 15, 16, 17, 18,
　　　19, 23, 25, 27, 31, 32, 33, 36, 100,
　　　187, 188, 190, 247, 248, 256
自治会　26, 69, 70
実験経済学　259
実際の機会の側面　10

索　引

資本化仮説　29, 32, 244
資本財　3, 208, 209, 212, 215, 238
社会的決定関数　10
社会的厚生関数　202
社寺領上知令　249
収益還元法　236
住工混在地域　120, 121, 123, 125, 126, 128, 129, 130, 131, 132, 133, 135, 150, 186, 193, 194
自由参入　29
住生活基本計画　45, 81, 86
集積による経済　119
修繕積立金　42, 45, 60, 61, 63, 65, 67, 71
住宅地区　143, 217
住宅用地　220, 239, 242, 244
住宅履歴情報　72, 86, 87, 114, 117
集団地区　37
住民活動協力金　43, 44
重要文化的景観　253
主観的確率　14, 15, 16, 99, 198
準工業地域　124, 125, 128, 142, 143, 166, 177, 185, 188, 195
使用価値　69
小規模住宅用地　217, 244
商業地区　143, 217
状況類似地区　37
小・開放地域　209, 212
小地域　29
上部構造評点　82, 83, 114
情報的影響　29
情報の失敗　17, 18
情報の非対称性　17, 72
所得移転効果　203
新アクションプログラム　88, 92
進化経済学　128
新古典派経済学　205, 209
浸水想定区域　141, 142, 197

新耐震基準　41, 56, 81
新築住宅の軽減措置　231
信用リスク　90, 91, 92, 115
垂直的公平　203
水平的公平　203, 221
数学的確率　14
スピルオーバー　128, 130, 207
スプレッド　89
正常価格　32, 33, 220, 223
正常売買価格　33
精密診断法　82
セカンド・ベスト　202
世代間の公平　203
先験的確率　14, 15
潜在能力　10, 101, 193
潜在能力アプローチ　10, 247
専有部分　41, 42, 44, 58, 61, 68, 102
専用系用途地域　125
洗練された需要者　257
総会決議　43
租税原則　201
租税特別措置　202, 204
租税法律主義　200, 242
租税論　200, 201, 202, 203, 242

タ行

大工場地区　144
耐震改修促進法　81, 82, 113
耐震改修補助　83, 107, 110
耐震基準　44, 45, 59, 67, 71, 77, 80
耐震シェルター　83, 107, 111, 112, 113
耐震診断　45, 81, 82, 83, 108, 109, 111, 113, 117
耐震ベッド等　83
代替効果　208
タウン・マネジメント　241
ダウンゾーニング　224

建物の区分所有に関する法律 42
団地管理組合 43
地域金融機関 87, 88, 89, 90, 91, 92, 93, 94, 95, 96, 97, 98, 104, 108, 109, 110, 111, 112, 113, 134, 186, 189, 190, 191, 192, 193, 198
地域計画論 121
地域経済論 121
地域防災計画 21
地域密着型金融 79, 87, 88, 92, 96, 97, 98, 99, 108, 109, 112, 115, 116, 117, 123, 189, 191, 192
地縁団体 50, 51, 75, 248
地価公示価格 220, 223, 233
地区計画 125, 126, 128, 129, 131, 132, 133, 195, 242
地方公共財 11, 206, 207, 209, 212, 222, 239, 240, 243
地方公共財理論 200, 201, 206, 207, 212, 242
地方財政 200, 207
地方税原則 204, 209, 218, 222, 223, 233, 238, 242
地方分権 207
中小企業 87, 92, 96, 99, 110, 115, 121, 122, 125, 127, 128, 131, 133, 134, 186, 192, 193, 194
中小企業基本法 122
中小企業論 121
中小工場地区 144, 159, 197
中心市街地活性化協議会 97
中立性 203, 205, 209, 218, 220, 223
中立的な観察者 8, 9
超過負担 202, 204, 209, 220, 221, 223
長期国債利回り 89, 237
長期優良住宅 87, 99, 113, 117
ディスクロージャー誌 90, 115
適正な時価 32, 33, 220, 222, 223, 233,
235
天下三不如意 11
伝統的転嫁論 208
特別用途地区 124, 125, 126, 129, 130, 132, 133, 194, 195
ドイツの後期官房学説 201
同感 8, 9
登記事項証明書 252
登記簿 252
東京市区改正条例 123
統計的確率 14
同質性 29, 103, 131
東南海・南海地震 81
特定空家等 85
特定都市再生緊急整備地域 234
都市計画法 123, 124, 126, 195
都市計画論 121
都市国家 4, 5, 8
土砂災害危険箇所 21, 22, 23, 39
土砂災害警戒区域 14, 19, 20, 21, 22, 23, 24, 25, 26, 27, 28, 29, 30, 31, 32, 35, 36, 37, 39, 40
土砂災害警戒区域等における土砂災害防止対策の推進に関する法律 19
土砂災害防止法 19, 20, 26, 39, 40
土石流 19, 20, 39
土地台帳 252
土地台帳規則 252
取引利回り 236, 237, 238, 245

ナ行

南海トラフ地震 141
南禅寺地区 248, 249, 250, 251, 252, 253, 256, 257, 260
認知 13, 15, 16, 17, 29, 32, 120, 134, 187, 188, 194, 247, 256
認知的近接性 128, 131, 195

索 引

認知バイアス 29

ハ行

ハザードマップ 21, 197
発展と衰退の輪廻 5
阪神・淡路大震災 45, 80, 141, 163
東日本大震災 16, 73, 141
非協力ゲーム 69
ビジネス改善地区 241
ビジネスマッチング 92, 111, 192
標準税率 221, 222
標準宅地 33, 35, 36, 37, 220, 223, 233, 234, 235
標準宅地調書 35
琵琶湖疏水 139, 249, 250
品質調整 60, 61, 66, 67, 71, 106, 117
ファースト・ベスト 202
ファンダメンタルズ 215
賦課課税 32, 221
不確実性 14, 15, 17, 28, 73
不完全情報 17
不完備市場 72
複合不動産 41, 61
負担水準 217, 220, 222, 244
負担調整措置 220
不動産登記法 252
不動産投資信託 211, 237, 238
プロスペクト理論 16
分離評価の原則 232, 233
ヘドニックアプローチ 227
ヘドニック分析 35, 36, 42, 57, 58, 59, 61, 65, 73, 117
便益帰着構成表 224, 227, 228, 231, 245
便宜の原則 202
保全入会 26, 28
ポリス 4

マ行

マンションの管理の適正化の推進に関する法律 42, 43, 73
見えざる手 9
民事信託 107, 111, 113, 117
無担保リフォームローン 105
無檀無住ノ寺院廃止ノ件 249
無知 15, 29
メトロポリス 5
木造軸組構法 107

ヤ行

歪みのない価格体系 29
用途地域 121, 123, 124, 126, 133, 142, 143, 186, 188, 194, 197
用途地区 143, 144, 145, 217
予想配当利回り 237, 238
預貸金利鞘 89, 91
預貸率 89, 211, 212

ラ行

リ・ス・プログラム 111
利益説 201, 202
利己的個人 9, 132, 201
利潤最大化 102, 215
リスク 14, 15, 16, 17, 18, 19, 20, 29, 70, 71, 72, 73, 79, 90, 94, 95, 99, 100, 108, 115, 134, 187, 188, 190, 191, 194, 198, 236, 238, 247
リスク・コミュニケーション 13, 14, 17, 32, 35, 100, 134, 247, 248, 256
リスクヘッジ 94, 116
立地行動 15, 16, 18, 51
立地条件診断 82
リレーションシップバンキング 87,

98, 99, 114

A
agency　10

B
BCP　163, 175, 184, 192
Bergson-Samuelson 型　202
BID　241, 242, 245

C
capability　10, 101
capitalization hypothesis　29, 244

D
DID　11

E
efficiency　101

I
impartial spectator　8
improvisation　6, 12, 132

informational influence　29
invisible hand　9

J
Jacobs 型　130

M
Marshall-Arrow-Romer 型　130

P
PFI　92
Porter 型　130
probability　14, 99
Prospect Theory　16

R
risk　14, 99, 115

S
sympathy　8

W
well-being　10

著者紹介

西嶋　淳（にしじま　あつし）
1961年　京都市に生まれる
1984年　立命館大学経済学部卒業
1989年　財団法人（現 一般財団法人）日本不動産研究所入社
2003年　同志社大学大学院総合政策科学研究科博士後期課程修了
　　　　博士〔政策科学〕
2011年　大阪商業大学奉職
現　在　大阪商業大学経済学部教授（経済学部長）

主な著書　『都市再生における効率性と公平性』晃洋書房，2004年
　　　　　『知的財産権の適正評価システム』（分担執筆）住宅新報社，2008年
　　　　　『公共政策のための政策評価手法』（分担執筆）中央経済社，2009年

都市の継承と土地利用の課題
比較地域研究所研究叢書　第十五巻

2016年3月25日　第1版第1刷発行

著　者　西　嶋　　　淳
発行者　橋　本　盛　作

〒113-0033 東京都文京区本郷 5-30-20
発 行 所　株式会社御茶の水書房
電　話　03-5684-0751

Printed in Japan　　　組版・印刷／製本　東港出版印刷㈱

ISBN 978-4-275-02043-7　C3033　　© 学校法人谷岡学園　2016 年

《大阪商業大学比較地域研究所研究叢書 第一巻》
清代農業経済史研究　鉄山博著　A5判・二四〇頁　価格 二九〇〇円

《大阪商業大学比較地域研究所研究叢書 第二巻》
EUの開発援助政策　前田啓一著　A5判・三九〇頁　価格 五八〇〇円

《大阪商業大学比較地域研究所研究叢書 第三巻》
香港経済研究序説　閻和平著　A5判・二二〇頁　価格 三四〇〇円

《大阪商業大学比較地域研究所研究叢書 第四巻》
海運同盟とアジア海運　武城正長著　A5判・三三〇頁　価格 四八〇〇円

《大阪商業大学比較地域研究所研究叢書 第五巻》
鏡としての韓国現代文学　滝沢秀樹著　A5判・三一八頁　価格 四五〇〇円

《大阪商業大学比較地域研究所研究叢書 第六巻》
東アジアの国家と社会　滝沢秀樹編著　A5判・二二〇頁　価格 三三〇〇円

《大阪商業大学比較地域研究所研究叢書 第七巻》
グローバル資本主義と韓国経済発展　金俊行著　A5判・四七〇頁　価格 五〇〇〇円

《大阪商業大学比較地域研究所研究叢書 第八巻》
アメリカ巨大食品小売業の発展　中野安著　A5判・三六〇頁　価格 五五〇〇円

《大阪商業大学比較地域研究所研究叢書 第九巻》
都市型産業集積の新展開　湖中齊著　A5判・一九〇頁　価格 三四〇〇円

《大阪商業大学比較地域研究所研究叢書 第十巻》
産地の変貌と人的ネットワーク　粂野博行編著　A5判・二三四頁　価格 三八〇〇円

《大阪商業大学比較地域研究所研究叢書 第十一巻》
転換期を迎える東アジアの企業経営　孫飛舟編著　A5判・一九二頁　価格 三六〇〇円

《大阪商業大学比較地域研究所研究叢書 第十二巻》
多国籍企業と地域経済　安室憲一著　A5判・二〇六頁　価格 三八〇〇円

《大阪商業大学比較地域研究所研究叢書 第十三巻》
便宜置籍船と国家　武城正長著　A5判・三一四頁　価格 五〇〇〇円

《大阪商業大学比較地域研究所研究叢書 第十四巻》
グローバリズムと国家資本主義　坂田幹男著　A5判・二四八頁　価格 三八〇〇円

━━━御茶の水書房━━━
（価格は消費税抜き）